I0168564

BIELORRUSSO
VOCABULÁRIO

PALAVRAS MAIS ÚTEIS

PORTUGUÊS BIELORRUSSO

Para alargar o seu léxico e apurar
as suas competências linguísticas

7000 palavras

Vocabulário Português-Bielorrusso - 7000 palavras

Por Andrey Taranov

Os vocabulários da T&P Books destinam-se a ajudar a aprender, a memorizar, e a rever palavras estrangeiras. O dicionário é dividido em temas, cobrindo todas as principais esferas de atividades quotidianas, negócios, ciência, cultura, etc.

O processo de aprendizagem, utilizando os dicionários baseados em temáticas da T&P Books dá-lhe as seguintes vantagens:

- Informação de origem corretamente agrupada predetermina o sucesso em fases subsequentes da memorização de palavras
- Disponibilização de palavras derivadas da mesma raiz, o que permite a memorização de unidades de texto (em vez de palavras separadas)
- Pequenas unidades de palavras facilitam o processo de estabelecimento de vínculos associativos necessários para a consolidação do vocabulário
- O nível de conhecimento da língua pode ser estimado pelo número de palavras aprendidas

T&P Books Publishing
www.tpbooks.com

ISBN: 978-1-78400-878-9

Este livro também está disponível em formato E-book.
Por favor visite www.tpbooks.com ou as principais livrarias on-line.

VOCABULÁRIO BIELORRUSSO
palavras mais úteis

Os vocabulários da T&P Books destinam-se a ajudar a aprender, a memorizar, e a rever palavras estrangeiras. O vocabulário contém mais de 7000 palavras de uso comum organizadas tematicamente.

O vocabulário contém as palavras mais comummente usadas
Recomendado como adicional para qualquer curso de línguas
Satisfaz as necessidades dos iniciados e dos alunos avançados de línguas estrangeiras
Conveniente para o uso diário, sessões de revisão e atividades de auto-teste
Permite avaliar o seu vocabulário

Características especias do vocabulário

- As palavras estão organizadas de acordo com o seu significado, e não por ordem alfabética
- As palavras são apresentadas em três colunas para facilitar os processos de revisão e auto-teste
- As palavras compostas são divididas em pequenos blocos para facilitar o processo de aprendizagem
- O vocabulário oferece uma transcrição simples e adequada de cada palavra estrangeira

O vocabulário contém 198 tópicos incluindo:

Conceitos básicos, Números, Cores, Meses, Estações do ano, Unidades de medida, Roupas & Acessórios, Alimentos & Nutrição, Restaurante, Membros da Família, Parentes, Caráter, Sentimentos, Emoções, Doenças, Cidade, Passeios, Compras, Dinheiro, Casa, Lar, Escritório, Trabalho no Escritório, Importação & Exportação, Marketing, Pesquisa de Emprego, Desportos, Educação, Computador, Internet, Ferramentas, Natureza, Países, Nacionalidades e muito mais ...

TABELA DE CONTEÚDOS

Guia de pronunciação 10
Abreviaturas 11

CONCEITOS BÁSICOS 12
Conceitos básicos. Parte 1 12

1. Pronomes 12
2. Cumprimentos. Saudações. Despedidas 12
3. Números cardinais. Parte 1 13
4. Números cardinais. Parte 2 14
5. Números. Frações 14
6. Números. Operações básicas 15
7. Números. Diversos 15
8. Os verbos mais importantes. Parte 1 16
9. Os verbos mais importantes. Parte 2 16
10. Os verbos mais importantes. Parte 3 17
11. Os verbos mais importantes. Parte 4 18
12. Cores 19
13. Questões 20
14. Palavras funcionais. Advérbios. Parte 1 20
15. Palavras funcionais. Advérbios. Parte 2 22

Conceitos básicos. Parte 2 24

16. Opostos 24
17. Dias da semana 26
18. Horas. Dia e noite 26
19. Meses. Estações 27
20. Tempo. Diversos 29
21. Linhas e formas 30
22. Unidades de medida 30
23. Recipientes 31
24. Materiais 32
25. Metais 33

O SER HUMANO 34
O ser humano. O corpo 34

26. Humanos. Conceitos básicos 34
27. Anatomia humana 34

28. Cabeça 35
29. Corpo humano 36

Vestuário & Acessórios 37

30. Roupa exterior. Casacos 37
31. Vestuário de homem & mulher 37
32. Vestuário. Roupa interior 38
33. Adereços de cabeça 38
34. Calçado 38
35. Têxtil. Tecidos 39
36. Acessórios pessoais 39
37. Vestuário. Diversos 40
38. Cuidados pessoais. Cosméticos 40
39. Joalheria 41
40. Relógios de pulso. Relógios 42

Alimentação. Nutrição 43

41. Comida 43
42. Bebidas 44
43. Vegetais 45
44. Frutos. Nozes 46
45. Pão. Bolaria 47
46. Pratos cozinhados 47
47. Especiarias 48
48. Refeições 49
49. Por a mesa 50
50. Restaurante 50

Família, parentes e amigos 51

51. Informação pessoal. Formulários 51
52. Membros da família. Parentes 51
53. Amigos. Colegas de trabalho 52
54. Homem. Mulher 53
55. Idade 53
56. Crianças 54
57. Casais. Vida de família 55

Caráter. Sentimentos. Emoções 56

58. Sentimentos. Emoções 56
59. Caráter. Personalidade 57
60. O sono. Sonhos 58
61. Humor. Riso. Alegria 59
62. Discussão, conversação. Parte 1 59
63. Discussão, conversação. Parte 2 60
64. Discussão, conversação. Parte 3 62
65. Acordo. Recusa 62
66. Sucesso. Boa sorte. Insucesso 63
67. Conflitos. Emoções negativas 64

Medicina	66
68. Doenças	66
69. Sintomas. Tratamentos. Parte 1	67
70. Sintomas. Tratamentos. Parte 2	68
71. Sintomas. Tratamentos. Parte 3	69
72. Médicos	70
73. Medicina. Drogas. Acessórios	70
74. Fumar. Produtos tabágicos	71

HABITAT HUMANO	**72**
Cidade	**72**

75. Cidade. Vida na cidade	72
76. Instituições urbanas	73
77. Transportes urbanos	74
78. Turismo	75
79. Compras	76
80. Dinheiro	77
81. Correios. Serviço postal	78

Moradia. Casa. Lar	**79**

82. Casa. Habitação	79
83. Casa. Entrada. Elevador	80
84. Casa. Portas. Fechaduras	80
85. Casa de campo	81
86. Castelo. Palácio	81
87. Apartamento	82
88. Apartamento. Limpeza	82
89. Mobiliário. Interior	82
90. Quarto de dormir	83
91. Cozinha	83
92. Casa de banho	84
93. Eletrodomésticos	85
94. Reparações. Renovação	86
95. Canalizações	86
96. Fogo. Deflagração	87

ATIVIDADES HUMANAS	**89**
Emprego. Negócios. Parte 1	**89**

97. Banca	89
98. Telefone. Conversação telefónica	90
99. Telefone móvel	90
100. Estacionário	91

Emprego. Negócios. Parte 2	**92**

101. Media	92
102. Agricultura	93

103. Construção. Processo de construção 94

Profissões e ocupações 96

104. Procura de emprego. Demissão 96
105. Gente de negócios 96
106. Profissões de serviços 97
107. Profissões militares e postos 98
108. Oficiais. Padres 99
109. Profissões agrícolas 99
110. Profissões artísticas 100
111. Várias profissões 100
112. Ocupações. Estatuto social 102

Desportos 103

113. Tipos de desportos. Desportistas 103
114. Tipos de desportos. Diversos 104
115. Ginásio 104
116. Desportos. Diversos 105

Educação 107

117. Escola 107
118. Colégio. Universidade 108
119. Ciências. Disciplinas 109
120. Sistema de escrita. Ortografia 109
121. Línguas estrangeiras 110
122. Personagens de contos de fadas 111
123. Signos do Zodíaco 112

Artes 113

124. Teatro 113
125. Cinema 114
126. Pintura 115
127. Literatura & Poesia 116
128. Circo 116
129. Música. Música popular 117

Descanso. Entretenimento. Viagens 119

130. Viagens 119
131. Hotel 119
132. Livros. Leitura 120
133. Caça. Pesca 122
134. Jogos. Bilhar 123
135. Jogos. Jogar cartas 123
136. Descanso. Jogos. Diversos 123
137. Fotografia 124
138. Praia. Natação 125

EQUIPAMENTO TÉCNICO. TRANSPORTES 127
Equipamento técnico. Transportes 127

139. Computador 127
140. Internet. E-mail 128

Transportes 130

141. Avião 130
142. Comboio 131
143. Barco 132
144. Aeroporto 133
145. Bicicleta. Motocicleta 134

Carros 135

146. Tipos de carros 135
147. Carros. Carroçaria 135
148. Carros. Habitáculo 136
149. Carros. Motor 137
150. Carros. Batidas. Reparação 138
151. Carros. Estrada 139

PESSOAS. EVENTOS 141
Eventos 141

152. Férias. Evento 141
153. Funerais. Enterro 142
154. Guerra. Soldados 142
155. Guerra. Ações militares. Parte 1 144
156. Armas 145
157. Povos da antiguidade 146
158. Idade média 147
159. Líder. Chefe. Autoridades 149
160. Viloação da lei. Criminosos. Parte 1 149
161. Viloação da lei. Criminosos. Parte 2 151
162. Polícia. Lei. Parte 1 152
163. Polícia. Lei. Parte 2 153

NATUREZA 155
A Terra. Parte 1 155

164. Espaço sideral 155
165. A Terra 156
166. Pontos cardeais 157
167. Mar. Oceano 157
168. Montanhas 158
169. Rios 159
170. Floresta 160
171. Recursos naturais 161

A Terra. Parte 2   162

172. Tempo   162
173. Tempo extremo. Catástrofes naturais   163

Fauna   164

174. Mamíferos. Predadores   164
175. Animais selvagens   164
176. Animais domésticos   165
177. Cães. Raças de cães   166
178. Sons produzidos pelos animais   167
179. Pássaros   167
180. Pássaros. Canto e sons   169
181. Peixes. Animais marinhos   169
182. Amfíbios. Répteis   170
183. Insetos   170
184. Animais. Partes do corpo   171
185. Animais. Habitats   171

Flora   173

186. Árvores   173
187. Arbustos   173
188. Cogumelos   174
189. Frutos. Bagas   174
190. Flores. Plantas   175
191. Cereais, grãos   176

GEOGRAFIA REGIONAL   177
Países. Nacionalidades   177

192. Política. Governo. Parte 1   177
193. Política. Governo. Parte 2   178
194. Países. Diversos   179
195. Grupos religiosos mais importantes. Confissões   180
196. Religiões. Padres   181
197. Fé. Cristianismo. Islão   181

TEMAS DIVERSOS   184

198. Várias palavras úteis   184

GUIA DE PRONUNCIAÇÃO

Letra	Exemplo Bielorrusso	Alfabeto fonético T&P	Exemplo Português
A a	Англія	[a]	chamar
Б б	бульба	[b]	barril
В в	вечар	[v]	fava
Г г	галава	[ɦ]	agora
Д д	дзіця	[d]	dentista
Дж дж	джаз	[dʒ]	adjetivo
Е е	метр	[ɛ]	mesquita
Ё ё	вясёлы	[jɔ]	ioga
Ж ж	жыццё	[ʒ]	talvez
З з	заўтра	[z]	sésamo
I і	нізкі	[i]	sinónimo
Й й	англійскі	[j]	géiser
К к	красавік	[k]	kiwi
Л л	лінія	[l]	libra
М м	камень	[m]	magnólia
Н н	Новы год	[n]	natureza
О о	опера	[ɔ]	emboço
П п	піва	[p]	presente
Р р	морква	[r]	riscar
С с	соль	[s]	sanita
Т т	трус	[t]	tulipa
У у	ізумруд	[u]	bonita
Ў ў	каўбаса	[w]	página web
Ф ф	футра	[f]	safári
Х х	захад	[h]	[h] aspirada
Ц ц	цэнтр	[ts]	tsé-tsé
Ч ч	пачатак	[tʃ], [ɕ]	Tchau!
Ш ш	штодня	[ʃ]	mês
Ь ь	попельніца	[ʲ]	sinal suave
Ы ы	рыжы	[ɨ]	sinónimo
'	сузор'е	[ʼ]	sinal forte
Э э	Грэцыя	[ɛ]	mesquita
Ю ю	плюс	[ʉ]	nacional
Я я	трусяня	[ja], [ʲa]	Himalaias

Combinações de letras

дз	дзень	[dz]	pizza
дзь	лебедзь	[dʑ]	tajique
дж	джаз	[dʒ]	adjetivo

ABREVIATURAS
usadas no vocabulário

Abreviaturas do Português

adj	-	adjetivo
adv	-	advérbio
anim.	-	animado
conj.	-	conjunção
desp.	-	desporto
etc.	-	etecetra
ex.	-	por exemplo
f	-	nome feminino
f pl	-	feminino plural
fem.	-	feminino
inanim.	-	inanimado
m	-	nome masculino
m pl	-	masculino plural
m, f	-	masculino, feminino
masc.	-	masculino
mat.	-	matemática
mil.	-	militar
pl	-	plural
prep.	-	preposição
pron.	-	pronome
sb.	-	sobre
sing.	-	singular
v aux	-	verbo auxiliar
vi	-	verbo intransitivo
vi, vt	-	verbo intransitivo, transitivo
vr	-	verbo reflexivo
vt	-	verbo transitivo

Abreviaturas do Bielorrusso

ж	-	nome feminino
ж мн	-	feminino plural
м	-	nome masculino
м мн	-	masculino plural
м, ж	-	masculino, feminino
мн	-	plural
н	-	neutro
н мн	-	neutro plural

CONCEITOS BÁSICOS

Conceitos básicos. Parte 1

1. Pronomes

eu	я	[ˈa]
tu	ты	[ti]
ele	ён	[ˈon]
ela	яна	[ˈaˈna]
ele, ela (neutro)	яно	[ˈaˈnɔ]
nós	мы	[ˈmɨ]
vocês	вы	[ˈvɨ]
eles, elas	яны	[ˈaˈni]

2. Cumprimentos. Saudações. Despedidas

Olá!	Вітаю!	[viˈtau]
Bom dia! (formal)	Вітаю вас!	[viˈtau vas]
Bom dia! (de manhã)	Добрай раніцы!	[dɔbraj ˈranitsi]
Boa tarde!	Добры дзень!	[dɔbri ˈdzenʲ]
Boa noite!	Добры вечар!	[dɔbri ˈvetʃar]
cumprimentar (vt)	вітацца	[viˈtatsa]
Olá!	Прывітанне!	[priviˈtanne]
saudação (f)	прывітанне (н)	[priviˈtanne]
saudar (vt)	вітаць	[viˈtatsʲ]
Como vai?	Як маецеся?	[ˈak ˈmaetsesʲa]
O que há de novo?	Што новага?	[ʃtɔ ˈnɔvaɦa]
Até à vista!	Да пабачэння!	[da pabaˈtʃɛnnʲa]
Adeus! (formal)	Да пабачэння!	[da pabaˈtʃɛnnʲa]
Até à vista! (informal)	Бывай!	[biˈvaj]
Até breve!	Да хуткай сустрэчы!	[da ˈhutkaj susˈtrɛtʃi]
Adeus! (sing.)	Бывай!	[biˈvaj]
Adeus! (pl)	Бывайце!	[biˈvajtse]
despedir-se (vr)	развітацца	[razˈvitvatsa]
Até logo!	Пакуль!	[paˈkulʲ]
Obrigado! -a!	Дзякуй!	[ˈdzʲakuj]
Muito obrigado! -a!	Вялікі дзякуй!	[vʲaˈliki ˈdzʲakuj]
De nada	Калі ласка.	[kaˈli ˈlaska]
Não tem de quê	Не варта падзякі	[nʲa ˈvarta paˈdzʲaki]
De nada	Няма за што.	[nʲaˈma za ˈʃtɔ]
Desculpa!	Прабач!	[praˈbatʃ]

| Desculpe! | Прабачце! | [pra'batʃtse] |
| desculpar (vt) | прабачаць | [praba'ʧatsʲ] |

desculpar-se (vr)	прасіць прабачэння	[pra'sitsʲ praba'ʧɛnnʲa]
As minhas desculpas	Прашу прабачэння	[pra'ʃu praba'ʧɛnnʲa]
Desculpe!	Выбачайце!	[vɪba'ʧajtse]
perdoar (vt)	выбачаць	[vɪba'ʧatsʲ]
Não faz mal	Нічога страшнага.	[ni'ʧɔɣa 'straʃnaɣa]
por favor	калі ласка	[ka'li 'laska]

Não se esqueça!	Не забудзьце!	[ne za'butsʲe]
Certamente! Claro!	Вядома!	[vʲa'dɔma]
Claro que não!	Вядома, не!	[vʲa'dɔma, 'ne]
Está bem! De acordo!	Згодзен!	['zɦɔʣen]
Basta!	Хопіць!	['hɔpitsʲ]

3. Números cardinais. Parte 1

zero	нуль (м)	['nulʲ]
um	адзін	[a'ʣin]
dois	два	['dva]
três	тры	['tri]
quatro	чатыры	[ʧa'tiri]

cinco	пяць	['pʲatsʲ]
seis	шэсць	['ʃɛstsʲ]
sete	сем	['sem]
oito	восем	['vɔsem]
nove	дзевяць	['ʣevʲatsʲ]

dez	дзесяць	['ʣesʲatsʲ]
onze	адзінаццаць	[aʣi'natsatsʲ]
doze	дванаццаць	[dva'natsatsʲ]
treze	трынаццаць	[tri'natsatsʲ]
catorze	чатырнаццаць	[ʧatir'natsatsʲ]

quinze	пятнаццаць	[pʲat'natsatsʲ]
dezasseis	шаснаццаць	[ʃas'natsatsʲ]
dezassete	семнаццаць	[sʲam'natsatsʲ]
dezoito	васемнаццаць	[vasʲam'natsatsʲ]
dezanove	дзевятнаццаць	[ʣevʲat'natsatsʲ]

vinte	дваццаць	['dvatsatsʲ]
vinte e um	дваццаць адзін	[dvatsatsʲ a'ʣin]
vinte e dois	дваццаць два	[dvatsatsʲ 'dva]
vinte e três	дваццаць тры	[dvatsatsʲ 'tri]

trinta	трыццаць	['tritsatsʲ]
trinta e um	трыццаць адзін	[tritsatsʲ a'ʣin]
trinta e dois	трыццаць два	[tritsatsʲ 'dva]
trinta e três	трыццаць тры	[tritsatsʲ 'tri]

| quarenta | сорак | ['sɔrak] |
| quarenta e um | сорак адзін | [sɔrak a'ʣin] |

| quarenta e dois | сорак два | [sɔrak 'dva] |
| quarenta e três | сорак тры | [sɔrak 'tri] |

cinquenta	пяцьдзесят	[pʲadzʲa'sʲat]
cinquenta e um	пяцьдзесят адзін	[pʲadzʲa'sʲat a'dzin]
cinquenta e dois	пяцьдзесят два	[pʲadzʲa'sʲat 'dva]
cinquenta e três	пяцьдзесят тры	[pʲadzʲa'sʲat 'tri]

sessenta	шэсцьдзесят	['ʃɛzʲdzesʲat]
sessenta e um	шэсцьдзесят адзін	[ʃɛzʲdzesʲat a'dzin]
sessenta e dois	шэсцьдзесят два	[ʃɛzʲdzesʲat 'dva]
sessenta e três	шэсцьдзесят тры	[ʃɛzʲdzesʲat 'tri]

setenta	семдзесят	['semdzesʲat]
setenta e um	семдзесят адзін	[semdzesʲat a'dzin]
setenta e dois	семдзесят два	[semdzesʲat 'dva]
setenta e três	семдзесят тры	[semdzesʲat 'tri]

oitenta	восемдзесят	['vɔsemdzesʲat]
oitenta e um	восемдзесят адзін	[vɔsemdzesʲat a'dzin]
oitenta e dois	восемдзесят два	[vɔsemdzesʲat 'dva]
oitenta e três	восемдзесят тры	[vɔsemdzesʲat 'tri]

noventa	дзевяноста	[dzevʲa'nɔsta]
noventa e um	дзевяноста адзін	[dzevʲa'nɔsta a'dzin]
noventa e dois	дзевяноста два	[dzevʲa'nɔsta 'dva]
noventa e três	дзевяноста тры	[dzevʲa'nɔsta 'tri]

4. Números cardinais. Parte 2

cem	сто	['stɔ]
duzentos	дзвесце	[dzʲ'vesʲtse]
trezentos	трыста	['trista]
quatrocentos	чатырыста	[tʃa'tirista]
quinhentos	пяцьсот	[pʲats'sɔt]
seiscentos	шэсцьсот	[ʃɛsʲsʲ'sɔt]
setecentos	семсот	[sem'sɔt]
oitocentos	восемсот	[vɔsem'sɔt]
novecentos	дзевяцьсот	[dzevʲatsʲ'sɔt]

mil	тысяча	['tisʲatʃa]
dois mil	дзве тысячы	['dzʲve 'tisʲatʃi]
De quem são ...?	тры тысячы	['tri 'tisʲatʃi]
dez mil	дзесяць тысяч	['dzesʲatsʲ 'tisʲatʃ]
cem mil	сто тысяч	['stɔ 'tisʲatʃ]
um milhão	мільён (м)	[mi'ljɔn]
mil milhões	мільярд (м)	[mi'lʲart]

5. Números. Frações

| fração (f) | дроб (м) | ['drɔp] |
| um meio | адна другая | [ad'na dru'haʲa] |

| um terço | адна трэцяя | [ad'na 'trɛtsæʲa] |
| um quarto | адна чацвёртая | [ad'na ʧats'vʲortaʲa] |

um oitavo	адна восьмая	[ad'na 'vɔsʲmaʲa]
um décimo	адна дзесятая	[ad'na dzʲa'sʲataʲa]
dois terços	дзве трэція	['dzʲve 'trɛtsiʲa]
três quartos	тры чацвёртыя	['tri ʧats'vʲortʲᵎa]

6. Números. Operações básicas

subtração (f)	адніманне (н)	[adni'manne]
subtrair (vi, vt)	аднімаць	[adni'matsʲ]
divisão (f)	дзяленне (н)	[dzʲa'lenne]
dividir (vt)	дзяліць	[dzʲa'litsʲ]

adição (f)	складанне (н)	[skla'danne]
somar (vt)	скласці	['sklasʲtsi]
adicionar (vt)	прыбаўляць	[pribaw'lʲatsʲ]
multiplicação (f)	множанне (н)	['mnɔʒanne]
multiplicar (vt)	памнажаць	[pamna'ʒatsʲ]

7. Números. Diversos

algarismo, dígito (m)	лічба (ж)	['liʤba]
número (m)	лік (м)	['lik]
numeral (m)	лічэбнік (м)	[li'ʧɛbnik]
menos (m)	мінус (м)	['minus]
mais (m)	плюс (м)	['plʉs]
fórmula (f)	формула (ж)	['formula]

cálculo (m)	вылічэнне (н)	[vɨli'ʧɛnne]
contar (vt)	лічыць	[li'ʧitsʲ]
calcular (vt)	падлічваць	[pad'liʧvatsʲ]
comparar (vt)	параўноўваць	[paraw'nɔwvatsʲ]

| Quanto, -os, -as? | Колькі? | ['kɔlʲki] |
| soma (f) | сума (ж) | ['suma] |

| resultado (m) | вынік (м) | ['vinik] |
| resto (m) | астача (ж) | [as'taʧa] |

alguns, algumas …	некалькі	['nekalʲki]
um pouco de …	нямнога	[nʲam'noɦa]
resto (m)	астатняе (н)	[as'tatnʲae]

| um e meio | паўтара | [pawta'ra] |
| dúzia (f) | тузін (м) | ['tuzin] |

ao meio	напалову	[napa'lɔvu]
em partes iguais	пароўну	[pa'rɔwnu]
metade (f)	палова (ж)	[pa'lɔva]
vez (f)	раз (м)	['ras]

15

8. Os verbos mais importantes. Parte 1

abrir (vt)	адчыняць	[atʃi'nʲatsʲ]
acabar, terminar (vt)	заканчваць	[za'kantʃvatsʲ]
aconselhar (vt)	раіць	['raitsʲ]
adivinhar (vt)	адгадаць	[adɦa'datsʲ]
advertir (vt)	папярэджваць	[papʲa'rɛdʒvatsʲ]

ajudar (vt)	дапамагаць	[dapama'ɦatsʲ]
almoçar (vi)	абедаць	[a'bedatsʲ]
alugar (~ um apartamento)	наймаць	[naj'matsʲ]
amar (vt)	кахаць	[ka'hatsʲ]
ameaçar (vt)	награжаць	[paɦra'ʒatsʲ]

anotar (escrever)	запісваць	[za'pisvatsʲ]
apanhar (vt)	лавіць	[la'vitsʲ]
apressar-se (vr)	спяшацца	[spʲa'ʃatsa]
arrepender-se (vr)	шкадаваць	[ʃkada'vatsʲ]
assinar (vt)	падпісваць	[pat'pisvatsʲ]
atirar, disparar (vi)	страляць	[stra'lʲatsʲ]
brincar (vi)	жартаваць	[ʒarta'vatsʲ]
brincar, jogar (crianças)	гуляць	[ɦu'lʲatsʲ]
buscar (vt)	шукаць …	[ʃu'katsʲ …]
caçar (vi)	паляваць	[palʲa'vatsʲ]

cair (vi)	падаць	['padatsʲ]
cavar (vt)	капаць	[ka'patsʲ]
cessar (vt)	спыняць	[spi'nʲatsʲ]
chamar (~ por socorro)	клікаць	['klikatsʲ]
chegar (vi)	прыязджаць	[prʲiaʒ'dʒatsʲ]
chorar (vi)	плакаць	['plakatsʲ]
começar (vt)	пачынаць	[patʃi'natsʲ]
comparar (vt)	параўноўваць	[paraw'nɔwvatsʲ]
compreender (vt)	разумець	[razu'metsʲ]
concordar (vi)	згаджацца	[zɦa'dʒatsa]
confiar (vt)	давяраць	[davʲa'ratsʲ]

confundir (equivocar-se)	блытаць	['blitatsʲ]
conhecer (vt)	ведаць	['vedatsʲ]
contar (fazer contas)	лічыць	[li'tʃitsʲ]
contar com (esperar)	разлічваць на …	[raz'litʃvatsʲ na …]
continuar (vt)	працягваць	[pra'tsʲaɦvatsʲ]

controlar (vt)	кантраляваць	[kantralʲa'vatsʲ]
convidar (vt)	запрашаць	[zapra'ʃatsʲ]
correr (vi)	бегчы	['beɦtʃi]
criar (vt)	стварыць	[stva'ritsʲ]
custar (vt)	каштаваць	[kaʃta'vatsʲ]

9. Os verbos mais importantes. Parte 2

dar (vt)	даваць	[da'vatsʲ]
dar uma dica	падказаць	[patka'zatsʲ]

decorar (enfeitar)	упрыгожваць	[upri'ɦoʒvatsʲ]
defender (vt)	абараняць	[abara'nʲatsʲ]
deixar cair (vt)	упускаць	[upus'katsʲ]

descer (para baixo)	спускацца	[spu'skatsa]
desculpar (vt)	прабачаць	[praba'ʧatsʲ]
desculpar-se (vr)	прасіць прабачэння	[pra'sitsʲ praba'ʧɛnnʲa]
dirigir (~ uma empresa)	кіраваць	[kira'vatsʲ]
discutir (notícias, etc.)	абмяркоўваць	[abmʲar'kɔwvatsʲ]
dizer (vt)	сказаць	[ska'zatsʲ]

duvidar (vt)	сумнявацца	[sumnʲa'vatsa]
encontrar (achar)	знаходзіць	[zna'ɦɔdzitsʲ]
enganar (vt)	падманваць	[pad'manvatsʲ]
entrar (na sala, etc.)	уваходзіць	[uva'ɦɔdzitsʲ]
enviar (uma carta)	адпраўляць	[atpraw'lʲatsʲ]

errar (equivocar-se)	памыляцца	[pami'lʲatsa]
escolher (vt)	выбіраць	[vibi'ratsʲ]
esconder (vt)	хаваць	[ɦa'vatsʲ]
escrever (vt)	пісаць	[pi'satsʲ]
esperar (o autocarro, etc.)	чакаць	[ʧa'katsʲ]

esperar (ter esperança)	спадзявацца	[spadzʲa'vatsa]
esquecer (vt)	забываць	[zabi'vatsʲ]
estudar (vt)	вывучаць	[vivu'ʧatsʲ]
exigir (vt)	патрабаваць	[patraba'vatsʲ]
existir (vi)	існаваць	[isna'vatsʲ]

explicar (vt)	тлумачыць	[tlu'maʧitsʲ]
falar (vi)	гаварыць	[ɦava'ritsʲ]
faltar (clases, etc.)	прапускаць	[prapus'katsʲ]
fazer (vt)	рабіць	[ra'bitsʲ]
gabar-se, jactar-se (vr)	выхваляцца	[viɦva'lʲatsa]

gostar (apreciar)	падабацца	[pada'batsa]
gritar (vi)	крычаць	[kri'ʧatsʲ]
guardar (cartas, etc.)	захоўваць	[za'ɦɔwvatsʲ]
informar (vt)	інфармаваць	[infarma'vatsʲ]
insistir (vi)	настойваць	[na'stojvatsʲ]

insultar (vt)	абражаць	[abra'ʒatsʲ]
interessar-se (vr)	цікавіцца ...	[tsi'kavitsa ...]
ir (a pé)	ісці	[is'tsi]
ir nadar	купацца	[ku'patsa]
jantar (vi)	вячэраць	[vʲa'ʧɛratsʲ]

10. Os verbos mais importantes. Parte 3

ler (vt)	чытаць	[ʧi'tatsʲ]
libertar (cidade, etc.)	вызваляць	[vizva'lʲatsʲ]
matar (vt)	забіваць	[zabi'vatsʲ]
mencionar (vt)	згадваць	['zɦadvatsʲ]
mostrar (vt)	паказваць	[pa'kazvatsʲ]

mudar (modificar)	змяніць	[zmʲa'nitsʲ]
nadar (vi)	плаваць	['plavatsʲ]
negar-se a ...	адмаўляцца	[admaw'lʲatsa]
objetar (vt)	пярэчыць	[pʲa'rɛtʃitsʲ]

observar (vt)	назіраць	[nazi'ratsʲ]
ordenar (mil.)	загадваць	[za'ɦadvatsʲ]
ouvir (vt)	чуць	['tʃutsʲ]
pagar (vt)	плаціць	[pla'tsitsʲ]
parar (vi)	спыняцца	[spi'nʲatsa]

participar (vi)	удзельнічаць	[u'dzelʲnitʃatsʲ]
pedir (comida)	заказваць	[za'kazvatsʲ]
pedir (um favor, etc.)	прасіць	[pra'sitsʲ]
pegar (tomar)	браць	['bratsʲ]
pensar (vt)	думаць	['dumatsʲ]

perceber (ver)	заўважаць	[zawva'ʒatsʲ]
perdoar (vt)	выбачаць	[viba'tʃatsʲ]
perguntar (vt)	пытаць	[pi'tatsʲ]
permitir (vt)	дазваляць	[dazva'lʲatsʲ]
pertencer a ...	належаць	[na'leʒatsʲ]

planear (vt)	планаваць	[plana'vatsʲ]
poder (vi)	магчы	[maɦ'tʃi]
possuir (vt)	валодаць	[va'lodatsʲ]
preferir (vt)	аддаваць перавагу	[adda'vatsʲ pera'vaɦu]
preparar (vt)	гатаваць	[ɦata'vatsʲ]

prever (vt)	прадбачыць	[prad'batʃitsʲ]
prometer (vt)	абяцаць	[abʲa'tsatsʲ]
pronunciar (vt)	вымаўляць	[vimaw'lʲatsʲ]
propor (vt)	прапаноўваць	[prapa'nowvatsʲ]
punir (castigar)	караць	[ka'ratsʲ]

11. Os verbos mais importantes. Parte 4

quebrar (vt)	ламаць	[la'matsʲ]
queixar-se (vr)	скардзіцца	['skardzitsa]
querer (desejar)	хацець	[ha'tsetsʲ]
recomendar (vt)	рэкамендаваць	[rɛkamenda'vatsʲ]
repetir (dizer outra vez)	паўтараць	[pawta'ratsʲ]

repreender (vt)	лаяць	['laʲatsʲ]
reservar (~ um quarto)	рэзерваваць	[rɛzerva'vatsʲ]
responder (vt)	адказваць	[at'kazvatsʲ]
rir (vi)	смяяцца	[smæ'ʲatsa]

roubar (vt)	красці	['krasʲtsi]
saber (vt)	ведаць	['vedatsʲ]
sair (~ de casa)	выходзіць	[vi'ɦodzitsʲ]
salvar (vt)	ратаваць	[rata'vatsʲ]
seguir ...	накіроўвацца ...	[naki'rowvatsa ...]
sentar-se (vr)	садзіцца	[sa'dzitsa]

ser necessário	патрабавацца	[patraba'vatsa]
ser, estar	быць	['bits⁽ʲ⁾]
significar (vt)	азначаць	[azna'tʃats⁽ʲ⁾]

sorrir (vi)	усміхацца	[usmi'hatsa]
subestimar (vt)	недаацэньваць	[nedaa'tsɛnʲvats⁽ʲ⁾]
surpreender-se (vr)	здзіўляцца	[zʲdʑiw'lʲatsa]
tentar (vt)	спрабаваць	[spraba'vats⁽ʲ⁾]

ter (vt)	мець	['mets⁽ʲ⁾]
ter fome	хацець есці	[ha'tsets⁽ʲ⁾ 'esʲtsi]
ter medo	баяцца	[ba'ʲatsa]
ter sede	хацець піць	[ha'tsets⁽ʲ⁾ 'pits⁽ʲ⁾]

tocar (com as mãos)	кранаць	[kra'nats⁽ʲ⁾]
tomar o pequeno-almoço	снедаць	['snedats⁽ʲ⁾]
trabalhar (vi)	працаваць	[pratsa'vats⁽ʲ⁾]
traduzir (vt)	перакладаць	[perakla'dats⁽ʲ⁾]
unir (vt)	аб'яднаваць	[ab⁽ʲ⁾ad'nɔwvats⁽ʲ⁾]

vender (vt)	прадаваць	[prada'vats⁽ʲ⁾]
ver (vt)	бачыць	['batʃits⁽ʲ⁾]
virar (ex. ~ à direita)	паварочваць	[pava'rɔtʃvats⁽ʲ⁾]
voar (vi)	ляцець	[lʲa'tsets⁽ʲ⁾]

12. Cores

cor (f)	колер (м)	['kɔler]
matiz (m)	адценне (н)	[a'tsenne]
tom (m)	тон (м)	['tɔn]
arco-íris (m)	вясёлка (ж)	[vʲa'sʲolka]

branco	белы	['belⁱ]
preto	чорны	['tʃɔrnⁱ]
cinzento	шэры	['ʃɛrⁱ]

verde	зялёны	[zʲa'lʲonⁱ]
amarelo	жоўты	['ʒɔwtⁱ]
vermelho	чырвоны	[tʃⁱr'vɔnⁱ]

azul	сіні	['sini]
azul claro	блакітны	[bla'kitnⁱ]
rosa	ружовы	[ru'ʒɔvⁱ]
laranja	аранжавы	[a'ranʒavⁱ]
violeta	фіялетавы	[fiʲa'letavⁱ]
castanho	карычневы	[ka'rⁱtʃnevⁱ]

| dourado | залаты | [zala'tⁱ] |
| prateado | серабрысты | [sera'bristⁱ] |

bege	бэжавы	['bɛʒavⁱ]
creme	крэмавы	['krɛmavⁱ]
turquesa	бірузовы	[biru'zɔvⁱ]
vermelho cereja	вішнёвы	[viʃ'nʲovⁱ]

19

| lilás | ліловы | [li'lɔvi] |
| carmesim | малінавы | [ma'linavi] |

claro	светлы	['svetli]
escuro	цёмны	['tsʲomni]
vivo	яркі	['ʲarki]

de cor	каляровы	[kalʲa'rɔvi]
a cores	каляровы	[kalʲa'rɔvi]
preto e branco	чорна-белы	[tʃɔrna 'belɨ]
unicolor	аднакаляровы	[adnakalʲa'rɔvi]
multicor	рознакаляровы	[rɔznakalʲa'rɔvi]

13. Questões

Quem?	Хто?	['htɔ]
Que?	Што?	['ʃtɔ]
Onde?	Дзе?	['dze]
Para onde?	Куды?	[ku'dɨ]
De onde?	Адкуль?	[at'kulʲ]
Quando?	Калі?	[ka'li]
Para quê?	Навошта?	[na'vɔʃta]
Porquê?	Чаму?	[tʃa'mu]

Para quê?	Для чаго?	[dlʲa tʃa'hɔ]
Como?	Як?	['ʲak]
Qual?	Які?	[ʲa'ki]
Qual? (entre dois ou mais)	Каторы?	[ka'tɔri]

A quem?	Каму?	[ka'mu]
Sobre quem?	Пра каго?	[pra ka'hɔ]
Do quê?	Пра што?	[pra 'ʃtɔ]
Com quem?	З кім?	[s kim]

Quanto, -os, -as?	Колькі?	['kɔlʲki]
De quem? (masc.)	Чый?	['tʃɨj]
De quem são? (pl)	Чые?	[tʃɨe?]

14. Palavras funcionais. Advérbios. Parte 1

Onde?	Дзе?	['dze]
aqui	тут	['tut]
lá, ali	там	['tam]

| em algum lugar | дзесьці | ['dzesʲtsi] |
| em lugar nenhum | нідзе | [ni'dze] |

| ao pé de ... | ля ... | [lʲa ...] |
| ao pé da janela | ля акна | [lʲa ak'na] |

| Para onde? | Куды? | [ku'dɨ] |
| para cá | сюды | [sʉ'dɨ] |

para lá	туды	[tu'di]
daqui	адсюль	[a'tsɯlʲ]
de lá, dali	адтуль	[at'tulʲ]

| perto | блізка | ['bliska] |
| longe | далёка | [da'lʲoka] |

perto de ...	каля	[ka'lʲa]
ao lado de	побач	['pɔbatʃ]
perto, não fica longe	недалёка	[neda'lʲoka]

esquerdo	левы	['levi]
à esquerda	злева	['zleva]
para esquerda	налева	[na'leva]

direito	правы	['pravi]
à direita	справа	['sprava]
para direita	направа	[na'prava]

à frente	спераду	['speradu]
da frente	пярэдні	[pʲa'rɛdni]
em frente (para a frente)	наперад	[na'perat]

atrás de ...	ззаду	['zzadu]
por detrás (vir ~)	ззаду	['zzadu]
para trás	назад	[na'zat]

| meio (m), metade (f) | сярэдзіна (ж) | [sʲa'rɛdzina] |
| no meio | пасярэдзіне | [pasʲa'rɛdzine] |

de lado	збоку	['zbɔku]
em todo lugar	усюды	[u'sɯdi]
ao redor (olhar ~)	навакол	[nava'kɔl]

de dentro	знутры	[znu'trɨ]
para algum lugar	кудысьці	[ku'disʲtsi]
diretamente	наўпрост	[naw'prɔst]
de volta	назад	[na'zat]

| de algum lugar | адкуль-небудзь | [at'kulʲ 'nebutsʲ] |
| de um lugar | аднекуль | [ad'nekulʲ] |

em primeiro lugar	па-першае	[pa 'perʃae]
em segundo lugar	па-другое	[pa dru'hɔe]
em terceiro lugar	па-трэцяе	[pa 'trɛtsʲae]

de repente	раптам	['raptam]
no início	напачатку	[napa'tʃatku]
pela primeira vez	упершыню	[uperʃɨ'nɯ]
muito antes de ...	задоўга да ...	[za'dɔwha da ...]
de novo, novamente	нанава	['nanava]
para sempre	назусім	[nazu'sim]

nunca	ніколі	[ni'kɔli]
de novo	зноўку	['znɔwku]
agora	цяпер	[tsʲa'per]

frequentemente	часта	['t͡ʃasta]
então	тады	[ta'dɨ]
urgentemente	тэрмінова	[tɛrmi'nɔva]
usualmente	звычайна	[zvi't͡ʃajna]

a propósito, ...	дарэчы, ...	[da'rɛt͡ʃi, ...]
é possível	магчыма	[maɦ't͡ʃɨma]
provavelmente	напэўна	[na'pɛwna]
talvez	мабыць	['mabit͡sʲ]
além disso, ...	акрамя таго, ...	[akra'mʲa ta'ɦɔ, ...]
por isso ...	таму ...	[ta'mu ...]
apesar de ...	няследзячы на ...	[nʲaɦ'ledzʲat͡ʃi na ...]
graças a ...	дзякуючы ...	['dzʲakuut͡ʃi ...]

que (pron.)	што	['ʃtɔ]
que (conj.)	што	['ʃtɔ]
algo	нешта	['neʃta]
alguma coisa	што-небудзь	[ʃtɔ'nebut͡sʲ]
nada	нічога	[ni't͡ʃoɦa]

quem	хто	['htɔ]
alguém (~ teve uma ideia ...)	хтосьці	['htɔsʲt͡si]
alguém	хто-небудзь	[htɔ'nebut͡sʲ]

ninguém	ніхто	[nih'tɔ]
para lugar nenhum	нікуды	[ni'kudɨ]
de ninguém	нічый	[ni't͡ʃij]
de alguém	чый-небудзь	[t͡ʃij'nebut͡sʲ]

tão	так	['tak]
também (gostaria ~ de ...)	таксама	[tak'sama]
também (~ eu)	таксама	[tak'sama]

15. Palavras funcionais. Advérbios. Parte 2

Porquê?	Чаму?	[t͡ʃa'mu]
por alguma razão	чамусьці	[t͡ʃa'musʲt͡si]
porque ...	бо ...	[bɔ ...]
por qualquer razão	наштосьці	[naʃ'tɔsʲt͡si]

e (tu ~ eu)	і	[i]
ou (ser ~ não ser)	або	[a'bɔ]
mas (porém)	але	[a'le]
para (~ a minha mãe)	для	['dlʲa]

demasiado, muito	занадта	[za'natta]
só, somente	толькі	['tɔlʲki]
exatamente	дакладна	[da'kladna]
cerca de (~ 10 kg)	каля	[ka'lʲa]

aproximadamente	прыблізна	[prib'lizna]
aproximado	прыблізны	[prib'lizni]
quase	амаль	[a'malʲ]
resto (m)	астатняе (н)	[as'tatnʲae]

o outro (segundo)	другі	[dru'ɦi]
outro	другі, іншы	[dru'ɦi, in'ʃi]
cada	кожны	['kɔʒnʲi]
qualquer	любы	[lʲu'bʲi]
muito	шмат	['ʃmat]
muitas pessoas	многія	['mnɔɦiʲa]
todos	усе	[u'se]

em troca de ...	у абмен на ...	[u ab'men na ...]
em troca	наўзамен	[nawza'men]
à mão	уручную	[urutʃ'nuʉ]
pouco provável	наўрад ці	[naw'ratsi]

provavelmente	пэўна	['pɛwna]
de propósito	знарок	[zna'rɔk]
por acidente	выпадкова	[vʲipat'kɔva]

muito	вельмі	['velʲmi]
por exemplo	напрыклад	[na'priklat]
entre	між	['miʃ]
entre (no meio de)	сярод	[sʲa'rɔt]
tanto	столькі	['stɔlʲki]
especialmente	асабліва	[asa'bliva]

Conceitos básicos. Parte 2

16. Opostos

rico	багаты	[ba'ɦati]
pobre	бедны	['bedni]
doente	хворы	['hvɔri]
são	здаровы	[zda'rɔvi]
grande	вялікі	[vʲa'liki]
pequeno	маленькі	[ma'lenʲki]
rapidamente	хутка	['hutka]
lentamente	павольна	[pa'vɔlʲna]
rápido	хуткі	['hutki]
lento	павольны	[pa'vɔlʲni]
alegre	вясёлы	[vʲa'sʲɔlʲi]
triste	сумны	['sumni]
juntos	разам	['razam]
separadamente	асобна	[a'sɔbna]
em voz alta (ler ~)	угалас	[u'ɦɔlas]
para si (em silêncio)	сам сабе	[sam sa'be]
alto	высокі	[vi'sɔki]
baixo	нізкі	['niski]
profundo	глыбокі	[ɦlʲi'bɔki]
pouco fundo	мелкі	['melki]
sim	так	['tak]
não	не	[ne]
distante (no espaço)	далёкі	[da'lʲoki]
próximo	блізкі	['bliski]
longe	далёка	[da'lʲoka]
perto	побач	['pɔbatʃ]
longo	доўгі	['dɔwɦi]
curto	кароткі	[ka'rɔtki]
bom, bondoso	добры	['dɔbri]
mau	злы	['zlʲi]
casado	жанаты	[ʒa'nati]

solteiro	халасты	[halas'ti]
proibir (vt)	забараніць	[zabara'nitsʲ]
permitir (vt)	дазволіць	[daz'volitsʲ]
fim (m)	канец (м)	[ka'nets]
começo (m)	пачатак (м)	[pa'tʃatak]
esquerdo	левы	['levʲ]
direito	правы	['pravʲ]
primeiro	першы	['perʃi]
último	апошні	[a'poʃni]
crime (m)	злачынства (н)	[zla'tʃinstva]
castigo (m)	пакаранне (н)	[paka'ranne]
ordenar (vt)	загадаць	[zaɦa'datsʲ]
obedecer (vt)	падпарадкавацца	[patparatka'vatsa]
reto	прамы	[pra'mʲ]
curvo	крывы	[kri'vʲ]
paraíso (m)	рай (м)	['raj]
inferno (m)	пекла (н)	['pekla]
nascer (vi)	нарадзіцца	[nara'dzitsa]
morrer (vi)	памерці	[pa'mertsi]
forte	моцны	['motsnʲ]
fraco, débil	слабы	['slabʲ]
idoso	стары	[sta'rʲ]
jovem	малады	[mala'dʲ]
velho	стары	[sta'rʲ]
novo	новы	['novʲ]
duro	цвёрды	['tsvʲordʲ]
mole	мяккі	['mʲakki]
tépido	цёплы	['tsʲoplʲ]
frio	халодны	[ha'lodnʲ]
gordo	тоўсты	['towstʲ]
magro	худы	[hu'dʲ]
estreito	вузкі	['vuski]
largo	шырокі	[ʃi'roki]
bom	добры	['dobrʲ]
mau	дрэнны	['drɛnnʲ]
valente	адважны	[ad'vaʒnʲ]
cobarde	баязлівы	[baʲaz'livʲ]

17. Dias da semana

segunda-feira (f)	панядзелак (м)	[panʲaˈdzelak]
terça-feira (f)	аўторак (м)	[awˈtorak]
quarta-feira (f)	серада (ж)	[seraˈda]
quinta-feira (f)	чацвер (м)	[tʃatsˈver]
sexta-feira (f)	пятніца (ж)	[ˈpʲatnitsa]
sábado (m)	субота (ж)	[suˈbota]
domingo (m)	нядзеля (ж)	[nʲaˈdzelʲa]

hoje	сёння	[ˈsʲonnʲa]
amanhã	заўтра	[ˈzawtra]
depois de amanhã	паслязаўтра	[paslʲaˈzawtra]
ontem	учора	[uˈtʃora]
anteontem	заўчора	[zawˈtʃora]

dia (m)	дзень (м)	[ˈdzenʲ]
dia (m) de trabalho	працоўны дзень (м)	[praˈtsowni ˈdzenʲ]
feriado (m)	святочны дзень (м)	[svʲaˈtotʃni ˈdzenʲ]
dia (m) de folga	выхадны дзень (м)	[vihadˈni ˈdzenʲ]
fim (m) de semana	выхадныя (м мн)	[vihadˈnʲʲa]

o dia todo	увесь дзень	[uˈvezʲ ˈdzenʲ]
no dia seguinte	на наступны дзень	[na naˈstupni ˈdzenʲ]
há dois dias	два дні таму	[dva ˈdni taˈmu]
na véspera	напярэдадні	[napʲaˈrɛdadni]
diário	штодзённы	[ʃtoˈdzʲonni]
todos os dias	штодня	[ʃtoˈdnʲa]

semana (f)	тыдзень (м)	[ˈtidzenʲ]
na semana passada	на мінулым тыдні	[na miˈnulim ˈtidni]
na próxima semana	на наступным тыдні	[na naˈstupnim ˈtidni]
semanal	штотыднёвы	[ʃtotidˈnʲovi]
cada semana	штотыдзень	[ʃtoˈtidzenʲ]
duas vezes por semana	два разы на тыдзень	[dva raˈzi na ˈtidzenʲ]
cada terça-feira	штоаўторак	[ʃtoaˈwtorak]

18. Horas. Dia e noite

manhã (f)	ранак (м)	[ˈranak]
de manhã	ранкам	[ˈrankam]
meio-dia (m)	поўдзень (м)	[ˈpowdzenʲ]
à tarde	пасля абеду	[paˈslʲa aˈbedu]

noite (f)	вечар (м)	[ˈvetʃar]
à noite (noitinha)	увечар	[uˈvetʃar]
noite (f)	ноч (ж)	[ˈnotʃ]
à noite	уначы	[unaˈtʃi]
meia-noite (f)	поўнач (ж)	[ˈpownatʃ]

segundo (m)	секунда (ж)	[seˈkunda]
minuto (m)	хвіліна (ж)	[hviˈlina]
hora (f)	гадзіна (ж)	[ɦaˈdzina]

meia hora (f)	паўгадзіны	[pawɦa'dzini]
quarto (m) de hora	чвэрць (ж) гадзіны	[ʧvɛrtsʲ ɦa'dzini]
quinze minutos	пятнаццаць хвілін	[pʲat'natsatsʲ hvi'lin]
vinte e quatro horas	суткі (мн)	['sutki]
nascer (m) do sol	узыход (м) сонца	[uzi'hot 'sɔntsa]
amanhecer (m)	світанак (м)	[svi'tanak]
madrugada (f)	ранічка (ж)	['raniʧka]
pôr do sol (m)	захад (м)	['zahat]
de madrugada	ранічкаю	['raniʧkaʉ]
hoje de manhã	сёння ранкам	[sʲonnʲa 'rankam]
amanhã de manhã	заўтра ранкам	['zawtra 'rankam]
hoje à tarde	сёння ўдзень	[sʲonnʲa u'dzenʲ]
à tarde	пасля абеду	[pa'slʲa a'bedu]
amanhã à tarde	заўтра пасля абеду	['zawtra pa'slʲa a'bedu]
hoje à noite	сёння ўвечары	[sʲonnʲa u'weʧari]
amanhã à noite	заўтра ўвечары	[zawtra u'weʧari]
às três horas em ponto	роўна а трэцяй гадзіне	[rɔwna a 'trɛtsʲaj ɦa'dzine]
por volta das quatro	каля чацвёртай гадзіны	[ka'lʲa ʧats'vʲortaj ɦa'dzinɨ]
às doze	пад дванаццатую гадзіну	[pad dva'natsatuʉ ɦa'dzinu]
dentro de vinte minutos	праз дваццаць хвілін	[praz 'dvatsatsʲ hvi'lin]
dentro duma hora	праз гадзіну	[praz ɦa'dzinu]
a tempo	своечасова	[svɔeʧa'sɔva]
menos um quarto	без чвэрці …	['bʲaʃ 'ʧvɛrtsi …]
durante uma hora	на працягу гадзіны	[na pra'tsʲaɦu ɦa'dzinɨ]
a cada quinze minutos	кожныя пятнаццаць хвілін	['kɔʒnʲa pʲat'natsatsʲ hvi'lin]
as vinte e quatro horas	круглыя суткі (мн)	['kruɦlʲa 'sutki]

19. Meses. Estações

janeiro (m)	студзень (м)	['studzenʲ]
fevereiro (m)	люты (м)	['lʉti]
março (m)	сакавік (м)	[saka'vik]
abril (m)	красавік (м)	[krasa'vik]
maio (m)	май (м)	['maj]
junho (m)	чэрвень (м)	['ʧɛrvenʲ]
julho (m)	ліпень (м)	['lipenʲ]
agosto (m)	жнівень (м)	['ʒnivenʲ]
setembro (m)	верасень (м)	['verasenʲ]
outubro (m)	кастрычнік (м)	[kas'triʧnik]
novembro (m)	лістапад (м)	[lista'pat]
dezembro (m)	снежань (м)	['sneʒanʲ]
primavera (f)	вясна (ж)	[vʲas'na]
na primavera	увесну	[u'vesnu]
primaveril	вясновы	[vʲas'nɔvi]

verão (m)	лета (н)	['leta]
no verão	улетку	[u'letku]
de verão	летні	['letni]
outono (m)	восень (ж)	['vɔsenʲ]
no outono	увосень	[u'vɔsenʲ]
outonal	восеньскі	['vɔsenʲski]
inverno (m)	зіма (ж)	[zi'ma]
no inverno	узімку	[u'zimku]
de inverno	зімовы	[zi'mɔvʲi]
mês (m)	месяц (м)	['mesʲats]
este mês	у гэтым месяцы	[u 'ɦɛtim 'mesʲatsi]
no próximo mês	у наступным месяцы	[u nas'tupnim 'mesʲatsi]
no mês passado	у мінулым месяцы	[u mi'nulim 'mesʲatsi]
há um mês	месяц таму	[mesʲats ta'mu]
dentro de um mês	праз месяц	[praz 'mesʲats]
dentro de dois meses	праз два месяцы	[praz 'dva 'mesʲatsi]
todo o mês	увесь месяц	[u'vesʲ 'mesʲats]
um mês inteiro	цэлы месяц	[tsɛli 'mesʲats]
mensal	штомесячны	[ʃtɔ'mesʲatʃni]
mensalmente	штомесяц	[ʃtɔ'mesʲats]
cada mês	штомесяц	[ʃtɔ'mesʲats]
duas vezes por mês	два разы на месяц	[dva ra'zi na 'mesʲats]
ano (m)	год (м)	['ɦɔt]
este ano	сёлета	['sʲoleta]
no próximo ano	налета	[na'leta]
no ano passado	летась	['letasʲ]
há um ano	год таму	[ɦɔt ta'mu]
dentro dum ano	праз год	[praz 'ɦɔt]
dentro de 2 anos	праз два гады	[praz 'dva ɦa'di]
todo o ano	увесь год	[u'vezʲ 'ɦɔt]
um ano inteiro	цэлы год	[tsɛli 'ɦɔt]
cada ano	штогод	[ʃtɔ'ɦɔt]
anual	штогадовы	[ʃtɔɦa'dɔvi]
anualmente	штогод	[ʃtɔ'ɦɔt]
quatro vezes por ano	чатыры разы на год	[tʃa'tiri ra'zi na 'ɦɔt]
data (~ de hoje)	дзень (м)	['dzenʲ]
data (ex. ~ de nascimento)	дата (ж)	['data]
calendário (m)	каляндар (м)	[kalʲan'dar]
meio ano	паўгода	[paw'ɦɔda]
seis meses	паўгоддзе (н)	[paw'ɦɔdze]
estação (f)	сезон (м)	[se'zɔn]
século (m)	стагоддзе (н)	[sta'ɦɔdze]

20. Tempo. Diversos

tempo (m)	час (м)	['tʃas]
momento (m)	міг (м)	['miɦ]
instante (m)	імгненне (н)	[im'ɦnenne]
instantâneo	імгненны	[im'ɦnennʲi]
lapso (m) de tempo	адрэзак (м)	[at'rɛzak]
vida (f)	жыццё (н)	[ʒiˈtsʲo]
eternidade (f)	вечнасць (ж)	['vetʃnastsʲ]

época (f)	эпоха (ж)	[ɛ'pɔha]
era (f)	эра (ж)	['ɛra]
ciclo (m)	цыкл (м)	['tsikl]
período (m)	перыяд (м)	[pe'rʲiʲat]
prazo (m)	тэрмін (м)	['tɛrmin]

futuro (m)	будучыня (ж)	['budutʃinʲa]
futuro	будучы	['budutʃi]
da próxima vez	наступным разам	[na'stupnim 'razam]
passado (m)	мінуўшчына (ж)	[mi'nuwʃɕina]
passado	мінулы	[mi'nuli]
na vez passada	мінулым разам	[mi'nulim 'razam]

mais tarde	пазней	[paz'nej]
depois	пасля	[pa'slʲa]
atualmente	цяпер	[tsʲa'per]
agora	цяпер	[tsʲa'per]
imediatamente	неадкладна	[neat'kladna]
em breve, brevemente	неўзабаве	[newza'bawe]
de antemão	загадзя	['zaɦadzʲa]

há muito tempo	даўно	[daw'nɔ]
há pouco tempo	нядаўна	[nʲa'dawna]
destino (m)	лёс (м)	['lʲos]
recordações (f pl)	памяць (ж)	['pamʲatsʲ]
arquivo (m)	архіў (м)	[ar'hiw]

durante …	падчас …	[pa'tʃas …]
durante muito tempo	доўга	['dɔwɦa]
pouco tempo	нядоўга	[nʲa'dɔwɦa]
cedo (levantar-se ~)	рана	['rana]
tarde (deitar-se ~)	позна	['pɔzna]

para sempre	назаўжды	[nazawʒ'di]
começar (vt)	пачынаць	[patʃi'natsʲ]
adiar (vt)	перанесці	[pera'nesʲtsi]

simultaneamente	адначасова	[adnatʃa'sɔva]
permanentemente	заўсёды	[zaw'sʲodi]
constante (ruído, etc.)	заўсёдны	[zaw'sʲodni]
temporário	часовы	[tʃa'sɔvi]

às vezes	часам	['tʃasam]
raramente	рэдка	['rɛtka]
frequentemente	часта	['tʃasta]

21. Linhas e formas

quadrado (m)	квадрат (м)	[kvad'rat]
quadrado	квадратны	[kvad'ratni]
círculo (m)	круг (м)	['kruɦ]
redondo	круглы	['kruɦli]
triângulo (m)	трохвугольнік (м)	[trɔhvu'ɦɔlʲnik]
triangular	трохвугольны	[trɔhvu'ɦɔlʲni]
oval (f)	авал (м)	[a'val]
oval	авальны	[a'valʲni]
retângulo (m)	прамавугольнік (м)	[pramavu'ɦɔlʲnik]
retangular	прамавугольны	[pramavu'ɦɔlʲni]
pirâmide (f)	піраміда (ж)	[pira'mida]
rombo, losango (m)	ромб (м)	['rɔmp]
trapézio (m)	трапецыя (ж)	[tra'petsiʲa]
cubo (m)	куб (м)	['kup]
prisma (m)	прызма (ж)	['prizma]
circunferência (f)	акружнасць (ж)	[ak'ruʒnastsʲ]
esfera (f)	сфера (ж)	['sfera]
globo (m)	шар (м)	['ʃar]
diâmetro (m)	дыяметр (м)	[diʲametr]
raio (m)	радыус (м)	['radius]
perímetro (m)	перыметр (м)	[pe'rimetr]
centro (m)	цэнтр (м)	['tsɛntr]
horizontal	гарызантальны	[ɦarizan'talʲni]
vertical	вертыкальны	[verti'kalʲni]
paralela (f)	паралель (ж)	[para'lelʲ]
paralelo	паралельны	[para'lelʲni]
linha (f)	лінія (ж)	['liniʲa]
traço (m)	рыса (ж)	['risa]
reta (f)	прамая (ж)	[pra'maʲa]
curva (f)	крывая (ж)	[kri'vaʲa]
fino (linha ~a)	тонкі	['tɔnki]
contorno (m)	контур (м)	['kɔntur]
interseção (f)	перасячэнне (н)	[perasʲa'tʃɛnne]
ângulo (m) reto	прамы вугал (м)	[pra'mi 'vuɦal]
segmento (m)	сегмент (м)	[seɦ'ment]
setor (m)	сектар (м)	['sektar]
lado (de um triângulo, etc.)	старана (ж)	[stara'na]
ângulo (m)	вугал (м)	['vuɦal]

22. Unidades de medida

peso (m)	вага (ж)	[va'ɦa]
comprimento (m)	даўжыня (ж)	[dawʒi'nʲa]
largura (f)	шырыня (ж)	[ʃiri'nʲa]
altura (f)	вышыня (ж)	[viʃi'nʲa]

profundidade (f)	глыбіня (ж)	[ɦlʲibi'nʲa]
volume (m)	аб'ём (м)	[a'bʲɔm]
área (f)	плошча (ж)	['plɔʃca]

grama (m)	грам (м)	['ɦram]
miligrama (m)	міліграм (м)	[mili'ɦram]
quilograma (m)	кілаграм (м)	[kila'ɦram]
tonelada (f)	тона (ж)	['tɔna]
libra (453,6 gramas)	фунт (м)	['funt]
onça (f)	унцыя (ж)	['untsʲia]

metro (m)	метр (м)	['metr]
milímetro (m)	міліметр (м)	[mili'metr]
centímetro (m)	сантыметр (м)	[santi'metr]
quilómetro (m)	кіламетр (м)	[kila'metr]
milha (f)	міля (ж)	['milʲa]

polegada (f)	цаля (ж)	['tsalʲa]
pé (304,74 mm)	фут (м)	['fut]
jarda (914,383 mm)	ярд (м)	[ʲart]

| metro (m) quadrado | квадратны метр (м) | [kvad'ratnɨ 'metr] |
| hectare (m) | гектар (м) | [ɦek'tar] |

litro (m)	літр (м)	['litr]
grau (m)	градус (м)	['ɦradus]
volt (m)	вольт (м)	['vɔlʲt]
ampere (m)	ампер (м)	[am'per]
cavalo-vapor (m)	конская сіла (ж)	[kɔnskalʲa 'sila]

quantidade (f)	колькасць (ж)	['kɔlʲkastsʲ]
um pouco de …	нямнога …	[nʲam'noɦa …]
metade (f)	палова (ж)	[pa'lɔva]
dúzia (f)	тузін (м)	['tuzin]
peça (f)	штука (ж)	['ʃtuka]

| dimensão (f) | памер (м) | [pa'mer] |
| escala (f) | маштаб (м) | [maʃ'tap] |

mínimo	мінімальны	[mini'malʲnɨ]
menor, mais pequeno	найменшы	[naj'menʃi]
médio	сярэдні	[sʲa'rɛdni]
máximo	максімальны	[maksi'malʲnɨ]
maior, mais grande	найбольшы	[naj'bɔlʲʃi]

23. Recipientes

boião (m) de vidro	слоік (м)	['slɔik]
lata (~ de cerveja)	бляшанка (ж)	[blʲa'ʃanka]
balde (m)	вядро (н)	[vʲa'drɔ]
barril (m)	бочка (ж)	['bɔtʃka]

| bacia (~ de plástico) | таз (м) | ['tas] |
| tanque (m) | бак (м) | ['bak] |

cantil (m) de bolso	біклажка (ж)	[bik'laʃka]
bidão (m) de gasolina	каністра (ж)	[ka'nistra]
cisterna (f)	цыстэрна (ж)	[tsis'tɛrna]

caneca (f)	кубак (м)	['kubak]
chávena (f)	кубак (м)	['kubak]
pires (m)	сподак (м)	['spɔdak]
copo (m)	шклянка (ж)	['ʃklʲanka]
taça (f) de vinho	келіх (м)	['kelih]
panela, caçarola (f)	рондаль (м)	['rɔndalʲ]

garrafa (f)	бутэлька (ж)	[bu'tɛlʲka]
gargalo (m)	рыльца (н)	['rilʲtsa]

jarro, garrafa (f)	графін (м)	[hra'fin]
jarro (m) de barro	збан (м)	['zban]
recipiente (m)	пасудзіна (ж)	[pa'sudzina]
pote (m)	гаршчок (м)	[har'ʃɕɔk]
vaso (m)	ваза (ж)	['vaza]

frasco (~ de perfume)	флакон (м)	[fla'kɔn]
frasquinho (ex. ~ de iodo)	бутэлечка (ж)	[bu'tɛletʃka]
tubo (~ de pasta dentífrica)	цюбік (м)	['tsʉbik]

saca (ex. ~ de açúcar)	мяшок (м)	[mʲa'ʃok]
saco (~ de plástico)	пакет (м)	[pa'ket]
maço (m)	пачак (м)	['patʃak]

caixa (~ de sapatos, etc.)	каробка (ж)	[ka'rɔpka]
caixa (~ de madeira)	скрынка (ж)	['skrɨnka]
cesta (f)	кош (м)	['kɔʃ]

24. Materiais

material (m)	матэрыял (м)	[matɛri'ʲal]
madeira (f)	дрэва (н)	['drɛva]
de madeira	драўляны	[draw'lʲani]

vidro (m)	шкло (н)	['ʃklɔ]
de vidro	шкляны	[ʃklʲa'nɨ]

pedra (f)	камень (м)	['kamenʲ]
de pedra	каменны	[ka'menni]

plástico (m)	пластык (м)	['plastik]
de plástico	пластмасавы	[plast'masavɨ]

borracha (f)	гума (ж)	['huma]
de borracha	гумовы	[hu'mɔvɨ]

tecido, pano (m)	тканіна (ж)	[tka'nina]
de tecido	з тканіны	[s tka'ninɨ]
papel (m)	папера (ж)	[pa'pera]
de papel	папяровы	[papʲa'rɔvɨ]

| cartão (m) | кардон (м) | [kar'dɔn] |
| de cartão | кардонны | [kar'dɔnnɨ] |

polietileno (m)	поліэтылен (м)	[pɔliɛti'len]
celofane (m)	цэлафан (м)	[ʦɛla'fan]
contraplacado (m)	фанера (ж)	[fa'nera]

porcelana (f)	фарфор (м)	[far'fɔr]
de porcelana	фарфоравы	[far'fɔravɨ]
barro (f)	гліна (ж)	['ɦlina]
de barro	гліняны	[ɦli'nʲanʲ]
cerâmica (f)	кераміка (ж)	[ke'ramika]
de cerâmica	керамічны	[kera'miʧnʲ]

25. Metais

metal (m)	метал (м)	[me'tal]
metálico	металічны	[meta'liʧnʲ]
liga (f)	сплаў (м)	['splaw]

ouro (m)	золата (н)	['zɔlata]
de ouro	залаты	[zala'tɨ]
prata (f)	срэбра (н)	['srɛbra]
de prata	срэбны	['srɛbnʲ]

ferro (m)	жалеза (н)	[ʒa'leza]
de ferro	жалезны	[ʒa'leznʲ]
aço (m)	сталь (ж)	['stalʲ]
de aço	сталёвы	[sta'lʲovʲ]
cobre (m)	медзь (ж)	['meʦʲ]
de cobre	медны	['mednʲ]

alumínio (m)	алюміній (м)	[alʉ'minij]
de alumínio	алюмініевы	[alʉ'minievʲ]
bronze (m)	бронза (ж)	['brɔnza]
de bronze	бронзавы	['brɔnzavʲ]

latão (m)	латунь (ж)	[la'tunʲ]
níquel (m)	нікель (м)	['nikelʲ]
platina (f)	плаціна (ж)	['plaʦina]
mercúrio (m)	ртуць (ж)	['rtuʦʲ]
estanho (m)	волава (н)	['vɔlava]
chumbo (m)	свінец (м)	[svi'neʦ]
zinco (m)	цынк (м)	['ʦɨnk]

O SER HUMANO

O ser humano. O corpo

26. Humanos. Conceitos básicos

ser (m) humano	чалавек (м)	[tʃalaˈvek]
homem (m)	мужчына (м)	[muˈʃɕina]
mulher (f)	жанчына (ж)	[ʒanˈtʃina]
criança (f)	дзіця (н)	[dziˈtsʲa]
menina (f)	дзяўчынка (ж)	[dzʲawˈtʃinka]
menino (m)	хлопчык (м)	[ˈhlɔptʃik]
adolescente (m)	падлетак (м)	[padˈletak]
velho (m)	стары (м)	[staˈri]
velha, anciã (f)	старая (ж)	[staˈraʲa]

27. Anatomia humana

organismo (m)	арганізм (м)	[arɦaˈnizm]
coração (m)	сэрца (н)	[ˈsɛrtsa]
sangue (m)	кроў (ж)	[ˈkrɔw]
artéria (f)	артэрыя (ж)	[arˈtɛriʲa]
veia (f)	вена (ж)	[ˈvena]
cérebro (m)	мозг (м)	[ˈmɔsk]
nervo (m)	нерв (м)	[ˈnerv]
nervos (m pl)	нервы (м мн)	[ˈnerviʲ]
vértebra (f)	пазванок (м)	[pazvaˈnɔk]
coluna (f) vertebral	пазваночнік (м)	[pazvaˈnɔtʃnik]
estômago (m)	страўнік (м)	[ˈstrawnik]
intestinos (m pl)	кішэчнік (м)	[kiˈʃɛtʃnik]
intestino (m)	кішка (ж)	[ˈkiʃka]
fígado (m)	печань (ж)	[ˈpetʃanʲ]
rim (m)	нырка (ж)	[ˈnirka]
osso (m)	косць (ж)	[ˈkɔstsʲ]
esqueleto (m)	шкілет (м)	[ʃkiˈlet]
costela (f)	рабро (н)	[rabˈrɔ]
crânio (m)	чэрап (м)	[ˈtʃɛrap]
músculo (m)	цягліца (ж)	[tsʲaɦˈlitsa]
bíceps (m)	біцэпс (м)	[ˈbitsɛps]
tríceps (m)	трыцэпс (м)	[ˈtritsɛps]
tendão (m)	сухажылле (н)	[suhaˈʒille]
articulação (f)	сустаў (м)	[susˈtaw]

pulmões (m pl)	лёгкія (н мн)	['lʲofiki'a]
órgãos (m pl) genitais	палавыя органы (м мн)	[pala'vʲʲa 'ɔrfiani]
pele (f)	скура (ж)	['skura]

28. Cabeça

cabeça (f)	галава (ж)	[fiala'va]
cara (f)	твар (м)	['tvar]
nariz (m)	нос (м)	['nɔs]
boca (f)	рот (м)	['rɔt]

olho (m)	вока (н)	['vɔka]
olhos (m pl)	вочы (н мн)	['vɔtʃi]
pupila (f)	зрэнка (ж)	['zrɛnka]
sobrancelha (f)	брыво (н)	[bri'vɔ]
pestana (f)	вейка (ж)	['vejka]
pálpebra (f)	павека (н)	[pa'veka]

língua (f)	язык (м)	[ʲa'zik]
dente (m)	зуб (м)	['zup]
lábios (m pl)	губы (ж мн)	['fiubi]
maçãs (f pl) do rosto	скулы (ж мн)	['skuli]
gengiva (f)	дзясна (ж)	[dzʲas'na]
palato (m)	паднябенне (н)	[padnʲa'benne]

narinas (f pl)	ноздры (ж мн)	['nɔzdri]
queixo (m)	падбародак (м)	[padba'rɔdak]
mandíbula (f)	сківіца (ж)	['skivitsa]
bochecha (f)	шчака (ж)	[ʃɕa'ka]

testa (f)	лоб (м)	['lɔp]
têmpora (f)	скронь (ж)	['skrɔnʲ]
orelha (f)	вуха (н)	['vuha]
nuca (f)	патыліца (ж)	[pa'tilitsa]
pescoço (m)	шыя (ж)	['ʃʲʲa]
garganta (f)	горла (н)	['fiɔrla]

cabelos (m pl)	валасы (м мн)	[vala'si]
penteado (m)	прычоска (ж)	[pri'tʃɔska]
corte (m) de cabelo	стрыжка (ж)	['striʃka]
peruca (f)	парык (м)	[pa'rik]

bigode (m)	вусы (м мн)	['vusi]
barba (f)	барада (ж)	[bara'da]
usar, ter (~ barba, etc.)	насіць	[na'sitsʲ]
trança (f)	каса (ж)	[ka'sa]
suíças (f pl)	бакенбарды (мн)	[baken'bardi]

ruivo	рыжы	['riʒi]
grisalho	сівы	[si'vi]
calvo	лысы	['lisi]
calva (f)	лысіна (ж)	['lisina]
rabo-de-cavalo (m)	хвост (м)	['hvɔst]
franja (f)	чубок (м)	[tʃu'bɔk]

29. Corpo humano

mão (f)	кісць (ж)	['kistsʲ]
braço (m)	рука (ж)	[ru'ka]
dedo (m)	палец (м)	['palets]
dedo (m) do pé	палец (м)	['palets]
polegar (m)	вялікі палец (м)	[vʲa'liki 'palets]
dedo (m) mindinho	мезенец (м)	['mezenets]
unha (f)	пазногаць (м)	[paz'nɔɦatsʲ]
punho (m)	кулак (м)	[ku'lak]
palma (f) da mão	далонь (ж)	[da'lɔnʲ]
pulso (m)	запясце (н)	[za'pʲasʲtse]
antebraço (m)	перадплечча (н)	[perat'pletʃa]
cotovelo (m)	локаць (м)	['lɔkatsʲ]
ombro (m)	плячо (н)	[plʲa'tʃɔ]
perna (f)	нага (ж)	[na'ɦa]
pé (m)	ступня (ж)	[stup'nʲa]
joelho (m)	калена (н)	[ka'lena]
barriga (f) da perna	лытка (ж)	['litka]
anca (f)	сцягно (н)	[stsʲaɦ'nɔ]
calcanhar (m)	пятка (ж)	['pʲatka]
corpo (m)	цела (н)	['tsela]
barriga (f)	жывот (м)	[ʒi'vɔt]
peito (m)	грудзі (мн)	['ɦrudzi]
seio (m)	грудзі (мн)	['ɦrudzi]
lado (m)	бок (м)	['bɔk]
costas (f pl)	спіна (ж)	['spina]
região (f) lombar	паясніца (ж)	[paʲas'nitsa]
cintura (f)	талія (ж)	['taliʲa]
umbigo (m)	пупок (м)	[pu'pɔk]
nádegas (f pl)	ягадзіцы (ж мн)	['ʲaɦadzitsi]
traseiro (m)	зад (м)	['zat]
sinal (m)	радзімка (ж)	[ra'dzimka]
sinal (m) de nascença	радзімая пляма (ж)	[ra'dzimaʲa 'plʲama]
tatuagem (f)	татуіроўка (ж)	[tatui'rɔwka]
cicatriz (f)	шрам (м)	['ʃram]

Vestuário & Acessórios

30. Roupa exterior. Casacos

roupa (f)	адзенне (н)	[a'dzenne]
roupa (f) exterior	вопратка (ж)	['vɔpratka]
roupa (f) de inverno	зімовая вопратка (ж)	[zi'movaʲa 'vɔpratka]
sobretudo (m)	паліто (н)	[pali'tɔ]
casaco (m) de peles	футра (н)	['futra]
casaco curto (m) de peles	паўкажушак (м)	[pawka'ʒwʃak]
casaco (m) acolchoado	пухавік (м)	[puha'vik]
casaco, blusão (m)	куртка (ж)	['kurtka]
impermeável (m)	плашч (м)	['plaʃc]
impermeável	непрамакальны	[neprama'kalʲni]

31. Vestuário de homem & mulher

camisa (f)	кашуля (ж)	[ka'ʃulʲa]
calças (f pl)	штаны (мн)	[ʃta'ni]
calças (f pl) de ganga	джынсы (мн)	['dʒinsi]
casaco (m) de fato	пінжак (м)	[pin'ʒak]
fato (m)	касцюм (м)	[kas'tsʉm]
vestido (ex. ~ vermelho)	сукенка (ж)	[su'kenka]
saia (f)	спадніца (ж)	[spad'nitsa]
blusa (f)	блузка (ж)	['bluska]
casaco (m) de malha	кофта (ж)	['kɔfta]
casaco, blazer (m)	жакет (м)	[ʒa'ket]
T-shirt, camiseta (f)	футболка (ж)	[fud'bɔlka]
calções (Bermudas, etc.)	шорты (мн)	['ʃɔrti]
fato (m) de treino	спартыўны касцюм (м)	[spar'tiwni kas'tsʉm]
roupão (m) de banho	халат (м)	[ha'lat]
pijama (m)	піжама (ж)	[pi'ʒama]
suéter (m)	світэр (м)	['svitɛr]
pulôver (m)	пуловер (м)	[pu'lɔver]
colete (m)	камізэлька (ж)	[kami'zɛlʲka]
fraque (m)	фрак (м)	['frak]
smoking (m)	смокінг (м)	['smɔkinɦ]
uniforme (m)	форма (ж)	['fɔrma]
roupa (f) de trabalho	працоўнае адзенне (н)	[pra'tsɔwnae a'dzenne]
fato-macaco (m)	камбінезон (м)	[kambine'zɔn]
bata (~ branca, etc.)	халат (м)	[ha'lat]

32. Vestuário. Roupa interior

roupa (f) interior	бялізна (ж)	[bʲaˈlizna]
cuecas boxer (f pl)	трусы (мн)	[truˈsɨ]
cuecas (f pl)	трусікі (мн)	[ˈtrusiki]
camisola (f) interior	майка (ж)	[ˈmajka]
peúgas (f pl)	шкарпэткі (ж мн)	[ʃkarˈpɛtki]

camisa (f) de noite	начная кашуля (ж)	[natʃˈnaʲa kaˈʃulʲa]
sutiã (m)	бюстгальтар (м)	[bʉzˈhalʲtar]
meias longas (f pl)	гольфы (мн)	[ˈhɔlʲfɨ]
meia-calça (f)	калготкі (мн)	[kalˈhɔtki]
meias (f pl)	панчохі (ж мн)	[panˈtʃɔhi]
fato (m) de banho	купальнік (м)	[kuˈpalʲnik]

33. Adereços de cabeça

chapéu (m)	шапка (ж)	[ˈʃapka]
chapéu (m) de feltro	капялюш (м)	[kapʲaˈlʉʃ]
boné (m) de beisebol	бейсболка (ж)	[bejzˈbɔlka]
boné (m)	кепка (ж)	[ˈkepka]

boina (f)	берэт (м)	[bʲaˈrɛt]
capuz (m)	капюшон (м)	[kapʉˈʃɔn]
panamá (m)	панамка (ж)	[paˈnamka]
gorro (m) de malha	вязаная шапачка (ж)	[vʲazanaʲa ˈʃapatʃka]

| lenço (m) | хустка (ж) | [ˈhustka] |
| chapéu (m) de mulher | капялюшык (м) | [kapʲaˈlʉʃik] |

capacete (m) de proteção	каска (ж)	[ˈkaska]
bibico (m)	пілотка (ж)	[piˈlɔtka]
capacete (m)	шлем (м)	[ˈʃlem]

| chapéu-coco (m) | кацялок (м) | [katsʲaˈlɔk] |
| chapéu (m) alto | цыліндр (м) | [tsɨˈlindr] |

34. Calçado

calçado (m)	абутак (м)	[aˈbutak]
botinas (f pl)	чаравікі (м мн)	[tʃaraˈviki]
sapatos (de salto alto, etc.)	туфлі (м мн)	[ˈtufli]
botas (f pl)	боты (м мн)	[ˈbɔtɨ]
pantufas (f pl)	тапачкі (ж мн)	[ˈtapatʃki]

ténis (m pl)	красоўкі (ж мн)	[kraˈsɔwki]
sapatilhas (f pl)	кеды (м мн)	[ˈkedɨ]
sandálias (f pl)	сандалі (ж мн)	[sanˈdali]

| sapateiro (m) | шавец (м) | [ʃaˈvets] |
| salto (m) | абцас (м) | [apˈtsas] |

par (m)	пара (ж)	['para]
atacador (m)	шнурок (м)	[ʃnu'rɔk]
apertar os atacadores	шнуравaць	[ʃnura'vatsʲ]
calçadeira (f)	ражок (м)	[ra'ʒɔk]
graxa (f) para calçado	крэм (м) для абутку	['krɛm dlʲa a'butku]

35. Têxtil. Tecidos

algodão (m)	бавоўна (ж)	[ba'vɔwna]
de algodão	з бавоўны	[z ba'vɔwnʲi]
linho (m)	лён (м)	['lʲon]
de linho	з лёну	[zʲ 'lʲonu]

seda (f)	шоўк (м)	['ʃɔwk]
de seda	шаўковы	[ʃaw'kɔvʲi]
lã (f)	шэрсць (ж)	['ʃɛrstsʲ]
de lã	шарсцяны	[ʃarstsʲa'nʲi]

veludo (m)	аксаміт (м)	[aksa'mit]
camurça (f)	замша (ж)	['zamʃa]
bombazina (f)	вельвет (м)	[velʲ'vet]

náilon (m)	нейлон (м)	[nej'lɔn]
de náilon	з нейлону	[zʲ nej'lɔnu]
poliéster (m)	паліэстэр (м)	[pali'ɛstɛr]
de poliéster	паліэстэравы	[pali'ɛstɛravʲi]

couro (m)	скура (ж)	['skura]
de couro	са скуры	[sa 'skurʲi]
pele (f)	футра (н)	['futra]
de peles, de pele	футравы	['futravʲi]

36. Acessórios pessoais

luvas (f pl)	пальчаткі (ж мн)	[palʲ'ʧatki]
mitenes (f pl)	рукавіцы (ж мн)	[ruka'vitsʲi]
cachecol (m)	шалік (м)	['ʃalik]

óculos (m pl)	акуляры (мн)	[aku'lʲarʲi]
armação (f) de óculos	аправа (ж)	[a'prava]
guarda-chuva (m)	парасон (м)	[para'sɔn]
bengala (f)	палка (ж)	['palka]
escova (f) para o cabelo	шчотка (ж) для валасоў	['ʃʧɔtka dlʲa vala'sɔw]
leque (m)	веер (м)	['veer]

gravata (f)	гальштук (м)	['ɦalʲʃtuk]
gravata-borboleta (f)	гальштук-мушка (ж)	['ɦalʲʃtuk 'muʃka]
suspensórios (m pl)	шлейкі (мн)	['ʃlejki]
lenço (m)	насоўка (ж)	[na'sɔwka]

| pente (m) | грабянец (м) | [ɦrabʲa'nets] |
| travessão (m) | заколка (ж) | [za'kɔlka] |

gancho (m) de cabelo	шпілька (ж)	['ʃpilʲka]
fivela (f)	спражка (ж)	['spraʃka]
cinto (m)	пояс (м)	['pɔʲas]
correia (f)	рэмень (м)	['rɛmenʲ]
mala (f)	сумка (ж)	['sumka]
mala (f) de senhora	сумачка (ж)	['sumatʃka]
mochila (f)	рукзак (м)	[rug'zak]

37. Vestuário. Diversos

moda (f)	мода (ж)	['mɔda]
na moda	модны	['mɔdnɨ]
estilista (m)	мадэльер (м)	[madɛ'lʲer]
colarinho (m), gola (f)	каўнер (м)	[kaw'ner]
bolso (m)	кішэня (ж)	[ki'ʃɛnʲa]
de bolso	кішэнны	[ki'ʃɛnnɨ]
manga (f)	рукаў (м)	[ru'kaw]
alcinha (f)	вешалка (ж)	['veʃalka]
braguilha (f)	прарэх (м)	[pra'rɛh]
fecho (m) de correr	маланка (ж)	[ma'lanka]
fecho (m), colchete (m)	зашпілька (ж)	[za'ʃpilʲka]
botão (m)	гузік (м)	['ɦuzik]
casa (f) de botão	прарэшак (м)	[pra'rɛʃak]
soltar-se (vr)	адарвацца	[adar'vatsa]
coser, costurar (vi)	шыць	['ʃɨtsʲ]
bordar (vt)	вышываць	[vɨʃɨ'vatsʲ]
bordado (m)	вышыўка (ж)	['vɨʃɨwka]
agulha (f)	іголка (ж)	[i'ɦɔlka]
fio (m)	нітка (ж)	['nitka]
costura (f)	шво (н)	['ʃvɔ]
sujar-se (vr)	запэцкацца	[za'pɛtskatsa]
mancha (f)	пляма (ж)	['plʲama]
engelhar-se (vr)	памяцца	[pa'mʲatsa]
rasgar (vt)	падраць	[pad'ratsʲ]
traça (f)	моль (ж)	['mɔlʲ]

38. Cuidados pessoais. Cosméticos

pasta (f) de dentes	зубная паста (ж)	[zub'naʲa 'pasta]
escova (f) de dentes	зубная шчотка (ж)	[zub'naʲa 'ʃɕɔtka]
escovar os dentes	чысціць зубы	[tʃɨsʲtsitsʲ zu'bɨ]
máquina (f) de barbear	брытва (ж)	['brɨtva]
creme (m) de barbear	крэм (м) для галення	['krɛm dlʲa ɦa'lɛnnʲa]
barbear-se (vr)	галіцца	[ɦa'litsa]
sabonete (m)	мыла (н)	['mɨla]

champô (m)	шампунь (м)	[ʃam'punʲ]
tesoura (f)	нажніцы (мн)	[naʒ'nitsi]
lima (f) de unhas	пілачка (ж) для пазногцяў	['pilatʃka dlʲa paz'nɔɦtsʲaw]
corta-unhas (m)	шчыпчыкі (мн)	['ʃɕiptʃiki]
pinça (f)	пінцэт (м)	[pin'tsɛt]

cosméticos (m pl)	касметыка (ж)	[kas'metika]
máscara (f) facial	маска (ж)	['maska]
manicura (f)	манікюр (м)	[mani'kʉr]
fazer a manicura	рабіць манікюр	[ra'bitsʲ mani'kʉr]
pedicure (f)	педыкюр (м)	[pedi'kʉr]

mala (f) de maquilhagem	касметычка (ж)	[kasme'titʃka]
pó (m)	пудра (ж)	['pudra]
caixa (f) de pó	пудраніца (ж)	['pudranitsa]
blush (m)	румяны (мн)	[ru'mʲani]

perfume (m)	парфума (ж)	[par'fuma]
água (f) de toilette	туалетная вада (ж)	[tua'letnaʲa va'da]
loção (f)	ласьён (м)	[la'sjɔn]
água-de-colónia (f)	адэкалон (м)	[adɛka'lɔn]

sombra (f) de olhos	цені (м мн) для павек	['tseni dlʲa pa'vek]
lápis (m) delineador	аловак (м) для вачэй	[a'lɔvaɦ dlʲa va'tʃɛj]
máscara (f), rímel (m)	туш (ж)	['tuʃ]

batom (m)	губная памада (ж)	[ɦub'naʲa pa'mada]
verniz (m) de unhas	лак (м) для пазногцяў	['laɦ dlʲa paz'nɔɦtsʲaw]
laca (f) para cabelos	лак (м) для валасоў	['laɦ dlʲa vala'sɔw]
desodorizante (m)	дэзадарант (м)	[dɛzada'rant]

creme (m)	крэм (м)	['krɛm]
creme (m) de rosto	крэм (м) для твару	['krɛm dlʲa 'tvaru]
creme (m) de mãos	крэм (м) для рук	['krɛm dlʲa 'ruk]
creme (m) antirrugas	крэм (м) супраць зморшчын	['krɛm 'supratsʲ 'zmɔrʃɕin]

creme (m) de dia	дзённы крэм (м)	['dzʲonni 'krɛm]
creme (m) de noite	начны крэм (м)	[natʃ'ni 'krɛm]
de dia	дзённы	['dzʲonni]
da noite	начны	[natʃ'ni]

tampão (m)	тампон (м)	[tam'pɔn]
papel (m) higiénico	туалетная папера (ж)	[tua'letnaʲa pa'pera]
secador (m) elétrico	фен (м)	['fen]

39. Joalheria

joias (f pl)	каштоўнасці (ж мн)	[kaʃ'tɔwnasʲtsi]
precioso	каштоўны	[kaʃ'tɔwni]
marca (f) de contraste	проба (ж)	['prɔba]

anel (m)	пярсцёнак (м)	[pʲars'tsʲonak]
aliança (f)	заручальны пярсцёнак (м)	[zaru'tʃalʲni pʲars'tsʲonak]
pulseira (f)	бранзалет (м)	[branza'let]

brincos (m pl)	завушніцы (ж мн)	[zavuʃ'nitsi]
colar (m)	каралі (мн)	[ka'rali]
coroa (f)	карона (ж)	[ka'rɔna]
colar (m) de contas	пацеркі (ж мн)	['patserki]
diamante (m)	брыльянт (м)	[bri'lʲant]
esmeralda (f)	ізумруд (м)	[izum'rut]
rubi (m)	рубін (м)	[ru'bin]
safira (f)	сапфір (м)	[sap'fir]
pérola (f)	жэмчуг (м)	['ʒɛmtʃuɦ]
âmbar (m)	бурштын (м)	[bur'ʃtin]

40. Relógios de pulso. Relógios

relógio (m) de pulso	гадзіннік (м)	[ɦa'dzinnik]
mostrador (m)	цыферблат (м)	[tsifer'blat]
ponteiro (m)	стрэлка (ж)	['strɛlka]
bracelete (f) em aço	бранзалет (м)	[branza'let]
bracelete (f) em couro	раменьчык (м)	[ra'menʲtʃik]
pilha (f)	батарэйка (ж)	[bata'rɛjka]
descarregar-se	сесці	['sesʲtsi]
trocar a pilha	памяняць батарэйку	[pamʲa'nʲatsʲ bata'rɛjku]
estar adiantado	спяшацца	[spʲa'ʃatsa]
estar atrasado	адставаць	[atsta'vatsʲ]
relógio (m) de parede	гадзіннік (м) насценны	[ɦa'dzinnik nas'tsenni]
ampulheta (f)	гадзіннік (м) пясочны	[ɦa'dzinnik pʲa'sɔtʃni]
relógio (m) de sol	гадзіннік (м) сонечны	[ɦa'dzinnik 'sɔnetʃni]
despertador (m)	будзільнік (м)	[bu'dzilʲnik]
relojoeiro (m)	гадзіншчык (м)	[ɦa'dzinʃɕik]
reparar (vt)	рамантаваць	[ramanta'vatsʲ]

Alimentação. Nutrição

41. Comida

carne (f)	мяса (н)	['mʲasa]
galinha (f)	курыца (ж)	['kuritsa]
frango (m)	кураня (н)	[kura'nʲa]
pato (m)	качка (ж)	['katʃka]
ganso (m)	гусь (ж)	['ɦusʲ]
caça (f)	дзічына (ж)	[dzi'tʃɨna]
peru (m)	індычка (ж)	[in'ditʃka]

carne (f) de porco	свініна (ж)	[svi'nina]
carne (f) de vitela	цяляціна (ж)	[tsʲa'lʲatsina]
carne (f) de carneiro	бараніна (ж)	[ba'ranina]
carne (f) de vaca	ялавічына (ж)	[ʲalavitʃina]
carne (f) de coelho	трус (м)	['trus]

chouriço, salsichão (m)	каўбаса (ж)	[kawba'sa]
salsicha (f)	сасіска (ж)	[sa'siska]
bacon (m)	бекон (м)	[be'kɔn]
fiambre (f)	вяндліна (ж)	[vʲand'lina]
presunto (m)	кумпяк (м)	[kum'pʲak]

patê (m)	паштэт (м)	[paʃ'tɛt]
fígado (m)	печань (ж)	['petʃanʲ]
carne (f) moída	фарш (м)	['farʃ]
língua (f)	язык (м)	[ʲa'zik]

ovo (m)	яйка (н)	['ʲajka]
ovos (m pl)	яйкі (н мн)	['ʲajki]
clara (f) do ovo	бялок (м)	[bʲa'lɔk]
gema (f) do ovo	жаўток (м)	[ʒaw'tɔk]

peixe (m)	рыба (ж)	['riba]
mariscos (m pl)	морапрадукты (м мн)	[mɔrapra'dukti]
crustáceos (m pl)	ракападобныя (мн)	[rakapa'dobnʲia]
caviar (m)	ікра (ж)	[ik'ra]

caranguejo (m)	краб (м)	['krap]
camarão (m)	крэветка (ж)	[krɛ'vetka]
ostra (f)	вустрыца (ж)	['vustritsa]
lagosta (f)	лангуст (м)	[lan'ɦust]
polvo (m)	васьміног (м)	[vasʲmi'nɔɦ]
lula (f)	кальмар (м)	[kalʲ'mar]

esturjão (m)	асятрына (ж)	[asʲa'trina]
salmão (m)	ласось (м)	[la'sɔsʲ]
halibute (m)	палтус (м)	['paltus]
bacalhau (m)	траска (ж)	[tras'ka]

cavala, sarda (f)	скумбрыя (ж)	['skumbriᵃ]
atum (m)	тунец (м)	[tu'nets]
enguia (f)	вугор (м)	[vu'hɔr]
truta (f)	стронга (ж)	['strɔnɦa]
sardinha (f)	сардзіна (ж)	[sar'dzina]
lúcio (m)	шчупак (м)	[ʃɕu'pak]
arenque (m)	селядзец (м)	[selʲa'dzets]
pão (m)	хлеб (м)	['hlep]
queijo (m)	сыр (м)	['sir]
açúcar (m)	цукар (м)	['tsukar]
sal (m)	соль (ж)	['sɔlʲ]
arroz (m)	рыс (м)	['ris]
massas (f pl)	макарона (ж)	[maka'rɔna]
talharim (m)	локшына (ж)	['lɔkʃina]
manteiga (f)	масла (н)	['masla]
óleo (m) vegetal	алей (м)	[a'lej]
óleo (m) de girassol	сланечнікавы алей (м)	[sla'netʃnikavɨ a'lej]
margarina (f)	маргарын (м)	[marɦa'rɨn]
azeitonas (f pl)	алівы (ж мн)	[a'livɨ]
azeite (m)	алей (м) аліўкавы	[a'lej a'liwkavɨ]
leite (m)	малако (н)	[mala'kɔ]
leite (m) condensado	згушчанае малако (н)	['zɦuʃɕanae mala'kɔ]
iogurte (m)	ёгурт (м)	['ʲoɦurt]
nata (f) azeda	смятана (ж)	[smʲa'tana]
nata (f) do leite	вяршкі (мн)	[vʲar'ʃki]
maionese (f)	маянэз (м)	[maʲa'nɛs]
creme (m)	крэм (м)	['krɛm]
grãos (m pl) de cereais	крупы (мн)	['krupɨ]
farinha (f)	мука (ж)	[mu'ka]
enlatados (m pl)	кансервы (ж мн)	[kan'servɨ]
flocos (m pl) de milho	кукурузныя шматкі (м мн)	[kuku'ruznɨᵃ ʃmat'ki]
mel (m)	мёд (м)	['mʲot]
doce (m)	джэм (м)	['dʒɛm]
pastilha (f) elástica	жавальная гумка (ж)	[ʒa'valʲnaʲa 'ɦumka]

42. Bebidas

água (f)	вада (ж)	[va'da]
água (f) potável	пітная вада (ж)	[pit'naʲa va'da]
água (f) mineral	мінеральная вада (ж)	[mine'ralʲnaʲa va'da]
sem gás	без газу	[bʲaz 'ɦazu]
gaseificada	газіраваны	[ɦazira'vanɨ]
com gás	з газам	[z 'ɦazam]
gelo (m)	лёд (м)	['lʲot]

com gelo	з лёдам	[zʲ 'lʲodam]
sem álcool	безалкагольны	[bezalka'ɦolʲnʲ]
bebida (f) sem álcool	безалкагольны напітак (m)	[bezalka'ɦolʲnʲ na'pitak]
refresco (m)	прахаладжальны напітак (m)	[prahala'dʒalʲnʲ na'pitak]
limonada (f)	ліманад (m)	[lima'nat]
bebidas (f pl) alcoólicas	алкагольныя напіткі (m мн)	[alka'ɦolʲnʲʲa na'pitki]
vinho (m)	віно (н)	[vi'nɔ]
vinho (m) branco	белае віно (н)	['belae vi'nɔ]
vinho (m) tinto	чырвонае віно (н)	[tʃir'vɔnae vi'nɔ]
licor (m)	лікёр (m)	[li'kʲor]
champanhe (m)	шампанскае (н)	[ʃam'panskae]
vermute (m)	вермут (m)	['vermut]
uísque (m)	віскі (н)	['viski]
vodka (f)	гарэлка (ж)	[ɦa'rɛlka]
gim (m)	джын (m)	['dʒɨn]
conhaque (m)	каньяк (m)	[ka'nʲak]
rum (m)	ром (m)	['rɔm]
café (m)	кава (ж)	['kava]
café (m) puro	чорная кава (ж)	['tʃornaʲa 'kava]
café (m) com leite	кава (ж) з малаком	['kava z mala'kɔm]
cappuccino (m)	кава (ж) з вяршкамі	['kava zʲ vʲarʃ'kami]
café (m) solúvel	растваральная кава (ж)	[rastva'ralʲnaʲa 'kava]
leite (m)	малако (н)	[mala'kɔ]
coquetel (m)	кактэйль (m)	[kak'tɛjlʲ]
batido (m) de leite	малочны кактэйль (m)	[ma'lɔtʃnʲ kak'tɛjlʲ]
sumo (m)	сок (m)	['sɔk]
sumo (m) de tomate	таматны сок (m)	[ta'matnʲ 'sɔk]
sumo (m) de laranja	апельсінавы сок (m)	[apelʲ'sinavʲ 'sɔk]
sumo (m) fresco	свежавыціснуты сок (m)	[sveʒa'vʲtsisnutʲ 'sɔk]
cerveja (f)	піва (н)	['piva]
cerveja (f) clara	светлае піва (н)	['svetlae 'piva]
cerveja (f) preta	цёмнае піва (н)	['tsʲomnae 'piva]
chá (m)	чай (m)	['tʃaj]
chá (m) preto	чорны чай (m)	['tʃornʲ 'tʃaj]
chá (m) verde	зялёны чай (m)	[zʲa'lʲonʲ 'tʃaj]

43. Vegetais

legumes (m pl)	гародніна (ж)	[ɦa'rɔdnina]
verduras (f pl)	зеляніна (ж)	[zelʲa'nina]
tomate (m)	памідор (m)	[pami'dɔr]
pepino (m)	агурок (m)	[aɦu'rɔk]
cenoura (f)	морква (ж)	['mɔrkva]
batata (f)	бульба (ж)	['bulʲba]

| cebola (f) | цыбуля (ж) | [tsi'bulʲa] |
| alho (m) | часнок (м) | [tʃas'nɔk] |

couve (f)	капуста (ж)	[ka'pusta]
couve-flor (f)	квяцістая капуста (ж)	[kvʲa'tsistaʲa ka'pusta]
couve-de-bruxelas (f)	брусельская капуста (ж)	[bru'selʲskaʲa ka'pusta]
brócolos (m pl)	капуста (ж) браколі	[ka'pusta bra'kɔli]

beterraba (f)	бурак (м)	[bu'rak]
beringela (f)	баклажан (м)	[bakla'ʒan]
curgete (f)	кабачок (м)	[kaba'tʃɔk]
abóbora (f)	гарбуз (м)	[ɦar'bus]
nabo (m)	рэпа (ж)	['rɛpa]

salsa (f)	пятрушка (ж)	[pʲat'ruʃka]
funcho, endro (m)	кроп (м)	['krɔp]
alface (f)	салата (ж)	[sa'lata]
aipo (m)	сельдэрэй (м)	[selʲdɛ'rɛj]
espargo (m)	спаржа (ж)	['sparʒa]
espinafre (m)	шпінат (м)	[ʃpi'nat]

ervilha (f)	гарох (м)	[ɦa'rɔh]
fava (f)	боб (м)	['bɔp]
milho (m)	кукуруза (ж)	[kuku'ruza]
feijão (m)	фасоля (ж)	[fa'sɔlʲa]

pimentão (m)	перац (м)	['perats]
rabanete (m)	радыска (ж)	[ra'diska]
alcachofra (f)	артышок (м)	[artɨ'ʃɔk]

44. Frutos. Nozes

fruta (f)	фрукт (м)	['frukt]
maçã (f)	яблык (м)	['ʲablik]
pera (f)	груша (ж)	['ɦruʃa]
limão (m)	лімон (м)	[li'mɔn]
laranja (f)	апельсін (м)	[apelʲ'sin]
morango (m)	клубніцы (ж мн)	[klub'nitsi]

tangerina (f)	мандарын (м)	[manda'rin]
ameixa (f)	сліва (ж)	['sliva]
pêssego (m)	персік (м)	['persik]
damasco (m)	абрыкос (м)	[abri'kɔs]
framboesa (f)	маліны (ж мн)	[ma'lini]
ananás (m)	ананас (м)	[ana'nas]

banana (f)	банан (м)	[ba'nan]
melancia (f)	кавун (м)	[ka'vun]
uva (f)	вінаград (м)	[vina'ɦrat]
ginja (f)	вішня (ж)	['viʃnʲa]
cereja (f)	чарэшня (ж)	[tʃa'rɛʃnʲa]
meloa (f)	дыня (ж)	['dinʲa]
toranja (f)	грэйпфрут (м)	[ɦrɛjp'frut]
abacate (m)	авакада (н)	[ava'kada]

papaia (f)	папайя (ж)	[pa'paʲa]
manga (f)	манга (н)	['manɦa]
romã (f)	гранат (м)	[ɦra'nat]

groselha (f) vermelha	чырвоныя парэчкі (ж мн)	[tʃɨr'vɔnʲʲa pa'rɛtʃki]
groselha (f) preta	чорныя парэчкі (ж мн)	['tʃɔrnʲʲa pa'rɛtʃki]
groselha (f) espinhosa	агрэст (м)	[aɦ'rɛst]
mirtilo (m)	чарніцы (ж мн)	[tʃar'nitsi]
amora silvestre (f)	ажыны (ж мн)	[a'ʒɨnʲ]

uvas (f pl) passas	разынкі (ж мн)	[ra'zɨnki]
figo (m)	інжыр (м)	[in'ʒɨr]
tâmara (f)	фінік (м)	['finik]

amendoim (m)	арахіс (м)	[a'rahis]
amêndoa (f)	міндаль (м)	[min'dalʲ]
noz (f)	арэх (м)	[a'rɛh]
avelã (f)	арэх (м)	[a'rɛh]
coco (m)	арэх (м) какосавы	[a'rɛh ka'kɔsavɨ]
pistáchios (m pl)	фісташкі (ж мн)	[fis'taʃki]

45. Pão. Bolaria

pastelaria (f)	кандытарскія вырабы (м мн)	[kan'ditarskiʲa 'vɨrabɨ]
pão (m)	хлеб (м)	['hlep]
bolacha (f)	печыва (н)	['petʃɨva]

chocolate (m)	шакалад (м)	[ʃaka'lat]
de chocolate	шакаладны	[ʃaka'ladnʲ]
rebuçado (m)	цукерка (ж)	[tsu'kerka]
bolo (cupcake, etc.)	пірожнае (н)	[pi'rɔʒnae]
bolo (m) de aniversário	торт (м)	['tɔrt]

tarte (~ de maçã)	пірог (м)	[pi'rɔɦ]
recheio (m)	начынка (ж)	[na'tʃɨnka]

doce (m)	варэнне (н)	[va'rɛnne]
geleia (f) de frutas	мармелад (м)	[marme'lat]
waffle (m)	вафлі (ж мн)	['vafli]
gelado (m)	марожанае (н)	[ma'rɔʒanae]

46. Pratos cozinhados

prato (m)	страва (ж)	['strava]
cozinha (~ portuguesa)	кухня (ж)	['kuhnʲa]
receita (f)	рэцэпт (м)	[rɛ'tsɛpt]
porção (f)	порцыя (ж)	['pɔrtsiʲa]

salada (f)	салата (ж)	[sa'lata]
sopa (f)	суп (м)	['sup]
caldo (m)	булён (м)	[bu'lʲon]

sandes (f)	бутэрброд (м)	[butɛr'brɔt]
ovos (m pl) estrelados	яечня (ж)	[ˌa'etʃnʲa]
hambúrguer (m)	гамбургер (м)	['ɦamburɦer]
bife (m)	біфштэкс (м)	[bifʃtɛks]
conduto (m)	гарнір (м)	[ɦar'nir]
espaguete (m)	спагеці (мн)	[spa'ɦetsi]
puré (m) de batata	бульбяное пюрэ (н)	[bulʲbʲa'nɔe pʉ'rɛ]
pizza (ж)	піца (ж)	['pitsa]
papa (f)	каша (ж)	['kaʃa]
omelete (f)	амлет (м)	[am'let]
cozido em água	вараны	['varani]
fumado	вэнджаны	['vɛnʤani]
frito	смажаны	['smaʒani]
seco	сушаны	['suʃani]
congelado	замарожаны	[zama'rɔʒani]
em conserva	марынаваны	[marina'vani]
doce (açucarado)	салодкі	[sa'lɔtki]
salgado	салёны	[sa'lʲoni]
frio	халодны	[ɦa'lɔdni]
quente	гарачы	[ɦa'ratʃi]
amargo	горкі	['ɦɔrki]
gostoso	смачны	['smatʃni]
cozinhar (em água a ferver)	варыць	[va'ritsʲ]
fazer, preparar (vt)	гатаваць	[ɦata'vatsʲ]
fritar (vt)	смажыць	['smaʒitsʲ]
aquecer (vt)	разаграваць	[razaɦra'vatsʲ]
salgar (vt)	саліць	[sa'litsʲ]
apimentar (vt)	перчыць	['pertʃitsʲ]
ralar (vt)	драць	['dratsʲ]
casca (f)	лупіна (ж)	[lu'pina]
descascar (vt)	абіраць	[abi'ratsʲ]

47. Especiarias

sal (m)	соль (ж)	['sɔlʲ]
salgado	салёны	[sa'lʲoni]
salgar (vt)	саліць	[sa'litsʲ]
pimenta (f) preta	чорны перац (м)	['tʃɔrni 'perats]
pimenta (f) vermelha	чырвоны перац (м)	[tʃir'vɔni 'perats]
mostarda (f)	гарчыца (ж)	[ɦar'tʃitsa]
raiz-forte (f)	хрэн (м)	['hrɛn]
condimento (m)	прыправа (ж)	[prip'rava]
especiaria (f)	духмяная спецыя (ж)	[duh'mʲanaʲa 'spetsiʲa]
molho (m)	соус (м)	['sɔus]
vinagre (m)	воцат (м)	['vɔtsat]
anis (m)	аніс (м)	[a'nis]

manjericão (m)	базілік (м)	[bazi'lik]
cravo (m)	гваздзіка (ж)	[ɦvazʲ'ʲdʑika]
gengibre (m)	імбір (м)	[im'bir]
coentro (m)	каляндра (ж)	[ka'lʲandra]
canela (f)	карыца (ж)	[ka'rɨtsa]

sésamo (m)	кунжут (м)	[kun'ʒut]
folhas (f pl) de louro	лаўровы ліст (м)	[law'rɔvɨ 'list]
páprica (f)	папрыка (ж)	['paprɨka]
cominho (m)	кмен (м)	['kmen]
açafrão (m)	шафран (м)	[ʃafʲran]

48. Refeições

| comida (f) | ежа (ж) | ['eʒa] |
| comer (vt) | есці | ['esʲtsi] |

pequeno-almoço (m)	сняданак (м)	[snʲa'danak]
tomar o pequeno-almoço	снедаць	['snedatsʲ]
almoço (m)	абед (м)	[a'bet]
almoçar (vi)	абедаць	[a'bedatsʲ]
jantar (m)	вячэра (ж)	[vʲa'tʃɛra]
jantar (vi)	вячэраць	[vʲa'tʃɛratsʲ]

| apetite (m) | апетыт (м) | [ape'tɨt] |
| Bom apetite! | Смачна есці! | [smatʃna 'esʲtsi] |

abrir (~ uma lata, etc.)	адкрываць	[atkrɨ'vatsʲ]
derramar (vt)	разліць	[raz'litsʲ]
derramar-se (vr)	разліцца	[raz'litsa]

ferver (vi)	кіпець	[ki'petsʲ]
ferver (vt)	кіпяціць	[kipʲa'tsitsʲ]
fervido	кіпячоны	[kipʲa'tʃɔnɨ]
arrefecer (vt)	астудзіць	[astu'dzitsʲ]
arrefecer-se (vr)	астуджвацца	[as'tudʒvatsa]

| sabor, gosto (m) | смак (м) | ['smak] |
| gostinho (m) | прысмак (м) | ['prɨsmak] |

fazer dieta	худзець	[hu'dzetsʲ]
dieta (f)	дыета (ж)	[dɨ'eta]
vitamina (f)	вітамін (м)	[vita'min]
caloria (f)	калорыя (ж)	[ka'lɔrʲa]

| vegetariano (m) | вегетарыянец (м) | [veɦetari'ʲanets] |
| vegetariano | вегетарыянскі | [veɦetari'ʲanski] |

gorduras (f pl)	тлушчы (м мн)	[tlu'ʃɕi]
proteínas (f pl)	бялкі (м мн)	[bʲal'ki]
carboidratos (m pl)	вугляводы (м мн)	[vuɦlʲa'vɔdɨ]
fatia (~ de limão, etc.)	лустачка (ж)	['lustatʃka]
pedaço (~ de bolo)	кавалак (м)	[ka'valak]
migalha (f)	крошка (ж)	['krɔʃka]

49. Por a mesa

colher (f)	лыжка (ж)	['liʃka]
faca (f)	нож (м)	['nɔʃ]
garfo (m)	відэлец (м)	[vi'dɛlets]

chávena (f)	кубак (м)	['kubak]
prato (m)	талерка (ж)	[ta'lerka]
pires (m)	сподак (м)	['spɔdak]
guardanapo (m)	сурвэтка (ж)	[sur'vɛtka]
palito (m)	зубачыстка (ж)	[zuba'ʧistka]

50. Restaurante

restaurante (m)	рэстаран (м)	[rɛsta'ran]
café (m)	кавярня (ж)	[ka'vʲarnʲa]
bar (m), cervejaria (f)	бар (м)	['bar]
salão (m) de chá	чайны салон (м)	['ʧajnɨ sa'lɔn]

empregado (m) de mesa	афіцыянт (м)	[afitsiʲʲant]
empregada (f) de mesa	афіцыянтка (ж)	[afitsiʲʲantka]
barman (m)	бармэн (м)	[bar'mɛn]

ementa (f)	меню (н)	[me'nʉ]
lista (f) de vinhos	карта (ж) вінаў	['karta 'vinaw]
reservar uma mesa	забраніраваць столік	[zabra'niravatsʲ 'stɔlik]

prato (m)	страва (ж)	['strava]
pedir (vt)	заказаць	[zaka'zatsʲ]
fazer o pedido	зрабіць заказ	[zra'bitsʲ za'kas]

aperitivo (m)	аперытыў (м)	[aperi'tiw]
entrada (f)	закуска (ж)	[za'kuska]
sobremesa (f)	дэсерт (м)	[dɛ'sert]

conta (f)	рахунак (м)	[ra'hunak]
pagar a conta	аплаціць рахунак	[apla'tsitsʲ ra'hunak]
dar o troco	даць рэшту	['datsʲ 'rɛʃtu]
gorjeta (f)	чаявыя (мн)	[ʧaʲa'vʲʲa]

Família, parentes e amigos

51. Informação pessoal. Formulários

nome (m)	імя (н)	[i'mʲa]
apelido (m)	прозвішча (н)	['prɔzʲviʃɕa]
data (f) de nascimento	дата (ж) нараджэння	['data nara'dʒɛnnʲa]
local (m) de nascimento	месца (н) нараджэння	['mesʲtsa nara'dʒɛnnʲa]
nacionalidade (f)	нацыянальнасць (ж)	[natsʲiʲa'nalʲnastsʲ]
lugar (m) de residência	месца (н) жыхарства	['mesʲtsa ʒɨ'harstva]
país (m)	краіна (ж)	[kra'ina]
profissão (f)	прафесія (ж)	[pra'fesiʲa]
sexo (m)	пол (м)	['pɔl]
estatura (f)	рост (м)	['rɔst]
peso (m)	вага (ж)	[va'ɦa]

52. Membros da família. Parentes

mãe (f)	маці (ж)	['matsi]
pai (m)	бацька (м)	['batsʲka]
filho (m)	сын (м)	['sɨn]
filha (f)	дачка (ж)	[datʃʲka]
filha (f) mais nova	малодшая дачка (ж)	[ma'lɔtʃaʲa datʃʲka]
filho (m) mais novo	малодшы сын (м)	[ma'lɔtʃɨ 'sɨn]
filha (f) mais velha	старэйшая дачка (ж)	[sta'rɛjʃaʲa datʃʲka]
filho (m) mais velho	старэйшы сын (м)	[sta'rɛjʃɨ 'sɨn]
irmão (m)	брат (м)	['brat]
irmão (m) mais velho	старшы брат (м)	['starʃɨ 'brat]
irmão (m) mais novo	меншы брат (м)	['menʃɨ 'brat]
irmã (f)	сястра (ж)	[sʲast'ra]
irmã (f) mais velha	старшая сястра (ж)	['starʃaʲa sʲas'tra]
irmã (f) mais nova	малодшая сястра (ж)	[ma'lɔtʃaʲa sʲas'tra]
primo (m)	стрыечны брат (м)	[stri'etʃnɨ 'brat]
prima (f)	стрыечная сястра (ж)	[stri'etʃnaʲa sʲas'tra]
mamã (f)	мама (ж)	['mama]
papá (m)	тата (м)	['tata]
pais (pl)	бацькі (мн)	[batsʲʲki]
criança (f)	дзіця (н)	[dzi'tsʲa]
crianças (f pl)	дзеці (н мн)	['dzetsi]
avó (f)	бабуля (ж)	[ba'bulʲa]
avô (m)	дзядуля (м)	[dzʲa'dulʲa]
neto (m)	унук (м)	[u'nuk]

neta (f)	унучка (ж)	[u'nutʃka]
netos (pl)	унукі (м мн)	[u'nuki]

tio (m)	дзядзька (м)	['dzʲatsʲka]
tia (f)	цётка (ж)	['tsʲotka]
sobrinho (m)	пляменнік (м)	[plʲa'mennik]
sobrinha (f)	пляменніца (ж)	[plʲa'mennitsa]

sogra (f)	цешча (ж)	['tseʃɕa]
sogro (m)	свёкар (м)	['svʲokar]
genro (m)	зяць (м)	['zʲatsʲ]
madrasta (f)	мачаха (ж)	['matʃaha]
padrasto (m)	айчым (м)	[aj'tʃim]

criança (f) de colo	грудное дзіця (н)	[ɦrud'nɔe dzi'tsʲa]
bebé (m)	немаўля (н)	[nemaw'lʲa]
menino (m)	малыш (м)	[ma'liʃ]

mulher (f)	жонка (ж)	['ʒɔnka]
marido (m)	муж (м)	['muʃ]
esposo (m)	муж (м)	['muʃ]
esposa (f)	жонка (ж)	['ʒɔnka]

casado	жанаты	[ʒa'nati]
casada	замужняя	[za'muʒnæʲa]
solteiro	халасты	[halas'ti]
solteirão (m)	халасцяк (м)	[halas'tsʲak]
divorciado	разведзены	[raz'vedzeni]
viúva (f)	удава (ж)	[u'dava]
viúvo (m)	удавец (м)	[uda'vets]

parente (m)	свояк (м)	[sva'ʲak]
parente (m) próximo	блізкі свояк (м)	[bliski sva'ʲak]
parente (m) distante	далёкі свояк (м)	[da'lʲoki sva'ʲak]
parentes (m pl)	свояkі (м мн)	[svaʲa'ki]

órfão (m), órfã (f)	сірата (м, ж)	[sira'ta]
tutor (m)	апякун (м)	[apʲa'kun]
adotar (um filho)	усынавіць	[usina'vitsʲ]
adotar (uma filha)	удачарыць	[udatʃa'ritsʲ]

53. Amigos. Colegas de trabalho

amigo (m)	сябар (м)	['sʲabar]
amiga (f)	сяброўка (ж)	[sʲab'rɔwka]
amizade (f)	сяброўства (н)	[sʲab'rɔwstva]
ser amigos	сябраваць	[sʲabra'vatsʲ]

amigo (m)	прыяцель (м)	['priʲatselʲ]
amiga (f)	прыяцелька (ж)	['priʲatselʲka]
parceiro (m)	партнёр (м)	[part'nʲor]

chefe (m)	шэф (м)	['ʃɛf]
superior (m)	начальнік (м)	[na'tʃalʲnik]

proprietário (m)	уладальнік (м)	[ula'dalʲnik]
subordinado (m)	падначалены (м)	[padna'tʃaленi]
colega (m)	калега (м, ж)	[ka'leɦa]

conhecido (m)	знаёмы (м)	[zna'ʲomi]
companheiro (m) de viagem	спадарожнік (м)	[spada'roʒnik]
colega (m) de classe	аднакласнік (м)	[adna'klasnik]

vizinho (m)	сусед (м)	[su'set]
vizinha (f)	суседка (ж)	[su'setka]
vizinhos (pl)	суседзі (м мн)	[su'sedzi]

54. Homem. Mulher

mulher (f)	жанчына (ж)	[ʒan'tʃina]
rapariga (f)	дзяўчына (ж)	[dzʲaw'tʃina]
noiva (f)	нявеста (ж)	[nʲa'vesta]

bonita	прыгожая	[pri'ɦoʒaʲa]
alta	высокая	[vi'sokaʲa]
esbelta	стройная	['strojnaʲa]
de estatura média	невысокага росту	[nevi'sokaɦa 'rostu]

| loura (f) | бландзінка (ж) | [blan'dzinka] |
| morena (f) | брунетка (ж) | [bru'netka] |

de senhora	дамскі	['damski]
virgem (f)	нявінніца (ж)	[nʲa'vinnitsa]
grávida	цяжарная	[tsʲa'ʒarnaʲa]

homem (m)	мужчына (м)	[mu'ʃɕina]
louro (m)	бландзін (м)	[blan'dzin]
moreno (m)	брунет (м)	[bru'net]
alto	высокі	[vi'soki]
de estatura média	невысокага росту	[nevi'sokaɦa 'rostu]

rude	грубы	['ɦrubi]
atarracado	каржакаваты	[karʒaka'vati]
robusto	дужы	['duʒi]
forte	моцны	['motsni]
força (f)	сіла (ж)	['sila]

gordo	поўны	['powni]
moreno	смуглы	['smuɦli]
esbelto	стройны	['strojni]
elegante	элегантны	[ɛle'ɦantni]

55. Idade

idade (f)	узрост (м)	[uz'rost]
juventude (f)	юнацтва (н)	[ʉ'natstva]
jovem	малады	[mala'di]

mais novo	маладзейшы за	[mala'dzejʃi za]
mais velho	старэйшы за	[sta'rɛjʃi za]
jovem (m)	юнак (м)	[ʉ'nak]
adolescente (m)	падлетак (м)	[pad'letak]
rapaz (m)	хлопец (м)	['hlɔpets]
velho (m)	стары (м)	[sta'ri]
velhota (f)	старая (ж)	[sta'raʲa]
adulto	дарослы	[da'rɔsli]
de meia-idade	сярэдніх гадоў	[sʲa'rɛdnih ha'dɔw]
idoso, de idade	пажылы	[paʒi'li]
velho	стары	[sta'ri]
reforma (f)	пенсія (ж)	['pensiʲa]
reformar-se (vr)	пайсці на пенсію	[pajs'tsi na 'pensiʉ]
reformado (m)	пенсіянер (м)	[pensiʲa'ner]

56. Crianças

criança (f)	дзіця (н)	[dzi'tsʲa]
crianças (f pl)	дзеці (н мн)	['dzetsi]
gémeos (m pl)	блізняты (н мн)	[bliz'nʲati]
berço (m)	калыска (ж)	[ka'liska]
guizo (m)	бразготка (ж)	[braz'hɔtka]
fralda (f)	падгузак (м)	[pad'ɦuzak]
chupeta (f)	соска (ж)	['sɔska]
carrinho (m) de bebé	каляска (ж)	[ka'lʲaska]
jardim (m) de infância	дзіцячы сад (м)	[dzi'tsʲatʃi 'sat]
babysitter (f)	нянька (ж)	['nʲanʲka]
infância (f)	дзяцінства (н)	[dzʲa'tsinstva]
boneca (f)	лялька (ж)	['lʲalʲka]
brinquedo (m)	цацка (ж)	['tsatska]
jogo (m) de armar	канструктар (м)	[kan'struktar]
bem-educado	выхаваны	['vihavani]
mal-educado	нявыхаваны	[nʲa'vihavani]
mimado	распешчаны	[ras'peʃt͡ʃani]
ser travesso	дурэць	[du'rɛtsʲ]
travesso, traquinas	дураслівы	[duras'livi]
travessura (f)	свавольства (н)	[sva'vɔlʲstva]
criança (f) travessa	гарэза (ж)	[ɦa'rɛza]
obediente	паслухмяны	[pasluh'mʲani]
desobediente	непаслухмяны	[nepasluh'mʲani]
dócil	разумны	[ra'zumni]
inteligente	разумны	[ra'zumni]
menino (m) prodígio	вундэркінд (м)	[vundɛr'kint]

57. Casais. Vida de família

beijar (vt)	цалаваць	[ʦala'vaʦʲ]
beijar-se (vr)	цалавацца	[ʦala'vaʦsa]
família (f)	сям'я (ж)	[sʲa'mʲʲa]
familiar	сямейны	[sʲa'mejnʲi]
casal (m)	пара (ж)	['para]
matrimónio (m)	шлюб (м)	['ʃlʉp]
lar (m)	хатні ачаг (м)	['hatni a'ʧʲaɦ]
dinastia (f)	дынастыя (ж)	[dɨ'nastʲʲa]
encontro (m)	спатканне (н)	[spat'kanne]
beijo (m)	пацалунак (м)	[paʦa'lunak]
amor (m)	каханне (н)	[ka'hanne]
amar (vt)	кахаць	[ka'haʦʲ]
amado, querido	каханы	[ka'hanʲi]
ternura (f)	пяшчота (ж)	[pʲa'ʃɕɔta]
terno, afetuoso	пяшчотны	[pʲa'ʃɕɔtnʲi]
fidelidade (f)	вернасць (ж)	['vernasʦʲ]
fiel	верны	['vernʲi]
cuidado (m)	клопат (м)	['klɔpat]
carinhoso	клапатлівы	[klapat'livʲi]
recém-casados (m pl)	маладыя (мн)	[mala'dɨʲa]
lua de mel (f)	мядовы месяц (м)	[mʲa'dɔvʲi 'mesʲaʦs]
casar-se (com um homem)	выйсці замуж	[vɨjsʲʦi 'zamuʃ]
casar-se (com uma mulher)	ажаніцца	[aʒa'niʦsa]
boda (f)	вяселле (н)	[vʲa'selle]
bodas (f pl) de ouro	залатое вяселле (н)	[zala'tɔe vʲa'selle]
aniversário (m)	гадавіна (ж)	[ɦada'vina]
amante (m)	палюбоўнік (м)	[palʉ'bɔwnik]
amante (f)	палюбоўніца (ж)	[palʉ'bɔwniʦsa]
adultério (m)	здрада (ж)	['zdrada]
cometer adultério	здрадзіць	['zdradʣiʦʲ]
ciumento	раўнівы	[raw'nivʲi]
ser ciumento	раўнаваць	[rawna'vaʦʲ]
divórcio (m)	развод (м)	[raz'vɔt]
divorciar-se (vr)	развесціся	[raz'vesʲʦsisʲa]
brigar (discutir)	сварыцца	[sva'riʦsa]
fazer as pazes	мірыцца	[mi'riʦsa]
juntos	разам	['razam]
sexo (m)	сэкс (м)	['sɛks]
felicidade (f)	шчасце (н)	['ʃɕasʲʦse]
feliz	шчаслівы	[ʃɕas'livʲi]
infelicidade (f)	няшчасце (н)	[nʲa'ʃɕasʲʦse]
infeliz	няшчасны	[nʲa'ʃɕasnʲi]

Caráter. Sentimentos. Emoções

58. Sentimentos. Emoções

sentimento (m)	пачуццё (н)	[patʃu'tsʲo]
sentimentos (m pl)	пачуцці (н мн)	[pa'tʃutsi]
sentir (vt)	адчуваць	[atʃu'vatsʲ]
fome (f)	голад (м)	['hɔlat]
ter fome	хацець есці	[ha'tsetsʲ 'esʲtsi]
sede (f)	смага (ж)	['smaɦa]
ter sede	хацець піць	[ha'tsetsʲ 'pitsʲ]
sonolência (f)	санлівасць (ж)	[san'livastsʲ]
estar sonolento	хацець спаць	[ha'tsetsʲ 'spatsʲ]
cansaço (m)	стомленасць (ж)	['stɔmlenastsʲ]
cansado	стомлены	['stɔmleni]
ficar cansado	стаміцца	[sta'mitsa]
humor (m)	настрой (м)	[na'strɔj]
tédio (m)	сум (м)	['sum]
aborrecer-se (vr)	сумаваць	[suma'vatsʲ]
isolamento (m)	самота (ж)	[sa'mɔta]
isolar-se	адасобіцца	[ada'sɔbitsa]
preocupar (vt)	непакоіць	[nepa'kɔitsʲ]
preocupar-se (vr)	непакоіцца	[nepa'kɔitsa]
preocupação (f)	неспакой (м)	[nespa'kɔj]
ansiedade (f)	трывога (ж)	[tri'vɔɦa]
preocupado	заклапочаны	[zakla'potʃani]
estar nervoso	нервавацца	[nerva'vatsa]
entrar em pânico	панікаваць	[panika'vatsʲ]
esperança (f)	надзея (ж)	[na'dzeʲa]
esperar (vt)	спадзявацца	[spadzʲa'vatsa]
certeza (f)	упэўненасць (ж)	[u'pɛwnenastsʲ]
certo	упэўнены	[u'pɛwneni]
indecisão (f)	няўпэўненасць (ж)	[nʲaw'pɛwnenastsʲ]
indeciso	няўпэўнены	[nʲaw'pɛwneni]
ébrio, bêbado	п'яны	['pʲʲani]
sóbrio	цвярозы	[tsvʲa'rɔzi]
fraco	слабы	['slabi]
feliz	шчаслівы	[ʃɡas'livi]
assustar (vt)	напалохаць	[napa'lɔhatsʲ]
fúria (f)	шаленства (н)	[ʃa'lenstva]
ira, raiva (f)	лютасць (ж)	['lʉtastsʲ]
depressão (f)	дэпрэсія (ж)	[dɛ'prɛsiʲa]
desconforto (m)	дыскамфорт (м)	[diskam'fɔrt]

conforto (m)	камфорт (м)	[kam'fort]
arrepender-se (vr)	шкадаваць	[ʃkada'vatsʲ]
arrependimento (m)	шкадаванне (н)	[ʃkada'vanne]
azar (m), má sorte (f)	нешанцаванне (н)	[neʃanʦa'vanne]
tristeza (f)	засмучэнне (н)	[zasmu'ʧɛnne]

vergonha (f)	сорам (м)	['sɔram]
alegria (f)	весялосць (ж)	[vesʲa'lɔsʦʲ]
entusiasmo (m)	энтузіязм (м)	[ɛntuziʲazm]
entusiasta (m)	энтузіяст (м)	[ɛntuziʲast]
mostrar entusiasmo	праявіць энтузіязм	[praʲa'vitsʲ ɛntuziʲazm]

59. Caráter. Personalidade

caráter (m)	характар (м)	[ha'raktar]
falha (f) de caráter	недахоп (м)	[neda'hɔp]
mente (f), razão (f)	розум (м)	['rɔzum]

consciência (f)	сумленне (н)	[sum'lenne]
hábito (m)	звычка (ж)	['zviʧka]
habilidade (f)	здольнасць (ж)	['zdɔlʲnastsʲ]
saber (~ nadar, etc.)	умець	[u'metsʲ]

paciente	цярплівы	[tsʲarp'livi]
impaciente	нецярплівы	[netsʲarp'livi]
curioso	цікаўны	[tsi'kawni]
curiosidade (f)	цікаўнасць (ж)	[tsi'kawnastsʲ]

modéstia (f)	сціпласць (ж)	['sʲtsiplastsʲ]
modesto	сціплы	['sʲtsipli]
imodesto	нясціплы	[nʲa'sʲtsipli]

preguiça (f)	лянота (ж)	[lʲa'nota]
preguiçoso	гультаяваты	[hulʲtaʲa'vati]
preguiçoso (m)	гультай (м)	[hulʲ'taj]

astúcia (f)	хітрасць (ж)	['hitrastsʲ]
astuto	хітры	['hitri]
desconfiança (f)	недавер (м)	[neda'ver]
desconfiado	недаверлівы	[neda'verlivi]

generosidade (f)	шчодрасць (ж)	['ʃʧɔdrastsʲ]
generoso	шчодры	['ʃʧɔdri]
talentoso	таленавіты	[talena'viti]
talento (m)	талент (м)	['talent]

corajoso	смелы	['smeli]
coragem (f)	смеласць (ж)	['smelastsʲ]
honesto	сумленны	[sum'lenni]
honestidade (f)	сумленнасць (ж)	[sum'lennastsʲ]

prudente	асцярожны	[astsʲa'rɔʒni]
valente	адважны	[ad'vaʒni]
sério	сур'ёзны	[su'rʲʲozni]

severo	строгі	['strɔɦi]
decidido	рашучы	[ra'ʃutʃi]
indeciso	нерашучы	[nera'ʃutʃi]
tímido	нясмелы	[nʲa'smeli]
timidez (f)	нясмеласць (ж)	[nʲa'smelastsʲ]

confiança (f)	давер (м)	[da'ver]
confiar (vt)	верыць	['veritsʲ]
crédulo	даверлівы	[da'verlivi]

sinceramente	чыстасардэчна	[tʃistasar'dɛtʃna]
sincero	чыстасардэчны	[tʃistasar'dɛtʃni]
sinceridade (f)	чыстасардэчнасць (ж)	[tʃistasar'dɛtʃnastsʲ]
aberto	адкрыты	[at'kriti]

calmo	ціхі	['tsihi]
franco	шчыры	['ʃɕiri]
ingénuo	наіўны	[na'iwni]
distraído	рассеяны	[ras'seʲani]
engraçado	смешны	['smeʃni]

ganância (f)	прагнасць (ж)	['praɦnastsʲ]
ganancioso	прагны	['praɦni]
avarento	скупы	[sku'pi]
mau	злы	['zli]
teimoso	упарты	[u'parti]
desagradável	непрыемны	[nepri'emni]

egoísta (m)	эгаіст (м)	[ɛɦa'ist]
egoísta	эгаістычны	[ɛɦais'titʃni]
cobarde (m)	баязлівец (м)	[baʲaz'livets]
cobarde	баязлівы	[baʲaz'livi]

60. O sono. Sonhos

dormir (vi)	спаць	['spatsʲ]
sono (m)	сон (м)	['sɔn]
sonho (m)	сон (м)	['sɔn]
sonhar (vi)	сніць сны	[snitsʲ 'sni]
sonolento	сонны	['sɔnni]

cama (f)	ложак (м)	['lɔʒak]
colchão (m)	матрац (м)	[mat'rats]
cobertor (m)	коўдра (ж)	['kowdra]
almofada (f)	падушка (ж)	[pa'duʃka]
lençol (m)	прасціна (ж)	[prasʲtsi'na]

insónia (f)	бяссонніца (ж)	[bʲas'sɔnnitsa]
insone	бяссонны	[bʲas'sɔnni]
sonífero (m)	снатворнае (н)	[snat'vɔrnae]
tomar um sonífero	прыняць снатворнае	[pri'nʲatsʲ snat'vɔrnae]

estar sonolento	хацець спаць	[ha'tsetsʲ 'spatsʲ]
bocejar (vi)	пазяхаць	[pazʲa'hatsʲ]

ir para a cama	ісці спаць	[is'tsi 'spatsʲ]
fazer a cama	слаць пасцель	[slatsʲ pas'tselʲ]
adormecer (vi)	заснуць	[zas'nutsʲ]

pesadelo (m)	кашмар (м)	[kaʃ'mar]
ronco (m)	храп (м)	['hrap]
roncar (vi)	храпці	[hrap'tsi]

despertador (m)	будзільнік (м)	[bu'dzilʲnik]
acordar, despertar (vt)	разбудзіць	[razbu'dzitsʲ]
acordar (vi)	прачынацца	[pratʃi'natsa]
levantar-se (vr)	уставаць	[usta'vatsʲ]
lavar-se (vr)	умывацца	[umiˈvatsa]

61. Humor. Riso. Alegria

humor (m)	гумар (м)	['humar]
sentido (m) de humor	пачуццё (н)	[patʃu'tsʲo]
divertir-se (vr)	весяліцца	[vesʲa'litsa]
alegre	вясёлы	[vʲa'sʲolɨ]
alegria (f)	весялосць (ж)	[vesʲa'lostsʲ]

sorriso (m)	усмешка (ж)	[us'meʃka]
sorrir (vi)	усміхацца	[usmi'hatsa]
começar a rir	засмяяцца	[zasmæⁱ'atsa]
rir (vi)	смяяцца	[smæ ⁱ'atsa]
riso (m)	смех (м)	['smeh]

anedota (f)	анекдот (м)	[aneh'dɔt]
engraçado	смешны	['smeʃnɨ]
ridículo	смешны	['smeʃnɨ]

brincar, fazer piadas	жартаваць	[ʒarta'vatsʲ]
piada (f)	жарт (м)	['ʒart]
alegria (f)	радасць (ж)	['radastsʲ]
regozijar-se (vr)	радавацца	['radavatsa]
alegre	радасны	['radasnɨ]

62. Discussão, conversação. Parte 1

| comunicação (f) | зносіны (мн) | ['znɔsinɨ] |
| comunicar-se (vr) | мець зносіны | ['metsʲ 'znɔsinɨ] |

conversa (f)	размова (ж)	[raz'mɔva]
diálogo (m)	дыялог (м)	[dʲa'lɔh]
discussão (f)	дыскусія (ж)	[dis'kusʲa]
debate (m)	спрэчка (ж)	['sprɛtʃka]
debater (vt)	спрачацца	[spra'tʃatsa]

interlocutor (m)	суразмоўца (м)	[suraz'mɔwtsa]
tema (m)	тэма (ж)	['tɛma]
ponto (m) de vista	пункт (м) погляду	['punkt 'pɔhlʲadu]

| opinião (f) | меркаванне (н) | [merka'vanne] |
| discurso (m) | прамова (ж) | [pra'mɔva] |

discussão (f)	абмеркаванне (н)	[abmerka'vanne]
discutir (vt)	абмяркоўваць	[abmʲar'kɔwvatsʲ]
conversa (f)	гутарка (ж)	['ɦutarka]
conversar (vi)	гутарыць	['ɦutaritsʲ]
encontro (m)	сустрэча (ж)	[sus'trɛtʃa]
encontrar-se (vr)	сустракацца	[sustra'katsa]

provérbio (m)	прыказка (ж)	['prikaska]
ditado (m)	прымаўка (ж)	['primawka]
adivinha (f)	загадка (ж)	[za'ɦatka]
dizer uma adivinha	загадваць загадку	[za'ɦadvatsʲ za'ɦatku]
senha (f)	пароль (м)	[pa'rɔlʲ]
segredo (m)	сакрэт (м)	[sak'rɛt]

juramento (m)	клятва (ж)	['klʲatva]
jurar (vi)	клясціся	['klʲastsisʲa]
promessa (f)	абяцанне (н)	[abʲa'tsanne]
prometer (vt)	абяцаць	[abʲa'tsatsʲ]

conselho (m)	парада (ж)	[pa'rada]
aconselhar (vt)	раіць	['raitsʲ]
seguir o conselho	прытрымлівацца парады	[pri'trimlivatstsa pa'radi]
escutar (~ os conselhos)	слухацца ...	['sluhatsa ...]

novidade, notícia (f)	навіна (ж)	[navi'na]
sensação (f)	сенсацыя (ж)	[sen'satsiʲa]
informação (f)	звесткі (ж мн)	['zʲvestki]
conclusão (f)	выснова (ж)	[vis'nɔva]
voz (f)	голас (м)	['ɦɔlas]
elogio (m)	камплімент (м)	[kampli'ment]
amável	ласкавы	[las'kavi]

palavra (f)	слова (н)	['slɔva]
frase (f)	фраза (ж)	['fraza]
resposta (f)	адказ (м)	[at'kas]

| verdade (f) | праўда (ж) | ['prawda] |
| mentira (f) | хлусня (ж) | [hlusʲ'nʲa] |

pensamento (m)	думка (ж)	['dumka]
ideia (f)	ідэя (ж)	[i'dɛʲa]
fantasia (f)	фантазія (ж)	[fan'taziʲa]

63. Discussão, conversação. Parte 2

estimado	паважаны	[pava'ʒani]
respeitar (vt)	паважаць	[pava'ʒatsʲ]
respeito (m)	павага (ж)	[pa'vaɦa]
Estimado ..., Caro ...	Паважаны ...	[pava'ʒani ...]
apresentar (vt)	пазнаёміць	[pazna'ʲomitsʲ]
travar conhecimento	пазнаёмміцца	[pazna'ʲomitsa]

intenção (f)	намер (м)	[na'mer]
tencionar (vt)	мець намер	['metsʲ na'mer]
desejo (m)	пажаданне (н)	[paʒa'danne]
desejar (ex. ~ boa sorte)	пажадаць	[paʒa'datsʲ]

surpresa (f)	здзіўленне (н)	[zʲdziw'lenne]
surpreender (vt)	здзіўляць	[zʲdziw'lʲatsʲ]
surpreender-se (vr)	здзіўляцца	[zʲdziw'lʲatsa]

dar (vt)	даць	['datsʲ]
pegar (tomar)	узяць	[u'zʲatsʲ]
devolver (vt)	вярнуць	[vʲar'nutsʲ]
retornar (vt)	аддаць	[ad'datsʲ]

desculpar-se (vr)	прасіць прабачэння	[pra'sitsʲ praba'tʃɛnnʲa]
desculpa (f)	прабачэнне (н)	[praba'tʃɛnne]
perdoar (vt)	выбачаць	[vɨba'tʃatsʲ]

falar (vi)	размаўляць	[razmaw'lʲatsʲ]
escutar (vt)	слухаць	['sluhatsʲ]
ouvir até o fim	выслухаць	['vɨsluhatsʲ]
compreender (vt)	зразумець	[zrazu'metsʲ]

mostrar (vt)	паказаць	[paka'zatsʲ]
olhar para ...	глядзець на ...	[hlʲa'dzetsʲ na ...]
chamar (dizer em voz alta o nome)	паклікаць	[pa'klikatsʲ]
distrair (vt)	турбаваць	[turba'vatsʲ]
perturbar (vt)	замінаць	[zami'natsʲ]
entregar (~ em mãos)	перадаць	[pera'datsʲ]

pedido (m)	просьба (ж)	['prɔzʲba]
pedir (ex. ~ ajuda)	прасіць	[pra'sitsʲ]
exigência (f)	патрабаванне (н)	[patraba'vanne]
exigir (vt)	патрабаваць	[patraba'vatsʲ]

chamar nomes (vt)	дражніць	[draʒ'nitsʲ]
zombar (vt)	кпіць	['kpitsʲ]
zombaria (f)	кпіны (мн)	['kpinɨ]
alcunha (f)	празванне (н)	[praz'vanne]

insinuação (f)	намёк (м)	[na'mʲok]
insinuar (vt)	намякаць	[namʲa'katsʲ]
subentender (vt)	мець на ўвазе	['metsʲ na w'vaze]

descrição (f)	апісанне (н)	[api'sanne]
descrever (vt)	апісаць	[api'satsʲ]
elogio (m)	пахвала (ж)	[pahva'la]
elogiar (vt)	пахваліць	[pahva'litsʲ]

desapontamento (m)	расчараванне (н)	[raʃcara'vanne]
desapontar (vt)	расчараваць	[raʃcara'vatsʲ]
desapontar-se (vr)	расчаравацца	[raʃcara'vatsa]

suposição (f)	дапушчэнне (н)	[dapu'ʃcɛnne]
supor (vt)	дапускаць	[dapus'katsʲ]

| advertência (f) | перасцярога (ж) | [perastsʲaˈrɔɦa] |
| advertir (vt) | перасцерагчы | [perasʲtseraɦ'tʃi] |

64. Discussão, conversação. Parte 3

| convencer (vt) | угаварыць | [uɦava'ritsʲ] |
| acalmar (vt) | супакойваць | [supa'kɔjvatsʲ] |

silêncio (o ~ é de ouro)	маўчанне (н)	[maw'tʃanne]
ficar em silêncio	маўчаць	[maw'tʃatsʲ]
sussurrar (vt)	шапнуць	[ʃap'nutsʲ]
sussurro (m)	шэпт (м)	['ʃɛpt]

| francamente | шчыра | ['ʃɕira] |
| a meu ver ... | на маю думку ... | [na ma'ʉ 'dumku ...] |

detalhe (~ da história)	падрабязнасць (ж)	[padra'bʲaznastsʲ]
detalhado	падрабязны	[padra'bʲaznɨ]
detalhadamente	падрабязна	[padra'bʲazna]

| dica (f) | падказка (ж) | [pat'kaska] |
| dar uma dica | падказаць | [patka'zatsʲ] |

olhar (m)	позірк (м)	['pɔzirk]
dar uma vista de olhos	зірнуць	[zir'nutsʲ]
fixo (olhar ~)	нерухомы	[neru'hɔmɨ]
piscar (vi)	міргаць	[mir'ɦatsʲ]
pestanejar (vt)	мігнуць	[miɦ'nutsʲ]
acenar (com a cabeça)	кіўнуць	[kiw'nutsʲ]

suspiro (m)	уздых (м)	[uz'dɨh]
suspirar (vi)	уздыхнуць	[uzdɨh'nutsʲ]
estremecer (vi)	уздрыгваць	[uz'drɨɦvatsʲ]
gesto (m)	жэст (м)	['ʒɛst]
tocar (com as mãos)	дакрануцца	[dakra'nutsa]
agarrar (~ pelo braço)	хапаць	[ha'patsʲ]
bater de leve	ляпаць	['lʲapatsʲ]

Cuidado!	Асцярожна!	[astsʲaˈrɔʒna]
A sério?	Няўжо?	[nʲaw'ʒɔ]
Tem certeza?	Ты ўпэўнены?	[tɨ u'pɛwnenɨ]
Boa sorte!	Удачы!	[u'datʃɨ]
Compreendi!	Зразумела!	[zrazu'mela]
Que pena!	Шкада!	[ʃka'da]

65. Acordo. Recusa

consentimento (~ mútuo)	згода (ж)	['zɦɔda]
consentir (vi)	згаджацца	[zɦa'dʒatsa]
aprovação (f)	ухвала (ж)	[uh'vala]
aprovar (vt)	ухваліць	[uhva'litsʲ]
recusa (f)	адмова (ж)	[ad'mɔva]

negar-se (vt)	адмаўляцца	[admaw'lʲatsa]
Está ótimo!	Выдатна!	[vɨ'datna]
Muito bem!	Згода!	['zɦoda]
Está bem! De acordo!	Добра!	['dɔbra]

proibido	забаронены	[zaba'rɔnenɨ]
é proibido	нельга	['nelʲɦa]
é impossível	немагчыма	[nemaɦ'tʃɨma]
incorreto	няправільны	[nʲa'pravilʲnɨ]

rejeitar (~ um pedido)	адхіліць	[athi'litsʲ]
apoiar (vt)	падтрымаць	[pattrɨ'matsʲ]
aceitar (desculpas, etc.)	прыняць	[prɨ'nʲatsʲ]

confirmar (vt)	пацвердзіць	[pats'verdzitsʲ]
confirmação (f)	пацвярджэнне (н)	[patsvʲar'dʒɛnne]
permissão (f)	дазвол (м)	[daz'vɔl]
permitir (vt)	дазволіць	[daz'vɔlitsʲ]
decisão (f)	рашэнне (н)	[ra'ʃɛnne]
não dizer nada	прамаўчаць	[pramaw'tʃatsʲ]

condição (com uma ~)	умова (ж)	[u'mɔva]
pretexto (m)	адгаворка (ж)	[adɦa'vɔrka]
elogio (m)	пахвала (ж)	[pahva'la]
elogiar (vt)	пахваліць	[pahva'litsʲ]

66. Sucesso. Boa sorte. Insucesso

êxito, sucesso (m)	поспех (м)	['pɔspeh]
com êxito	паспяхова	[paspʲa'hɔva]
bem sucedido	паспяховы	[paspʲa'hɔvɨ]

sorte (fortuna)	удача (ж)	[u'datʃa]
Boa sorte!	Удачы!	[u'datʃɨ]
de sorte	удалы	[u'dalɨ]
sortudo, felizardo	удачлівы	[u'datʃlivɨ]

fracasso (m)	няўдача (ж)	[nʲaw'datʃa]
pouca sorte (f)	няўдача (ж)	[nʲaw'datʃa]
azar (m), má sorte (f)	нешанцаванне (н)	[neʃantsa'vanne]

mal sucedido	няўдалы	[nʲaw'dalɨ]
catástrofe (f)	катастрофа (ж)	[kata'strɔfa]

orgulho (m)	гонар (м)	['ɦɔnar]
orgulhoso	горды	['ɦɔrdɨ]
estar orgulhoso	ганарыцца	[ɦana'rɨtsa]

vencedor (m)	пераможца (м)	[pera'mɔʃtsa]
vencer (vi)	перамагчы	[peramaɦ'tʃɨ]
perder (vt)	прайграць	[praj'ɦratsʲ]
tentativa (f)	спроба (ж)	['sprɔba]
tentar (vt)	спрабаваць	[spraba'vatsʲ]
chance (m)	шанец (м)	['ʃanets]

67. Conflitos. Emoções negativas

grito (m)	крык (м)	['krik]
gritar (vi)	крычаць	[kri'ʧatsʲ]
começar a gritar	закрычаць	[zakri'ʧatsʲ]
discussão (f)	сварка (ж)	['svarka]
discutir (vt)	сварыцца	[sva'ritsa]
escândalo (m)	скандал (м)	[skan'dal]
criar escândalo	скандаліць	[skan'dalitsʲ]
conflito (m)	канфлікт (м)	[kan'flikt]
mal-entendido (m)	непаразуменне (н)	[neparazu'menne]
insulto (m)	абраза (ж)	[ab'raza]
insultar (vt)	абражаць	[abra'ʒatsʲ]
insultado	абражаны	[ab'raʒanɨ]
ofensa (f)	крыўда (ж)	['kriwda]
ofender (vt)	пакрыўдзіць	[pa'kriwdzitsʲ]
ofender-se (vr)	пакрыўдзіцца	[pa'kriwdzitsa]
indignação (f)	абурэнне (н)	[abu'rɛnne]
indignar-se (vr)	абурацца	[abu'ratsa]
queixa (f)	скарга (ж)	['skarɦa]
queixar-se (vr)	скардзіцца	['skardzitsa]
desculpa (f)	прабачэнне (н)	[praba'ʧɛnne]
desculpar-se (vr)	прасіць прабачэння	[pra'sitsʲ praba'ʧɛnnʲa]
pedir perdão	перапрашаць	[perapra'ʃatsʲ]
crítica (f)	крытыка (ж)	['kritika]
criticar (vt)	крытыкаваць	[kritika'vatsʲ]
acusação (f)	абвінавачванне (н)	[abvina'vaʧvanne]
acusar (vt)	абвінавачваць	[abvina'vaʧvatsʲ]
vingança (f)	помста (ж)	['pɔmsta]
vingar (vt)	помсціць	['pɔmsʲtsitsʲ]
vingar-se (vr)	адплаціць	[atpla'tsitsʲ]
desprezo (m)	пагарда (ж)	[pa'ɦarda]
desprezar (vt)	пагарджаць	[paɦar'dʒatsʲ]
ódio (m)	нянавісць (ж)	[nʲa'navisʲtsʲ]
odiar (vt)	ненавідзець	[nena'vidzetsʲ]
nervoso	нервовы	[ner'vɔvɨ]
estar nervoso	нервавацца	[nerva'vatsa]
zangado	злосны	['zlɔsnɨ]
zangar (vt)	раззлаваць	[razzla'vatsʲ]
humilhação (f)	прыніжэнне (ж)	[prini'ʒɛnne]
humilhar (vt)	прыніжаць	[prini'ʒatsʲ]
humilhar-se (vr)	прыніжацца	[prini'ʒatsa]
choque (m)	шок (м)	['ʃɔk]
chocar (vt)	шакіраваць	[ʃa'kiravatsʲ]
aborrecimento (m)	непрыемнасць (ж)	[nepri'emnasʲtsʲ]

desagradável	непрыемны	[nepri'emni]
medo (m)	страх (м)	['strah]
terrível (tempestade, etc.)	страшэнны	[stra'ʃɛnni]
assustador (ex. história ~a)	страшны	['straʃni]
horror (m)	жах (м)	['ʒah]
horrível (crime, etc.)	жахлівы	[ʒah'livi]
começar a tremer	задрыжаць	[zadri'ʒatsʲ]
chorar (vi)	плакаць	['plakatsʲ]
começar a chorar	заплакаць	[zap'lakatsʲ]
lágrima (f)	сляза (ж)	[slʲa'za]
falta (f)	віна (ж)	[vi'na]
culpa (f)	віна (ж)	[vi'na]
desonra (f)	ганьба (ж)	['hanʲba]
protesto (m)	пратэст (м)	[pra'tɛst]
stresse (m)	стрэс (м)	['strɛs]
perturbar (vt)	турбаваць	[turba'vatsʲ]
zangar-se com ...	злавацца	[zla'vatsa]
zangado	злы	['zlі]
terminar (vt)	спыняць	[spi'nʲatsʲ]
praguejar	лаяцца	['laʲatsa]
assustar-se	палохацца	[pa'lɔhatsa]
golpear (vt)	стукнуць	['stuknutsʲ]
brigar (na rua, etc.)	біцца	['bitsa]
resolver (o conflito)	урэгуляваць	[urɛhulʲa'vatsʲ]
descontente	незадаволены	[nezada'vɔlenі]
furioso	люты	['lʉtі]
Não está bem!	Гэта нядобра!	['hɛta nʲa'dɔbra]
É mau!	Гэта дрэнна!	['hɛta 'drɛnna]

Medicina

68. Doenças

doença (f)	хвароба (ж)	[hva'rɔba]
estar doente	хварэць	[hva'rɛtsʲ]
saúde (f)	здароўе (н)	[zda'rɔwe]
nariz (m) a escorrer	насмарк (м)	['nasmark]
amigdalite (f)	ангіна (ж)	[an'ɦina]
constipação (f)	прастуда (ж)	[pra'studa]
constipar-se (vr)	прастудзіцца	[prastu'dzitsa]
bronquite (f)	бранхіт (м)	[bran'hit]
pneumonia (f)	запаленне (н) лёгкіх	[zapa'lenne 'lʲoɦkih]
gripe (f)	грып (м)	['ɦrip]
míope	блізарукі	[bliza'ruki]
presbita	дальназоркі	[dalʲna'zɔrki]
estrabismo (m)	касавокасць (ж)	[kasa'vɔkastsʲ]
estrábico	касавокі	[kasa'vɔki]
catarata (f)	катаракта (ж)	[kata'rakta]
glaucoma (m)	глаўкома (ж)	[ɦlaw'kɔma]
AVC (m), apoplexia (f)	інсульт (м)	[in'sulʲt]
ataque (m) cardíaco	інфаркт (м)	[in'farkt]
enfarte (m) do miocárdio	інфаркт (м) міякарда	[in'farkt miʲa'karda]
paralisia (f)	параліч (м)	[para'litʃ]
paralisar (vt)	паралізаваць	[paraliza'vatsʲ]
alergia (f)	алергія (ж)	[aler'ɦiʲa]
asma (f)	астма (ж)	['astma]
diabetes (f)	дыябет (м)	[dʲʲa'bet]
dor (f) de dentes	зубны боль (м)	[zub'nɨ 'bɔlʲ]
cárie (f)	карыес (м)	['karies]
diarreia (f)	дыярэя (ж)	[dʲʲa'rɛʲa]
prisão (f) de ventre	запор (м)	[za'pɔr]
desarranjo (m) intestinal	расстройства (н) страўніка	[ras'strɔjstva 'strawnika]
intoxicação (f) alimentar	атручванне (н)	[a'trutʃvanne]
intoxicar-se	атруціцца	[atru'tsitsa]
artrite (f)	артрыт (м)	[art'rit]
raquitismo (m)	рахіт (м)	[ra'hit]
reumatismo (m)	рэўматызм (м)	[rɛwma'tizm]
arteriosclerose (f)	атэрасклероз (м)	[atɛraskle'rɔs]
gastrite (f)	гастрыт (м)	[ɦas'trit]
apendicite (f)	апендыцыт (м)	[apendi'tsit]

| colecistite (f) | халецыстыт (м) | [halet̪sis'tit] |
| úlcera (f) | язва (ж) | ['ʲazva] |

sarampo (m)	адзёр (м)	[a'dzʲor]
rubéola (f)	краснуха (ж)	[kras'nuha]
iterícia (f)	жаўтуха (ж)	[ʒaw'tuha]
hepatite (f)	гепатыт (м)	[ɦepa'tit]

esquizofrenia (f)	шызафрэнія (ж)	[ʃizafrɛ'nʲiʲa]
raiva (f)	шаленства (н)	[ʃa'lenstva]
neurose (f)	неўроз (м)	[new'rɔs]
comoção (f) cerebral	страсенне (н) мазгоў	[stra'senne maz'ɦɔw]

cancro (m)	рак (м)	['rak]
esclerose (f)	склероз (м)	[skle'rɔs]
esclerose (f) múltipla	рассеяны склероз (м)	[ras'seʲanɨ skle'rɔs]

alcoolismo (m)	алкагалізм (м)	[alkaɦa'lizm]
alcoólico (m)	алкаголік (м)	[alka'ɦɔlik]
sífilis (f)	сіфіліс (м)	['sifilis]
SIDA (f)	СНІД (м)	['snit]

tumor (m)	пухліна (ж)	[puh'lina]
maligno	злаякасная	[zla'ʲakasnaʲa]
benigno	дабраякасная	[dabra'ʲakasnaʲa]

febre (f)	ліхаманка (ж)	[liha'manka]
malária (f)	малярыя (ж)	[malʲa'rʲiʲa]
gangrena (f)	гангрэна (ж)	[ɦan'ɦrɛna]
enjoo (m)	марская хвароба (ж)	[mar'skaʲa hva'rɔba]
epilepsia (f)	эпілепсія (ж)	[ɛpi'lepsʲiʲa]

epidemia (f)	эпідэмія (ж)	[ɛpi'dɛmʲiʲa]
tifo (m)	тыф (м)	['tʲif]
tuberculose (f)	сухоты (мн)	[su'hɔtɨ]
cólera (f)	халера (ж)	[ha'lera]
peste (f)	чума (ж)	[ʧu'ma]

69. Sintomas. Tratamentos. Parte 1

sintoma (m)	сімптом (м)	[simp'tɔm]
temperatura (f)	тэмпература (ж)	[tɛmpera'tura]
febre (f)	высокая тэмпература (ж)	[vi'sɔkaʲa tɛmpera'tura]
pulso (m)	пульс (м)	['pulʲs]

vertigem (f)	галавакружэнне (н)	[ɦalava'kruʒɛnne]
quente (testa, etc.)	гарачы	[ɦa'raʧi]
calafrio (m)	дрыжыкі (мн)	['drɨʒɨki]
pálido	бледны	['blednɨ]

tosse (f)	кашаль (м)	['kaʃalʲ]
tossir (vi)	кашляць	['kaʃlʲatsʲ]
espirrar (vi)	чхаць	['ʧhatsʲ]
desmaio (m)	непрытомнасць (ж)	[nepri'tɔmnastsʲ]

desmaiar (vi)	страціць прытомнасць	[stratsits pri'tɔmnastsʲ]
nódoa (f) negra	сіняк (м)	[si'nʲak]
galo (m)	гуз (м)	['ɦus]
magoar-se (vr)	стукнуцца	['stuknutsa]
pisadura (f)	выцятае месца (н)	[vitsʲatae 'mestsa]
aleijar-se (vr)	выцяцца	['vitsʲatsa]

coxear (vi)	кульгаць	[kulʲ'ɦatsʲ]
deslocação (f)	звіх (м)	['zʲvih]
deslocar (vt)	звіхнуць	[zʲvih'nutsʲ]
fratura (f)	пералом (м)	[pera'lɔm]
fraturar (vt)	атрымаць пералом	[atri'matsʲ pera'lɔm]

corte (m)	парэз (м)	[pa'rɛs]
cortar-se (vr)	парэзацца	[pa'rɛzatsa]
hemorragia (f)	крывацёк (м)	[kriva'tsʲok]

queimadura (f)	апёк (м)	[a'pʲok]
queimar-se (vr)	апячыся	[apʲa'tʃisʲa]

picar (vt)	укалоць	[uka'lɔtsʲ]
picar-se (vr)	укалоцца	[uka'lɔtsa]
lesionar (vt)	пашкодзіць	[paʃ'kɔdzitsʲ]
lesão (m)	пашкоджанне (н)	[paʃ'kɔdʒanne]
ferida (f), ferimento (m)	рана (ж)	['rana]
trauma (m)	траўма (ж)	['trawma]

delirar (vi)	трызніць	['trizʲnitsʲ]
gaguejar (vi)	заікацца	[zai'katsa]
insolação (f)	сонечны ўдар (м)	['sɔnetʃnɨ u'dar]

70. Sintomas. Tratamentos. Parte 2

dor (f)	боль (м)	['bɔlʲ]
farpa (no dedo)	стрэмка (ж)	['strɛmka]

suor (m)	пот (м)	['pɔt]
suar (vi)	пацець	[pa'tsetsʲ]
vómito (m)	ваніты (мн)	[va'nitɨ]
convulsões (f pl)	сутаргі (ж мн)	['sutarɦi]

grávida	цяжарная	[tsʲa'ʒarnaʲa]
nascer (vi)	нарадзіцца	[nara'dzitsa]
parto (m)	роды (мн)	['rɔdɨ]
dar à luz	нараджаць	[nara'dʒatsʲ]
aborto (m)	аборт (м)	[a'bɔrt]

respiração (f)	дыханне (н)	[di'hanne]
inspiração (f)	удых (м)	[u'dɨh]
expiração (f)	выдых (м)	['vɨdɨh]
expirar (vi)	выдыхнуць	['vɨdɨhnutsʲ]
inspirar (vi)	зрабіць удых	[zra'bitsʲ u'dɨh]
inválido (m)	інвалід (м)	[inva'lit]
aleijado (m)	калека (м, ж)	[ka'leka]

toxicodependente (m)	наркаман (м)	[narka'man]
surdo	глухі	[ɦlu'hi]
mudo	нямы	[nʲa'mɨ]
surdo-mudo	глуханямы	[ɦluhanʲa'mɨ]

louco (adj.)	звар'яцелы	[zvarʲa'ʦelɨ]
louco (m)	вар'ят (м)	[va'rʲat]
louca (f)	вар'ятка (ж)	[va'rʲatka]
ficar louco	звар'яцець	[zvarʲa'ʦeʦʲ]

gene (m)	ген (м)	['hen]
imunidade (f)	імунітэт (м)	[imuni'tɛt]
hereditário	спадчынны	['spatʃinnɨ]
congénito	прыроджаны	[pri'rɔdʒanɨ]

vírus (m)	вірус (м)	['virus]
micróbio (m)	мікроб (м)	[mik'rɔp]
bactéria (f)	бактэрыя (ж)	[bak'tɛrɨʲa]
infeção (f)	інфекцыя (ж)	[in'fekʦɨʲa]

71. Sintomas. Tratamentos. Parte 3

| hospital (m) | бальніца (ж) | [balʲ'nitsa] |
| paciente (m) | пацыент (м) | [patsi'ent] |

diagnóstico (m)	дыягназ (м)	[diʲ'aɦnas]
cura (f)	лячэнне (н)	[lʲa'tʃɛnne]
curar-se (vr)	лячыцца	[lʲa'tʃitsa]
tratar (vt)	лячыць	[lʲa'tʃiʦʲ]
cuidar (pessoa)	даглядаць	[daɦlʲa'daʦʲ]
cuidados (m pl)	догляд (м)	['dɔɦlʲat]

operação (f)	аперацыя (ж)	[ape'ratsɨʲa]
enfaixar (vt)	перавязаць	[peravʲa'zaʦʲ]
enfaixamento (m)	перавязванне (н)	[pera'vʲazvanne]

vacinação (f)	прышчэпка (ж)	[pri'ʃɕɛpka]
vacinar (vt)	рабіць прышчэпку	[ra'biʦʲ pri'ʃɕɛpku]
injeção (f)	укол (м)	[u'kɔl]
dar uma injeção	рабіць укол	[ra'biʦʲ u'kɔl]

ataque (~ de asma, etc.)	прыступ, прыпадак (м)	[pristup], [pri'padak]
amputação (f)	ампутацыя (ж)	[ampu'tatsɨʲa]
amputar (vt)	ампутаваць	[amputa'vaʦʲ]
coma (f)	кома (ж)	['kɔma]
estar em coma	быць у коме	[biʦʲ u 'kɔme]
reanimação (f)	рэанімацыя (ж)	[rɛani'matsɨʲa]

recuperar-se (vr)	папраўляцца	[papraw'lʲatsa]
estado (~ de saúde)	стан (м)	['stan]
consciência (f)	прытомнасць (ж)	[pri'tɔmnasʦʲ]
memória (f)	памяць (ж)	['pamʲaʦʲ]
tirar (vt)	вырываць	[viri'vaʦʲ]
chumbo (m), obturação (f)	пломба (ж)	['plɔmba]

chumbar, obturar (vt)	пламбіраваць	[plambira'vatsʲ]
hipnose (f)	гіпноз (м)	[ɦip'nɔs]
hipnotizar (vt)	гіпнатызаваць	[ɦipnatiza'vatsʲ]

72. Médicos

médico (m)	урач (м)	[u'ratʃ]
enfermeira (f)	медсястра (ж)	[metsʲas'tra]
médico (m) pessoal	асабісты ўрач (м)	[asa'bistі 'wratʃ]
dentista (m)	дантыст (м)	[dan'tist]
oculista (m)	акуліст (м)	[aku'list]
terapeuta (m)	тэрапеўт (м)	[tɛra'pewt]
cirurgião (m)	хірург (м)	[hi'rurɦ]
psiquiatra (m)	псіхіятр (м)	[psihiʲatr]
pediatra (m)	педыятр (м)	[pediʲatr]
psicólogo (m)	псіхолаг (м)	[psi'hɔlaɦ]
ginecologista (m)	гінеколаг (м)	[ɦine'kɔlaɦ]
cardiologista (m)	кардыёлаг (м)	[kardiʲolaɦ]

73. Medicina. Drogas. Acessórios

medicamento (m)	лякарства (н)	[lʲa'karstva]
remédio (m)	сродак (м)	['srɔdak]
receitar (vt)	прапісаць	[prapi'satsʲ]
receita (f)	рэцэпт (м)	[rɛ'tsɛpt]
comprimido (m)	таблетка (ж)	[tab'letka]
pomada (f)	мазь (ж)	['masʲ]
ampola (f)	ампула (ж)	['ampula]
preparado (m)	мікстура (ж)	[miks'tura]
xarope (m)	сіроп (м)	[si'rɔp]
cápsula (f)	пілюля (ж)	[pi'lʲulʲa]
remédio (m) em pó	парашок (м)	[para'ʃɔk]
ligadura (f)	бінт (м)	['bint]
algodão (m)	вата (ж)	['vata]
iodo (m)	ёд (м)	[ʲot]
penso (m) rápido	лейкапластыр (м)	[lejka'plastir]
conta-gotas (m)	піпетка (ж)	[pi'petka]
termómetro (m)	градуснік (м)	['ɦradusnik]
seringa (f)	шпрыц (м)	['ʃprits]
cadeira (f) de rodas	каляска (ж)	[ka'lʲaska]
muletas (f pl)	мыліцы (ж мн)	['militsi]
analgésico (m)	абязбольвальнае (н)	[abʲaz'bɔlʲvalʲnae]
laxante (m)	слабіцельнае (н)	[sla'bitselʲnae]
álcool (m) etílico	спірт (м)	['spirt]
ervas (f pl) medicinais	трава (ж)	[tra'va]
de ervas (chá ~)	травяны	[travʲa'ni]

74. Fumar. Produtos tabágicos

tabaco (m)	тытунь (м)	[ti'tunʲ]
cigarro (m)	цыгарэта (ж)	[tsiɦa'rɛta]
charuto (m)	цыгара (ж)	[tsi'ɦara]
cachimbo (m)	люлька (ж)	['lʉlʲka]
maço (~ de cigarros)	пачак (м)	['patʃak]
fósforos (m pl)	запалкі (ж мн)	[za'palki]
caixa (f) de fósforos	запалкавы пачак (м)	[za'palkavɨ 'patʃak]
isqueiro (m)	запальніца (ж)	[zapalʲ'nitsa]
cinzeiro (m)	попельніца (ж)	['popelʲnitsa]
cigarreira (f)	партабак (м)	[parta'bak]
boquilha (f)	муштук (м)	[muʃ'tuk]
filtro (m)	фільтр (м)	['filʲtr]
fumar (vi, vt)	курыць	[ku'ritsʲ]
acender um cigarro	закурыць	[zaku'ritsʲ]
tabagismo (m)	курэнне (н)	[ku'rɛnne]
fumador (m)	курэц (м)	[ku'rɛts]
beata (f)	недакурак (м)	[neda'kurak]
fumo (m)	дым (м)	['dɨm]
cinza (f)	попел (м)	['pɔpel]

HABITAT HUMANO

Cidade

75. Cidade. Vida na cidade

cidade (f)	горад (м)	['ɦɔrat]
capital (f)	сталіца (ж)	[sta'litsa]
aldeia (f)	вёска (ж)	['vʲoska]
mapa (m) da cidade	план (м) горада	['plan 'ɦɔrada]
centro (m) da cidade	цэнтр (м) горада	['tsɛntr 'ɦɔrada]
subúrbio (m)	прыгарад (м)	['priɦarat]
suburbano	прыгарадны	['priɦaradnɨ]
periferia (f)	ускраіна (ж)	[us'kraina]
arredores (m pl)	наваколле (н)	[nava'kɔlle]
quarteirão (m)	квартал (м)	[kvar'tal]
quarteirão (m) residencial	жылы квартал (м)	[ʒɨ'lɨ kvar'tal]
tráfego (m)	вулічны рух (м)	['vulitʃnɨ 'ruɦ]
semáforo (m)	святлафор (м)	[svʲatla'fɔr]
transporte (m) público	гарадскі транспарт (м)	[ɦara'tski 'transpart]
cruzamento (m)	скрыжаванне (н)	[skriʒa'vanne]
passadeira (f)	пешаходны пераход (м)	[peʃa'ɦɔdnɨ pera'ɦɔt]
passagem (f) subterrânea	падземны пераход (м)	[pa'dzemnɨ pera'ɦɔt]
cruzar, atravessar (vt)	пераходзіць	[pera'ɦɔdzitsʲ]
peão (m)	пешаход (м)	[peʃa'ɦɔt]
passeio (m)	ходнік (м)	['ɦɔdnik]
ponte (f)	мост (м)	['mɔst]
margem (f) do rio	набярэжная (ж)	[nabʲa'rɛʒnaʲa]
fonte (f)	фантан (м)	[fan'tan]
alameda (f)	алея (ж)	[a'leʲa]
parque (m)	парк (м)	['park]
bulevar (m)	бульвар (м)	[bulʲ'var]
praça (f)	плошча (ж)	['plɔʃɕa]
avenida (f)	праспект (м)	[pras'pekt]
rua (f)	вуліца (ж)	['vulitsa]
travessa (f)	завулак (м)	[za'vulak]
beco (m) sem saída	тупік (м)	[tu'pik]
casa (f)	дом (м)	['dɔm]
edifício, prédio (m)	будынак (м)	[bu'dɨnak]
arranha-céus (m)	хмарачос (м)	[hmara'tʃɔs]
fachada (f)	фасад (м)	[fa'sat]
telhado (m)	дах (м)	['daɦ]

janela (f)	акно (н)	[ak'nɔ]
arco (m)	арка (ж)	['arka]
coluna (f)	калона (ж)	[ka'lɔna]
esquina (f)	рог (м)	['rɔɦ]

montra (f)	вітрына (ж)	[vit'rina]
letreiro (m)	шыльда (ж)	['ʃilʲda]
cartaz (m)	афіша (ж)	[a'fiʃa]
cartaz (m) publicitário	рэкламны плакат (м)	[rɛk'lamnɨ pla'kat]
painel (m) publicitário	рэкламны шчыт (м)	[rɛk'lamnɨ 'ʃɕit]

lixo (m)	смецце (н)	['smetse]
cesta (f) do lixo	урна (ж)	['urna]
jogar lixo na rua	насмечваць	[nas'metʃvatsʲ]
aterro (m) sanitário	сметнік (м)	['smetnik]

cabine (f) telefónica	тэлефонная будка (ж)	[tɛle'fɔnnaʲa 'butka]
candeeiro (m) de rua	ліхтарны слуп (м)	[lih'tarnɨ 'slup]
banco (m)	лаўка (ж)	['lawka]

polícia (m)	паліцэйскі (м)	[pali'tsɛjski]
polícia (instituição)	паліцыя (ж)	[pa'litsɨʲa]
mendigo (m)	жабрак (м)	[ʒab'rak]
sem-abrigo (m)	беспрытульны (м)	[bespri'tulʲnɨ]

76. Instituições urbanas

loja (f)	крама (ж)	['krama]
farmácia (f)	аптэка (ж)	[ap'tɛka]
ótica (f)	оптыка (ж)	['ɔptika]
centro (m) comercial	гандлёвы цэнтр (м)	[ɦand'lʲovɨ 'tsɛntr]
supermercado (m)	супермаркет (м)	[super'market]

padaria (f)	булачная (ж)	['bulatʃnaʲa]
padeiro (m)	пекар (м)	['pekar]
pastelaria (f)	кандытарская (ж)	[kan'dɨtarskaʲa]
mercearia (f)	бакалея (ж)	[baka'leʲa]
talho (m)	мясная крама (ж)	[mʲas'naʲa 'krama]

| loja (f) de legumes | крама (ж) гародніны | ['krama ɦa'rɔdninɨ] |
| mercado (m) | рынак (м) | ['rinak] |

café (m)	кавярня (ж)	[ka'vʲarnʲa]
restaurante (m)	рэстаран (м)	[rɛsta'ran]
bar (m), cervejaria (f)	піўная (ж)	[piw'naʲa]
pizzaria (f)	піцэрыя (ж)	[pi'tsɛrɨʲa]

salão (m) de cabeleireiro	цырульня (ж)	[tsɨ'rulʲnʲa]
correios (m pl)	пошта (ж)	['pɔʃta]
lavandaria (f)	хімчыстка (ж)	[him'tʃistka]
estúdio (m) fotográfico	фотаатэлье (н)	[fɔtaatɛ'lʲe]

| sapataria (f) | абутковая крама (ж) | [abut'kɔvaʲa 'krama] |
| livraria (f) | кнігарня (ж) | [kni'ɦarnʲa] |

loja (f) de artigos de desporto	спартыўная крама (ж)	[spar'tiwna'a 'krama]
reparação (f) de roupa	рамонт (м) адзення	[ra'mont a'dzenn'a]
aluguer (m) de roupa	пракат (м) адзення	[pra'kat a'dzenn'a]
aluguer (m) de filmes	пракат (м) фільмаў	[pra'kat 'fil'maw]

circo (m)	цырк (м)	['tsirk]
jardim (m) zoológico	заапарк (м)	[zaa'park]
cinema (m)	кінатэатр (м)	[kinatɛ'atr]
museu (m)	музей (м)	[mu'zej]
biblioteca (f)	бібліятэка (ж)	[bibli'a'tɛka]

teatro (m)	тэатр (м)	[tɛ'atr]
ópera (f)	опера (ж)	['ɔpera]
clube (m) noturno	начны клуб (м)	[natʃ'ni 'klup]
casino (m)	казіно (н)	[kazi'nɔ]

mesquita (f)	мячэць (ж)	[m'a'tʃɛts']
sinagoga (f)	сінагога (ж)	[sina'hɔɦa]
catedral (f)	сабор (м)	[sa'bɔr]
templo (m)	храм (м)	['hram]
igreja (f)	царква (ж)	[tsark'va]

instituto (m)	інстытут (м)	[insti'tut]
universidade (f)	універсітэт (м)	[universi'tɛt]
escola (f)	школа (ж)	['ʃkɔla]

prefeitura (f)	прэфектура (ж)	[prɛfek'tura]
câmara (f) municipal	мэрыя (ж)	['mɛri'a]
hotel (m)	гасцініца (ж)	[ɦas'tsinitsa]
banco (m)	банк (м)	['bank]

embaixada (f)	пасольства (н)	[pa'sɔl'stva]
agência (f) de viagens	турагенцтва (н)	[tura'ɦentstva]
agência (f) de informações	бюро (н) даведак	[bʉ'rɔ da'vedak]
casa (f) de câmbio	абменны пункт (м)	[ab'mennɨ 'punkt]

metro (m)	метро (н)	[me'trɔ]
hospital (m)	бальніца (ж)	[bal'ʲnitsa]

posto (m) de gasolina	бензазапраўка (ж)	['benza za'prawka]
parque (m) de estacionamento	аўтастаянка (ж)	[awtasta'ʲanka]

77. Transportes urbanos

autocarro (m)	аўтобус (м)	[aw'tɔbus]
elétrico (m)	трамвай (м)	[tram'vaj]
troleicarro (m)	тралейбус (м)	[tra'lejbus]
itinerário (m)	маршрут (м)	[marʃ'rut]
número (m)	нумар (м)	['numar]

ir de ... (carro, etc.)	ехаць на ...	['ehats' na ...]
entrar (~ no autocarro)	сесці	['ses'tsi]
descer de ...	сысці з ...	[sɨs'tsi z ...]
paragem (f)	прыпынак (м)	[pri'pɨnak]

próxima paragem (f)	наступны прыпынак (м)	[na'stupnɨ pri'pɨnak]
ponto (m) final	канцавы прыпынак (м)	[kanʦa'vɨ pri'pɨnak]
horário (m)	расклад (м)	[ras'klat]
esperar (vt)	чакаць	[ʧa'kaʦʲ]

bilhete (m)	білет (м)	[bi'let]
custo (m) do bilhete	кошт (м) білета	[kɔʒd bi'leta]

bilheteiro (m)	касір (м)	[ka'sir]
controlo (m) dos bilhetes	кантроль (м)	[kan'trɔlʲ]
revisor (m)	кантралёр (м)	[kantra'lʲor]

atrasar-se (vr)	спазняцца	[spazʲ'nʲaʦa]
perder (o autocarro, etc.)	спазніцца	[spazʲ'niʦa]
estar com pressa	спяшацца	[spʲa'ʃaʦa]

táxi (m)	таксі (н)	[tak'si]
taxista (m)	таксіст (м)	[tak'sist]
de táxi (ir ~)	на таксі	[na tak'si]
praça (f) de táxis	стаянка (ж) таксі	[sta'ʲanka tak'si]
chamar um táxi	выклікаць таксі	[vɨklikaʦʲ tak'si]
apanhar um táxi	узяць таксі	[u'zʲaʦʲ tak'si]

tráfego (m)	вулічны рух (м)	['vuliʧnɨ 'ruh]
engarrafamento (m)	затор (м)	[za'tɔr]
horas (f pl) de ponta	час (м) пік	['ʧas 'pik]
estacionar (vi)	паркавацца	[parka'vaʦa]
estacionar (vt)	паркаваць	[parka'vaʦʲ]
parque (m) de estacionamento	стаянка (ж)	[sta'ʲanka]

metro (m)	метро (н)	[me'trɔ]
estação (f)	станцыя (ж)	['stanʦɨʲa]
ir de metro	ехаць на метро	['ehaʦʲ na me'trɔ]
comboio (m)	цягнік (м)	[ʦʲʲaɦ'nik]
estação (f)	вакзал (м)	[vaɦ'zal]

78. Turismo

monumento (m)	помнік (м)	['pɔmnik]
fortaleza (f)	крэпасць (ж)	['krɛpasʦʲ]
palácio (m)	палац (м)	[pa'laʦ]
castelo (m)	замак (м)	['zamak]
torre (f)	вежа (ж)	['veʒa]
mausoléu (m)	маўзалей (м)	[mawza'lej]

arquitetura (f)	архітэктура (ж)	[arhitɛk'tura]
medieval	сярэдневяковы	[sʲarɛdnevʲa'kɔvɨ]
antigo	старадаўні	[stara'dawni]
nacional	нацыянальны	[naʦɨʲa'nalʲnɨ]
conhecido	вядомы	[vʲa'dɔmɨ]

turista (m)	турыст (м)	[tu'rist]
guia (pessoa)	гід, экскурсавод (м)	['ɦit], [ɛkskursa'vɔt]
excursão (f)	экскурсія (ж)	[ɛks'kursʲʲa]

| mostrar (vt) | паказваць | [pa'kazvatsʲ] |
| contar (vt) | апавядаць | [apavʲa'datsʲ] |

encontrar (vt)	знайсці	[znajs'tsi]
perder-se (vr)	згубіцца	[zɦu'bitsa]
mapa (~ do metrô)	схема (ж)	['shema]
mapa (~ da cidade)	план (м)	['plan]

lembrança (f), presente (m)	сувенір (м)	[suve'nir]
loja (f) de presentes	крама (ж) сувеніраў	['krama suwe'niraw]
fotografar (vt)	фатаграфаваць	[fataɦrafa'vatsʲ]
fotografar-se	фатаграфавацца	[fataɦrafa'vatsa]

79. Compras

comprar (vt)	купляць	[kup'lʲatsʲ]
compra (f)	пакупка (ж)	[pa'kupka]
fazer compras	рабіць закупы	[ra'bitsʲ 'zakupi]
compras (f pl)	шопінг (м)	['ʃɔpinɦ]

| estar aberta (loja, etc.) | працаваць | [pratsa'vatsʲ] |
| estar fechada | зачыніцца | [zatʃi'nitsa] |

calçado (m)	абутак (м)	[a'butak]
roupa (f)	адзенне (н)	[a'dzenne]
cosméticos (m pl)	касметыка (ж)	[kas'metika]
alimentos (m pl)	прадукты (м мн)	[pra'dukti]
presente (m)	падарунак (м)	[pada'runak]

| vendedor (m) | прадавец (м) | [prada'vets] |
| vendedora (f) | прадаўшчыца (ж) | [pradaw'ʃɕitsa] |

caixa (f)	каса (ж)	['kasa]
espelho (m)	люстэрка (н)	[lʉs'tɛrka]
balcão (m)	прылавак (м)	[pri'lavak]
cabine (f) de provas	прымерачная (ж)	[pri'meratʃnaʲa]

provar (vt)	прымераць	[pri'meratsʲ]
servir (vi)	пасаваць	[pasa'vatsʲ]
gostar (apreciar)	падабацца	[pada'batsa]

preço (m)	цана (ж)	[tsa'na]
etiqueta (f) de preço	цэннік (м)	['tsɛnnik]
custar (vt)	каштаваць	[kaʃta'vatsʲ]
Quanto?	Колькі?	['kɔlʲki]
desconto (m)	скідка (ж)	['skitka]

não caro	недарагі	[nedara'ɦi]
barato	танны	['tannʲ]
caro	дарагі	[dara'ɦi]
É caro	Гэта дорага.	['ɦɛta 'dɔraɦa]

| aluguer (m) | пракат (м) | [pra'kat] |
| alugar (vestidos, etc.) | узяць напракат | [u'zʲatsʲ napra'kat] |

| crédito (m) | крэдыт (м) | [krɛ'dit] |
| a crédito | у крэдыт | [u krɛ'dit] |

80. Dinheiro

dinheiro (m)	грошы (мн)	['ɦrɔʃi]
câmbio (m)	абмен (м)	[ab'men]
taxa (f) de câmbio	курс (м)	['kurs]
Caixa Multibanco (m)	банкамат (м)	[banka'mat]
moeda (f)	манета (ж)	[ma'neta]

| dólar (m) | долар (м) | ['dɔlar] |
| euro (m) | еўра (м) | ['ewra] |

lira (f)	ліра (ж)	['lira]
marco (m)	марка (ж)	['marka]
franco (m)	франк (м)	['frank]
libra (f) esterlina	фунт (м) стэрлінгаў	['funt 'stɛrlinɦaw]
iene (m)	іена (ж)	[i'ena]

dívida (f)	доўг (м)	['dɔwɦ]
devedor (m)	даўжнік (м)	[dawʒ'nik]
emprestar (vt)	даць у доўг	['datsʲ u 'dɔwɦ]
pedir emprestado	узяць у доўг	[u'zʲatsʲ u 'dɔwɦ]

banco (m)	банк (м)	['bank]
conta (f)	рахунак (м)	[ra'hunak]
depositar (vt)	пакласці	[pa'klasʲtsi]
depositar na conta	пакласці на рахунак	[pa'klasʲtsi na ra'hunak]
levantar (vt)	зняць з рахунку	['znʲatsʲ z ra'hunku]

cartão (m) de crédito	крэдытная картка (ж)	[krɛ'ditnaʲa 'kartka]
dinheiro (m) vivo	гатоўка (ж)	[ɦa'tɔwka]
cheque (m)	чэк (м)	['tʃɛk]
passar um cheque	выпісаць чэк	['vipisatsʲ 'tʃɛk]
livro (m) de cheques	чэкавая кніжка (ж)	['tʃɛkavaʲa 'kniʃka]

carteira (f)	бумажнік (м)	[bu'maʒnik]
porta-moedas (m)	кашалёк (м)	[kaʃa'lʲok]
cofre (m)	сейф (м)	['sejf]

herdeiro (m)	спадчыннік (м)	['spatʃinnik]
herança (f)	спадчына (ж)	['spatʃina]
fortuna (riqueza)	маёмасць (ж)	['maʲomastsʲ]

arrendamento (m)	арэнда (ж)	[a'rɛnda]
renda (f) de casa	кватэрная плата (ж)	[kva'tɛrnaʲa 'plata]
alugar (vt)	наймаць	[naj'matsʲ]

preço (m)	цана (ж)	[tsa'na]
custo (m)	кошт (м)	['kɔʃt]
soma (f)	сума (ж)	['suma]
gastar (vt)	траціць	['tratsitsʲ]
gastos (m pl)	выдаткі (м мн)	[vi'datki]

| economizar (vi) | эканоміць | [ɛka'nɔmitsʲ] |
| económico | эканомны | [ɛka'nɔmnɨ] |

pagar (vt)	плаціць	[pla'tsitsʲ]
pagamento (m)	аплата (ж)	[a'plata]
troco (m)	рэшта (ж)	['rɛʃta]

imposto (m)	падатак (м)	[pa'datak]
multa (f)	штраф (м)	['ʃtraf]
multar (vt)	штрафаваць	[ʃtrafa'vatsʲ]

81. Correios. Serviço postal

correios (m pl)	пошта (ж)	['pɔʃta]
correio (m)	пошта (ж)	['pɔʃta]
carteiro (m)	паштальён (м)	[paʃta'ljɔn]
horário (m)	гадзіны (ж мн) працы	[ɦa'dzinɨ 'pratsɨ]

carta (f)	ліст (м)	['list]
carta (f) registada	заказны ліст (м)	[zakaz'nɨ 'list]
postal (m)	паштоўка (ж)	[paʃ'towka]
telegrama (m)	тэлеграма (ж)	[tɛle'ɦrama]
encomenda (f) postal	пасылка (ж)	[pa'sɨlka]
remessa (f) de dinheiro	грашовы перавод (м)	[ɦra'ʃovɨ pera'vɔt]

receber (vt)	атрымаць	[atrɨ'matsʲ]
enviar (vt)	адправіць	[at'pravitsʲ]
envio (m)	адпраўка (ж)	[at'prawka]

endereço (m)	адрас (м)	['adras]
código (m) postal	індэкс (м)	['indɛks]
remetente (m)	адпраўшчык (м)	[at'prawʃɕik]
destinatário (m)	атрымальнік (м)	[atrɨ'malʲnik]

| nome (m) | імя (н) | [i'mʲa] |
| apelido (m) | прозвішча (н) | ['prɔzʲviʃɕa] |

tarifa (f)	тарыф (м)	[ta'rif]
ordinário	звычайны	[zvɨ'tʃajnɨ]
económico	эканамічны	[ɛkana'mitʃnɨ]

peso (m)	вага (ж)	[va'ɦa]
pesar (estabelecer o peso)	узважваць	[uz'vaʒvatsʲ]
envelope (m)	канверт (м)	[kan'vert]
selo (m)	марка (ж)	['marka]

Moradia. Casa. Lar

82. Casa. Habitação

casa (f)	дом (м)	['dɔm]
em casa	дома	['dɔma]
pátio (m)	двор (м)	['dvɔr]
cerca (f)	агароджа (ж)	[aɦa'rɔdʒa]
tijolo (m)	цэгла (ж)	['tsɛkla]
de tijolos	цагляны	[tsak'lʲanʲ]
pedra (f)	камень (м)	['kamenʲ]
de pedra	каменны	[ka'mennʲ]
betão (m)	бетон (м)	[be'tɔn]
de betão	бетонны	[be'tɔnnʲ]
novo	новы	['nɔvʲ]
velho	стары	[sta'rʲ]
decrépito	састарэлы	[sasta'rɛlʲ]
moderno	сучасны	[su'tʃasnʲ]
de muitos andares	шматпавярховы	[ʃmatpavʲar'hɔvʲ]
alto	высокі	[vʲ'sɔkʲ]
andar (m)	паверх (м)	[pa'verh]
de um andar	аднапавярховы	[adnapavʲar'hɔvʲ]
andar (m) de baixo	ніжні паверх (м)	['niʒni pa'verh]
andar (m) de cima	верхні паверх (м)	['verhni pa'verh]
telhado (m)	дах (м)	['dah]
chaminé (f)	комін (м)	['kɔmin]
telha (f)	дахоўка (ж)	[da'hɔwka]
de telha	дахавачны	[da'hɔvatʃnʲ]
sótão (m)	гарышча (н)	[ɦa'riʃɕa]
janela (f)	акно (н)	[ak'nɔ]
vidro (m)	шкло (н)	['ʃklɔ]
parapeito (m)	падаконнік (м)	[pada'kɔnnik]
portadas (f pl)	аканіцы (ж мн)	[aka'nitsʲ]
parede (f)	сцяна (ж)	[stsʲa'na]
varanda (f)	балкон (м)	[bal'kɔn]
tubo (m) de queda	вадасцёкавая труба (ж)	[vadas'tsʲokavaʲa tru'ba]
em cima	наверсе	[na'verse]
subir (~ as escadas)	паднімацца	[padni'matsa]
descer (vi)	спускацца	[spu'skatsa]
mudar-se (vr)	пераязджаць	[peraʲaʒ'dʒatsʲ]

83. Casa. Entrada. Elevador

entrada (f)	пад'езд (м)	[pad"est]
escada (f)	лесвіца (ж)	['lesvitsa]
degraus (m pl)	прыступкі (ж мн)	[pri'stupki]
corrimão (m)	парэнчы (мн)	[pa'rɛntʃi]
hall (m) de entrada	хол (м)	['hɔl]
caixa (f) de correio	паштовая скрынка (ж)	[paʃ'tɔvaʲa 'skrinka]
caixote (m) do lixo	бак (м) для смецця	[bah dlʲa 'smetsʲa]
conduta (f) do lixo	смеццеправод (м)	[smetsepra'vɔt]
elevador (m)	ліфт (м)	['lift]
elevador (m) de carga	грузавы ліфт (м)	[hruza'vɨ 'lift]
cabine (f)	кабіна (ж)	[ka'bina]
pegar o elevador	ехаць на ліфце	['ehatsʲ na 'liftse]
apartamento (m)	кватэра (ж)	[kva'tɛra]
moradores (m pl)	жыхары (м мн)	[ʒɨha'rɨ]
vizinho (m)	сусед (м)	[su'set]
vizinha (f)	суседка (ж)	[su'setka]
vizinhos (pl)	суседзі (м мн)	[su'sedzi]

84. Casa. Portas. Fechaduras

porta (f)	дзверы (мн)	[dzj'veri]
portão (m)	вароты (мн)	[va'rɔtɨ]
maçaneta (f)	ручка (ж)	['rutʃka]
destrancar (vt)	адамкнуць	[adam'knutsʲ]
abrir (vt)	адчыняць	[atʃi'nʲatsʲ]
fechar (vt)	зачыняць	[zatʃi'nʲatsʲ]
chave (f)	ключ (м)	['klʉtʃ]
molho (m)	звязак (м)	['zvʲazak]
ranger (vi)	скрыпець	[skri'petsʲ]
rangido (m)	скрып (м)	['skrip]
dobradiça (f)	завеса (ж)	[za'vesa]
tapete (m) de entrada	дыванок (м)	[dɨva'nɔk]
fechadura (f)	замок (м)	[za'mɔk]
buraco (m) da fechadura	замочная шчыліна (ж)	[za'mɔtʃnaʲa 'ʃɕilina]
ferrolho (m)	засаўка (ж)	['zasawka]
fecho (ferrolho pequeno)	засаўка (ж)	['zasawka]
cadeado (m)	навясны замок (м)	[navʲas'nɨ za'mɔk]
tocar (vt)	званіць	[zva'nitsʲ]
toque (m)	званок (м)	[zva'nɔk]
campainha (f)	званок (м)	[zva'nɔk]
botão (m)	кнопка (ж)	['knɔpka]
batida (f)	стук (м)	['stuk]
bater (vi)	стукаць	['stukatsʲ]
código (m)	код (м)	['kɔt]
fechadura (f) de código	кодавы замок (м)	['kɔdavɨ za'mɔk]

telefone (m) de porta	дамафон (м)	[dama'fon]
número (m)	нумар (м)	['numar]
placa (f) de porta	таблічка (ж)	[tab'litʃka]
vigia (f), olho (m) mágico	вочка (н)	['votʃka]

85. Casa de campo

aldeia (f)	вёска (ж)	['vʲoska]
horta (f)	агарод (м)	[aɦa'rɔt]
cerca (f)	плот (м)	['plɔt]
paliçada (f)	загарадзь (ж)	['zaɦaratsʲ]
cancela (f) do jardim	веснічкі (мн)	['vesnitʃki]
celeiro (m)	свіран (м)	['sviran]
adega (f)	склеп (м)	['sklep]
galpão, barracão (m)	хлеў (м)	['hlew]
poço (m)	калодзеж (м)	[ka'lɔdzeʃ]
fogão (m)	печ (ж)	['petʃ]
atiçar o fogo	паліць	[pa'litsʲ]
lenha (carvão ou ~)	дровы (мн)	['drɔvi]
acha (lenha)	палена (н)	[pa'lena]
varanda (f)	веранда (ж)	[ve'randa]
alpendre (m)	тэраса (ж)	[tɛ'rasa]
degraus (m pl) de entrada	ганак (м)	['ɦanak]
balouço (m)	арэлі (мн)	[a'rɛli]

86. Castelo. Palácio

castelo (m)	замак (м)	['zamak]
palácio (m)	палац (м)	[pa'lats]
fortaleza (f)	крэпасць (ж)	['krɛpastsʲ]
muralha (f)	мур (м)	['mur]
torre (f)	вежа (ж)	['veʒa]
calabouço (m)	галоўная вежа (ж)	[ɦa'lownaʲa 'weʒa]
grade (f) levadiça	пад'ёмныя вароты (мн)	[pa'dʲʲomnʲʲa va'rɔti]
passagem (f) subterrânea	падземны ход (м)	[pa'dzemni 'hɔt]
fosso (m)	роў (м)	['rɔw]
corrente, cadeia (f)	ланцуг (м)	[lan'tsuɦ]
seteira (f)	байніца (ж)	[baj'nitsa]
magnífico	раскошны	[ras'kɔʃni]
majestoso	велічны	['velitʃni]
inexpugnável	непрыступны	[nepris'tupni]
medieval	сярэдневякавы	[sʲarɛdnevʲa'kɔvi]

87. Apartamento

apartamento (m)	кватэра (ж)	[kva'tɛra]
quarto (m)	пакой (м)	[pa'kɔj]
quarto (m) de dormir	спальня (ж)	['spalʲnʲa]
sala (f) de jantar	сталоўка (ж)	[sta'lɔwka]
sala (f) de estar	гасцёўня (ж)	[has'tsʲownʲa]
escritório (m)	кабінет (м)	[kabi'net]

antessala (f)	вітальня (ж)	[vi'talʲnʲa]
quarto (m) de banho	ванны пакой (м)	['vanni pa'kɔj]
toilette (lavabo)	прыбіральня (ж)	[pribi'ralʲnʲa]

teto (m)	столь (ж)	['stɔlʲ]
chão, soalho (m)	падлога (ж)	[pad'lɔɦa]
canto (m)	кут (м)	['kut]

88. Apartamento. Limpeza

arrumar, limpar (vt)	прыбіраць	[pribi'ratsʲ]
guardar (no armário, etc.)	прымаць	[pri'matsʲ]
pó (m)	пыл (м)	['pɨl]
empoeirado	запылены	[za'pɨlenɨ]
limpar o pó	выціраць пыл	[vɨtsi'ratsʲ 'pɨl]
aspirador (m)	пыласос (м)	[pɨla'sɔs]
aspirar (vt)	пыласосіць	[pɨla'sɔsitsʲ]

varrer (vt)	падмятаць	[padmʲa'tatsʲ]
sujeira (f)	смецце (н)	['smetse]
arrumação (f), ordem (f)	парадак (м)	[pa'radak]
desordem (f)	беспарадак (м)	[bespa'radak]

esfregão (m)	швабра (ж)	['ʃvabra]
pano (m), trapo (m)	ануча (ж)	[a'nutʃa]
vassoura (f)	венік (м)	['venik]
pá (f) de lixo	шуфлік (м) для смецця	['ʃuflik dlʲa 'smetsʲa]

89. Mobiliário. Interior

mobiliário (m)	мэбля (ж)	['mɛblʲa]
mesa (f)	стол (м)	['stɔl]
cadeira (f)	крэсла (н)	['krɛsla]
cama (f)	ложак (м)	['lɔʒak]
divã (m)	канапа (ж)	[ka'napa]
cadeirão (m)	фатэль (м)	[fa'tɛlʲ]

estante (f)	шафа (ж)	['ʃafa]
prateleira (f)	паліца (ж)	[pa'litsa]

guarda-vestidos (m)	шафа (ж)	['ʃafa]
cabide (m) de parede	вешалка (ж)	['veʃalka]

cabide (m) de pé	вешалка (ж)	['veʃalka]
cómoda (f)	камода (ж)	[ka'mɔda]
mesinha (f) de centro	часопісны столік (m)	[tʃa'sɔpisnʲ 'stɔlik]

espelho (m)	люстэрка (н)	[lʉs'tɛrka]
tapete (m)	дыван (m)	[di'van]
tapete (m) pequeno	дыванок (m)	[diva'nɔk]

lareira (f)	камін (m)	[ka'min]
vela (f)	свечка (ж)	['svetʃka]
castiçal (m)	падсвечнік (m)	[pat'svetʃnik]

cortinas (f pl)	шторы (мн)	['ʃtɔrʲ]
papel (m) de parede	шпалеры (ж мн)	[ʃpa'lerʲ]
estores (f pl)	жалюзі (мн)	[ʒalʉ'zi]

candeeiro (m) de mesa	настольная лямпа (ж)	[na'stɔlʲnaʲa 'lʲampa]
candeeiro (m) de parede	свяцільня (ж)	[svʲa'tsilʲnʲa]
candeeiro (m) de pé	таршэр (m)	[tar'ʃɛr]
lustre (m)	люстра (ж)	['lʉstra]

pé (de mesa, etc.)	ножка (ж)	['nɔʃka]
braço (m)	падлакотнік (m)	[padla'kɔtnik]
costas (f pl)	спінка (ж)	['spinka]
gaveta (f)	шуфляда (ж)	[ʃufʲlʲada]

90. Quarto de dormir

roupa (f) de cama	бялізна (ж)	[bʲa'lizna]
almofada (f)	падушка (ж)	[pa'duʃka]
fronha (f)	навалочка (ж)	[nava'lɔtʃka]
cobertor (m)	коўдра (ж)	['kɔwdra]
lençol (m)	прасціна (ж)	[prasʲtsi'na]
colcha (f)	пакрывала (н)	[pakri'vala]

91. Cozinha

cozinha (f)	кухня (ж)	['kuhnʲa]
gás (m)	газ (m)	['ɦas]
fogão (m) a gás	пліта (ж) газавая	[pli'ta 'ɦazavaʲa]
fogão (m) elétrico	пліта (ж) электрычная	[pli'ta ɛlekt'ritʃnaʲa]
forno (m)	духоўка (ж)	[du'hɔwka]
forno (m) de micro-ondas	мікрахвалевая печ (ж)	[mikra'hvalevaʲa 'petʃ]

frigorífico (m)	халадзільнік (m)	[hala'dzilʲnik]
congelador (m)	маразілка (ж)	[mara'zilka]
máquina (f) de lavar louça	пасудамыечная машына (ж)	[pasuda'mʲetʃnaʲa ma'ʃina]

moedor (m) de carne	мясарубка (ж)	[mʲasa'rupka]
espremedor (m)	сокавыціскалка (ж)	[sɔkaviˌtsi'skalka]
torradeira (f)	тостэр (m)	['tɔstɛr]

batedeira (f)	міксер (м)	['mikser]
máquina (f) de café	кававарка (ж)	[kava'varka]
cafeteira (f)	кафейнік (м)	[ka'fejnik]
moinho (m) de café	кавамолка (ж)	[kava'mɔlka]
chaleira (f)	чайнік (м)	['t͡ʃajnik]
bule (m)	імбрычак (м)	[im'britʃak]
tampa (f)	накрыўка (ж)	['nakriwka]
coador (m) de chá	сітца (н)	['sit͡sa]
colher (f)	лыжка (ж)	['liʃka]
colher (f) de chá	чайная лыжка (ж)	['t͡ʃajnaˡa 'liʃka]
colher (f) de sopa	сталовая лыжка (ж)	[sta'lɔvaˡa 'liʃka]
garfo (m)	відэлец (м)	[vi'dɛlet͡s]
faca (f)	нож (м)	['nɔʃ]
louça (f)	посуд (м)	['pɔsut]
prato (m)	талерка (ж)	[ta'lerka]
pires (m)	сподак (м)	['spɔdak]
cálice (m)	чарка (ж)	['t͡ʃarka]
copo (m)	шклянка (ж)	['ʃklˡanka]
chávena (f)	кубак (м)	['kubak]
açucareiro (m)	цукарніца (ж)	['t͡sukarnit͡sa]
saleiro (m)	салянка (ж)	[sa'lˡanka]
pimenteiro (m)	перачніца (ж)	['perat͡ʃnit͡sa]
manteigueira (f)	масленіца (ж)	['maslenit͡sa]
panela, caçarola (f)	рондаль (м)	['rɔndalˡ]
frigideira (f)	патэльня (ж)	[pa'tɛlˡnˡa]
concha (f)	апалонік (м)	[apa'lɔnik]
passador (m)	друшляк (м)	[druʃ'lˡak]
bandeja (f)	паднос (м)	[pad'nɔs]
garrafa (f)	бутэлька (ж)	[bu'tɛlˡka]
boião (m) de vidro	слоік (м)	['slɔik]
lata (f)	бляшанка (ж)	[blˡa'ʃanka]
abre-garrafas (m)	адкрывалка (ж)	[atkri'valka]
abre-latas (m)	адкрывалка (ж)	[atkri'valka]
saca-rolhas (m)	штопар (м)	['ʃtɔpar]
filtro (m)	фільтр (м)	['filˡtr]
filtrar (vt)	фільтраваць	[filˡtra'vat͡sˡ]
lixo (m)	смецце (н)	['smet͡se]
balde (m) do lixo	вядро (н) для смецця	[vˡa'drɔ dlˡa 'smet͡sˡa]

92. Casa de banho

quarto (m) de banho	ванны пакой (м)	['vanni pa'kɔj]
água (f)	вада (ж)	[va'da]
torneira (f)	кран (м)	['kran]
água (f) quente	гарачая вада (ж)	[ħa'rat͡ʃaˡa va'da]

água (f) fria	халодная вада (ж)	[ha'lɔdnaⁱa va'da]
pasta (f) de dentes	зубная паста (ж)	[zub'naⁱa 'pasta]
escovar os dentes	чысціць зубы	[tʃisʲtsitsʲ zu'bi]
escova (f) de dentes	зубная шчотка (ж)	[zub'naⁱa 'ʃɕɔtka]

barbear-se (vr)	галіцца	[ha'litsa]
espuma (f) de barbear	пена (ж) для галення	['pena dlʲa ha'lennʲa]
máquina (f) de barbear	брытва (ж)	['britva]

lavar (vt)	мыць	['mitsʲ]
lavar-se (vr)	мыцца	['mitsa]
duche (m)	душ (м)	['duʃ]
tomar um duche	прымаць душ	[pri'matsʲ 'duʃ]

banheira (f)	ванна (ж)	['vanna]
sanita (f)	унітаз (м)	[uni'tas]
lavatório (m)	ракавіна (ж)	['rakavina]

sabonete (m)	мыла (н)	['mila]
saboneteira (f)	мыльніца (ж)	['milʲnitsa]

esponja (f)	губка (ж)	['hupka]
champô (m)	шампунь (м)	[ʃam'punʲ]
toalha (f)	ручнік (м)	[rutʃ'nik]
roupão (m) de banho	халат (м)	[ha'lat]

lavagem (f)	мыццё (н)	[mi'tsʲo]
máquina (f) de lavar	пральная машына (ж)	['pralʲnaⁱa ma'ʃina]
lavar a roupa	мыць бялізну	['mitsʲ bʲa'liznu]
detergente (m)	пральны парашок (м)	['pralʲni para'ʃɔk]

93. Eletrodomésticos

televisor (m)	тэлевізар (м)	[tɛle'vizar]
gravador (m)	магнітафон (м)	[mahnita'fɔn]
videogravador (m)	відэамагнітафон (м)	['vidɛa mahnita'fɔn]
rádio (m)	прыёмнік (м)	[pri'ⁱomnik]
leitor (m)	плэер (м)	['plɛer]

projetor (m)	відэапраектар (м)	['vidɛa pra'ektar]
cinema (m) em casa	хатні кінатэатр (м)	['hatni kinatɛ'atr]
leitor (m) de DVD	прайгравальнік (м) DVD	[prajhra'valʲnih dzivi'dzi]
amplificador (m)	узмацняльнік (м)	[uzmatsʲnʲalʲnik]
console (f) de jogos	гульнявая прыстаўка (ж)	[hulʲnʲaⁱvaⁱa pri'stawka]

câmara (f) de vídeo	відэакамера (ж)	['vidɛa 'kamera]
máquina (f) fotográfica	фотаапарат (м)	[fɔtaapa'rat]
câmara (f) digital	лічбавы фотаапарат (м)	['lidʒbavi fɔtaapa'rat]

aspirador (m)	пыласос (м)	[pila'sɔs]
ferro (m) de engomar	прас (м)	['pras]
tábua (f) de engomar	прасавальная дошка (ж)	[prasa'valʲnaⁱa 'dɔʃka]
telefone (m)	тэлефон (м)	[tɛle'fɔn]
telemóvel (m)	мабільны тэлефон (м)	[ma'bilʲni tɛle'fɔn]

máquina (f) de escrever	машынка (ж)	[ma'ʃinka]
máquina (f) de costura	машынка (ж)	[ma'ʃinka]

microfone (m)	мікрафон (м)	[mikra'fɔn]
auscultadores (m pl)	навушнікі (м мн)	[na'vuʃniki]
controlo remoto (m)	пульт (м)	['pulʲt]

CD (m)	кампакт-дыск (м)	[kam'pakt 'disk]
cassete (f)	касета (ж)	[ka'seta]
disco (m) de vinil	пласцінка (ж)	[plas'tsinka]

94. Reparações. Renovação

renovação (f)	рамонт (м)	[ra'mɔnt]
renovar (vt), fazer obras	рабіць рамонт	[ra'bitsʲ ra'mɔnt]
reparar (vt)	рамантаваць	[ramanta'vatsʲ]
consertar (vt)	прыводзіць у парадак	[pri'vɔdzitsʲ u pa'radak]
refazer (vt)	перарабляць	[perarab'lʲatsʲ]

tinta (f)	фарба (ж)	['farba]
pintar (vt)	фарбаваць	[farba'vatsʲ]
pintor (m)	маляр (м)	[ma'lʲar]
pincel (m)	пэндзаль (м)	['pɛndzalʲ]

cal (f)	пабелка (ж)	[pa'belka]
caiar (vt)	бяліць	[bʲa'litsʲ]

papel (m) de parede	шпалеры (ж мн)	[ʃpa'leri]
colocar papel de parede	абклеіць шпалерамі	[ap'kleitsʲ ʃpa'lerami]
verniz (m)	лак (м)	['lak]
envernizar (vt)	пакрываць лакам	[pakri'vatsʲ 'lakam]

95. Canalizações

água (f)	вада (ж)	[va'da]
água (f) quente	гарачая вада (ж)	[ɦa'ratʃaʲa va'da]
água (f) fria	халодная вада (ж)	[ɦa'lɔdnaʲa va'da]
torneira (f)	кран (м)	['kran]

gota (f)	кропля (ж)	['krɔplʲa]
gotejar (vi)	капаць	['kapatsʲ]
vazar (vt)	цячы	[tsʲa'tʃi]
vazamento (m)	цеча (ж)	['tsetʃa]
poça (f)	лужына (ж)	['luʒina]

tubo (m)	труба (ж)	[tru'ba]
válvula (f)	вентыль (м)	['ventilʲ]
entupir-se (vr)	засмеціцца	[zas'metsitsa]

ferramentas (f pl)	інструменты (м мн)	[instru'menti]
chave (f) inglesa	разводны ключ (м)	[razvad'nɨ 'klʉtʃ]
desenroscar (vt)	адкруціць	[atkru'tsitsʲ]

enroscar (vt)	закручваць	[za'krutʃvatsʲ]
desentupir (vt)	прачышчаць	[pratʃi'ʃɕatsʲ]
canalizador (m)	сантэхнік (м)	[san'tɛhnik]
cave (f)	падвал (м)	[pad'val]
sistema (m) de esgotos	каналізацыя (ж)	[kanali'zatsʲʲa]

96. Fogo. Deflagração

incêndio (m)	агонь (м)	[a'ɦonʲ]
chama (f)	полымя (н)	['polimʲa]
faísca (f)	іскра (ж)	['iskra]
fumo (m)	дым (м)	['dim]
tocha (f)	факел (м)	['fakel]
fogueira (f)	вогнішча (н)	['voɦniʃɕa]

gasolina (f)	бензін (м)	[ben'zin]
querosene (m)	газа (ж)	['ɦaza]
inflamável	гаручы	[ɦa'rutʃi]
explosivo	выбухованебяспечны	[vibuɦovanebʲas'petʃni]
PROIBIDO FUMAR!	НЕ КУРЫЦЬ!	[ne ku'ritsʲ]

segurança (f)	бяспека (ж)	[bʲas'peka]
perigo (m)	небяспека (ж)	[nebʲas'peka]
perigoso	небяспечны	[nebʲas'petʃni]

incendiar-se (vr)	загарэцца	[zaɦa'rɛtsa]
explosão (f)	выбух (м)	['vibuh]
incendiar (vt)	падпаліць	[patpa'litsʲ]
incendiário (m)	падпальшчык (м)	[pat'palʲʃɕik]
incêndio (m) criminoso	падпал (м)	[pat'pal]

arder (vi)	палаць	[pa'latsʲ]
queimar (vi)	гарэць	[ɦa'rɛtsʲ]
queimar tudo (vi)	згарэць	[zɦa'rɛtsʲ]

chamar os bombeiros	выклікаць пажарнікаў	[viklikatsʲ pa'ʒarnikaw]
bombeiro (m)	пажарны (м)	[pa'ʒarni]
carro (m) de bombeiros	пажарная машына (ж)	[pa'ʒarnaʲa ma'ʃina]
corpo (m) de bombeiros	пажарная каманда (ж)	[pa'ʒarnaʲa ka'manda]
escada (f) extensível	пажарныя драбіны (мн)	[pa'ʒarniʲa dra'bini]

mangueira (f)	шланг (м)	['ʃlanɦ]
extintor (m)	вогнетушыцель (м)	[voɦnetu'ʃitselʲ]
capacete (m)	каска (ж)	['kaska]
sirene (f)	сірэна (ж)	[si'rɛna]

gritar (vi)	крычаць	[kri'tʃatsʲ]
chamar por socorro	клікаць на дапамогу	['klikatsʲ na dapa'moɦu]
salvador (m)	ратавальнік (м)	[rata'valʲnik]
salvar, resgatar (vt)	ратаваць	[rata'vatsʲ]

chegar (vi)	прыехаць	[pri'ehatsʲ]
apagar (vt)	тушыць	[tu'ʃitsʲ]
água (f)	вада (ж)	[va'da]

areia (f)	пясок (м)	[pʲaˈsɔk]
ruínas (f pl)	руіны (ж мн)	[ruˈinɨ]
ruir (vi)	паваліцца	[pavaˈlitsa]
desmoronar (vi)	абваліцца	[abvaˈlitsa]
desabar (vi)	абурыцца	[abuˈritsa]
fragmento (m)	абломак (м)	[abˈlɔmak]
cinza (f)	попел (м)	[ˈpɔpel]
sufocar (vi)	задыхнуцца	[zadɨhˈnutsa]
perecer (vi)	загінуць	[zaˈɦinutsʲ]

ATIVIDADES HUMANAS

Emprego. Negócios. Parte 1

97. Banca

banco (m)	банк (м)	['bank]
sucursal, balcão (f)	аддзяленне (н)	[adzʲaʲlenne]
consultor (m)	кансультант (м)	[kansulʲʲtant]
gerente (m)	загадчык (м)	[za'hatʃik]
conta (f)	рахунак (м)	[ra'hunak]
número (m) da conta	нумар (м) рахунку	['numar ra'hunku]
conta (f) corrente	бягучы рахунак (м)	[bʲa'hutʃi ra'hunak]
conta (f) poupança	назапашвальны рахунак (м)	[naza'paʃvalʲni ra'hunak]
abrir uma conta	адкрыць рахунак	[atk'ritsʲ ra'hunak]
fechar uma conta	закрыць рахунак	[za'kritsʲ ra'hunak]
depositar na conta	пакласці на рахунак	[pa'klasʲtsi na ra'hunak]
levantar (vt)	зняць з рахунку	['znʲatsʲ z ra'hunku]
depósito (m)	уклад (м)	[u'klat]
fazer um depósito	зрабіць уклад	[zra'bitsʲ u'klat]
transferência (f) bancária	перавод (м)	[pera'vɔt]
transferir (vt)	зрабіць перавод	[zra'bitsʲ pera'vɔt]
soma (f)	сума (ж)	['suma]
Quanto?	Колькі?	['kɔlʲki]
assinatura (f)	подпіс (м)	['pɔtpis]
assinar (vt)	падпісаць	[patpi'satsʲ]
cartão (m) de crédito	крэдытная картка (ж)	[krɛ'ditnaʲa 'kartka]
código (m)	код (м)	['kɔt]
número (m) do cartão de crédito	нумар (м) крэдытнай карткі	['numar krɛ'ditnaj 'kartki]
Caixa Multibanco (m)	банкамат (м)	[banka'mat]
cheque (m)	чэк (м)	['tʃɛk]
passar um cheque	выпісаць чэк	['vipisatsʲ 'tʃɛk]
livro (m) de cheques	чэкавая кніжка (ж)	['tʃɛkavaʲa 'kniʃka]
empréstimo (m)	крэдыт (м)	[krɛ'dit]
pedir um empréstimo	звяртацца па крэдыт	[zvʲar'tatsa pa krɛ'dit]
obter um empréstimo	браць крэдыт	['bratsʲ krɛ'dit]
conceder um empréstimo	даваць крэдыт	[da'vatsʲ krɛ'dit]
garantia (f)	гарантыя (ж)	[ɦa'rantiʲa]

98. Telefone. Conversação telefónica

telefone (m)	тэлефон (м)	[tɛle'fɔn]
telemóvel (m)	мабільны тэлефон (м)	[ma'bilʲnɨ tɛle'fɔn]
secretária (f) electrónica	аўтаадказчык (м)	[awtaat'kaʃɕik]
fazer uma chamada	тэлефанаваць	[tɛlefana'vatsʲ]
chamada (f)	тэлефанаванне (н)	[tɛlefana'vanne]
marcar um número	набраць нумар	[nab'ratsʲ 'numar]
Alô!	алё!	[a'lʲo]
perguntar (vt)	спытаць	[spɨ'tatsʲ]
responder (vt)	адказаць	[atka'zatsʲ]
ouvir (vt)	чуць	['ʧutsʲ]
bem	добра	['dɔbra]
mal	дрэнна	['drɛnna]
ruído (m)	перашкоды (ж мн)	[pera'ʃkɔdɨ]
auscultador (m)	трубка (ж)	['trupka]
pegar o telefone	зняць трубку	['znʲatsʲ 'trupku]
desligar (vi)	пакласці трубку	[pa'klasʲtsi 'trupku]
ocupado	заняты	[za'nʲatɨ]
tocar (vi)	званіць	[zva'nitsʲ]
lista (f) telefónica	тэлефонная кніга (ж)	[tɛle'fɔnnaʲa 'kniɦa]
local	мясцовы	[mʲas'tsɔvɨ]
chamada (f) local	мясцовы званок (м)	[mʲas'tsɔvɨ zva'nok]
de longa distância	міжгародні	[miʒɦa'rɔdni]
chamada (f) de longa distância	міжгародні званок (м)	[miʒɦa'rɔdni zva'nok]
internacional	міжнародны	[miʒna'rɔdnɨ]
chamada (f) internacional	міжнародны званок (м)	[miʒna'rɔdnɨ zva'nok]

99. Telefone móvel

telemóvel (m)	мабільны тэлефон (м)	[ma'bilʲnɨ tɛle'fɔn]
ecrã (m)	дысплей (м)	[dis'plej]
botão (m)	кнопка (ж)	['knɔpka]
cartão SIM (m)	SIM-картка (ж)	[sim'kartka]
bateria (f)	батарэя (ж)	[bata'rɛʲa]
descarregar-se	разрадзіцца	[razra'dzitsa]
carregador (m)	зарадная прылада (ж)	[za'radnaʲa pri'lada]
menu (m)	меню (н)	[me'nʉ]
definições (f pl)	наладкі (ж мн)	[na'latki]
melodia (f)	мелодыя (ж)	[me'lɔdɨʲa]
escolher (vt)	выбраць	['vɨbratsʲ]
calculadora (f)	калькулятар (м)	[kalʲku'lʲatar]
correio (m) de voz	галасавая пошта (ж)	[ɦalasa'vaja 'pɔʃta]

despertador (m)   будзільнік (м)   [bu'dzilʲnik]
contatos (m pl)   тэлефонная кніга (ж)   [tɛle'fɔnnaʲa 'kniɦa]

mensagem (f) de texto   SMS-паведамленне (н)   [ɛsɛ'mɛs pavedam'lenne]
assinante (m)   абанент (м)   [aba'nent]

100. Estacionário

caneta (f)   аўтаручка (ж)   [awta'rutʃka]
caneta (f) tinteiro   ручка (ж) пёравая   ['rutʃka 'pʲoravaʲa]

lápis (m)   аловак (м)   [a'lɔvak]
marcador (m)   маркёр (м)   [mar'kʲor]
caneta (f) de feltro   фламастэр (м)   [fla'mastɛr]

bloco (m) de notas   блакнот (м)   [blak'nɔt]
agenda (f)   штодзённік (м)   [ʃtɔ'dzʲonnik]

régua (f)   лінейка (ж)   [li'nejka]
calculadora (f)   калькулятар (м)   [kalʲku'lʲatar]
borracha (f)   сцірка (ж)   ['stsirka]
pionés (m)   кнопка (ж)   ['knɔpka]
clipe (m)   сашчэпка (ж)   [sa'ʃɕɛpka]

cola (f)   клей (м)   ['klej]
agrafador (m)   стэплер (м)   ['stɛpler]
furador (m)   дзіркакол (м)   [dzirka'kɔl]
afia-lápis (m)   тачылка (ж)   [ta'tʃilka]

Emprego. Negócios. Parte 2

101. Media

jornal (m)	газета (ж)	[ɦa'zeta]
revista (f)	часопіс (м)	[tʃa'sɔpis]
imprensa (f)	прэса (ж)	['prɛsa]
rádio (m)	радыё (н)	['radʲo]
estação (f) de rádio	радыёстанцыя (ж)	['radʲo 'stantsʲia]
televisão (f)	тэлебачанне (н)	[tɛle'batʃanne]
apresentador (m)	вядучы (м)	[vʲa'dutʃi]
locutor (m)	дыктар (м)	['diktar]
comentador (m)	каментатар (м)	[kamen'tatar]
jornalista (m)	журналіст (м)	[ʒurna'list]
correspondente (m)	карэспандэнт (м)	[karɛspan'dɛnt]
repórter (m) fotográfico	фотакарэспандэнт (м)	['fɔta karɛspan'dɛnt]
repórter (m)	рэпарцёр (м)	[rɛpar'tsʲor]
redator (m)	рэдактар (м)	[rɛ'daktar]
redator-chefe (m)	галоўны рэдактар (м)	[ɦa'lɔwnɨ rɛ'daktar]
assinar a ...	падпісацца	[patpi'satsa]
assinatura (f)	падпіска (ж)	[pat'piska]
assinante (m)	падпісчык (м)	[pat'piɕɕik]
ler (vt)	чытаць	[tʃi'tatsʲ]
leitor (m)	чытач (м)	[tʃi'tatʃ]
tiragem (f)	тыраж (м)	[ti'raʃ]
mensal	штомесячны	[ʃtɔ'mesʲatʃni]
semanal	штотыднёвы	[ʃtɔtid'nʲovɨ]
número (jornal, revista)	нумар (м)	['numar]
recente	свежы	['sveʒɨ]
manchete (f)	загаловак (м)	[zaɦa'lɔvak]
pequeno artigo (m)	нататка (ж)	[na'tatka]
coluna (~ semanal)	рубрыка (ж)	['rubrika]
artigo (m)	артыкул (м)	[ar'tikul]
página (f)	старонка (ж)	[sta'rɔnka]
reportagem (f)	рэпартаж (м)	[rɛpar'taʃ]
evento (m)	падзея (ж)	[pa'dzeʲa]
sensação (f)	сенсацыя (ж)	[sen'satsʲia]
escândalo (m)	скандал (м)	[skan'dal]
escandaloso	скандальны	[skan'dalʲni]
grande	гучны	['ɦutʃni]
programa (m) de TV	перадача (ж)	[pera'datʃa]
entrevista (f)	інтэрв'ю (н)	[intɛr'vʲʉ]

| transmissão (f) em direto | прамая трансляцыя (ж) | [pra'maʲa trans'lʲatsʲʲa] |
| canal (m) | канал (м) | [ka'nal] |

102. Agricultura

agricultura (f)	сельская гаспадарка (ж)	[selʲska ̯a ɦaspa'darka]
camponês (m)	селянін (м)	[selʲa'nin]
camponesa (f)	сялянка (ж)	[sʲa'lʲanka]
agricultor (m)	фермер (м)	['fermer]

| trator (m) | трактар (м) | ['traktar] |
| ceifeira-debulhadora (f) | камбайн (м) | [kam'bajn] |

arado (m)	плуг (м)	['pluɦ]
arar (vt)	арaць	[a'ratsʲ]
campo (m) lavrado	ралля (ж)	[ra'lʲa]
rego (m)	баразна (ж)	[baraz'na]

semear (vt)	сеяць	['seʲatsʲ]
semeadora (f)	сеялка (ж)	['seʲalka]
semeadura (f)	сяўба (ж)	[sʲaw'ba]

| gadanha (f) | каса (ж) | [ka'sa] |
| gadanhar (vt) | касіць | [ka'sitsʲ] |

| pá (f) | лапата (ж) | [la'pata] |
| cavar (vt) | капаць | [ka'patsʲ] |

enxada (f)	матыка (ж)	[ma'tika]
carpir (vt)	палоць	[pa'lotsʲ]
erva (f) daninha	пустазелле (н)	[pusta'zelle]

regador (m)	палівачка (ж)	[pali'vatʃka]
regar (vt)	паліваць	[pali'vatsʲ]
rega (f)	паліванне (н)	[pali'vanne]

| forquilha (f) | вілы (мн) | ['vili ̯] |
| ancinho (m) | граблі (мн) | ['ɦrabli ̯] |

fertilizante (m)	угнаенне (н)	[uɦna'enne]
fertilizar (vt)	угнойваць	[u'ɦnɔjvatsʲ]
estrume (m)	гной (м)	['ɦnɔj]

campo (m)	поле (н)	['pɔle]
prado (m)	луг (м)	['luɦ]
horta (f)	агарод (м)	[aɦa'rɔt]
pomar (m)	сад (м)	['sat]

pastar (vt)	пасвіць	['pasvitsʲ]
pastor (m)	пастух (м)	[pas'tuɦ]
pastagem (f)	паша (ж)	['paʃa]

| pecuária (f) | жывёлагадоўля (ж) | [ʒɨ'wʲolaɦa'dɔwlʲa] |
| criação (f) de ovelhas | авечкагадоўля (ж) | [awetʃkaɦa'dɔwlʲa] |

plantação (f)	плантацыя (ж)	[plan'tatsʲʲa]
canteiro (m)	градка (ж)	['ɦratka]
invernadouro (m)	парнік (м)	[par'nik]

| seca (f) | засуха (ж) | ['zasuha] |
| seco (verão ~) | засушлівы | [za'suʃlivɨ] |

cereal (m)	зерне (н)	['zerne]
cereais (m pl)	зерневыя (н мн)	['zernevʲʲa]
colher (vt)	збіраць	[zʲbi'ratsʲ]

moleiro (m)	млынар (м)	[mli'nar]
moinho (m)	млын (м)	['mlɨn]
moer (vt)	малоць	[ma'lotsʲ]
farinha (f)	мука (ж)	[mu'ka]
palha (f)	салома (ж)	[sa'lɔma]

103. Construção. Processo de construção

canteiro (m) de obras	будоўля (ж)	[bu'dɔwlʲa]
construir (vt)	будаваць	[buda'vatsʲ]
construtor (m)	будаўнік (м)	[budaw'nik]

projeto (m)	праект (м)	[pra'ekt]
arquiteto (m)	архітэктар (м)	[arhi'tɛktar]
operário (m)	рабочы (м)	[ra'bɔtʃɨ]

fundação (f)	падмурак (м)	[pad'murak]
telhado (m)	дах (м)	['dah]
estaca (f)	паля (ж)	['palʲa]
parede (f)	сцяна (ж)	[stsʲa'na]

| varões (m pl) para betão | арматура (ж) | [arma'tura] |
| andaime (m) | будаўнічыя рыштаванні (н мн) | [budaw'nitʃʲʲa riʃta'vanni] |

betão (m)	бетон (м)	[be'tɔn]
granito (m)	граніт (м)	[ɦra'nit]
pedra (f)	камень (м)	['kamenʲ]
tijolo (m)	цэгла (ж)	['tsɛkla]

areia (f)	пясок (м)	[pʲa'sɔk]
cimento (m)	цэмент (м)	[tsɛ'ment]
emboço (m)	тынк (м)	['tɨnk]
emboçar (vt)	тынкаваць	[tɨnka'vatsʲ]

tinta (f)	фарба (ж)	['farba]
pintar (vt)	фарбаваць	[farba'vatsʲ]
barril (m)	бочка (ж)	['bɔtʃka]

grua (f), guindaste (m)	кран (м)	['kran]
erguer (vt)	паднімаць	[padni'matsʲ]
baixar (vt)	апускаць	[apus'katsʲ]
buldózer (m)	бульдозер (м)	[bulʲ'dɔzer]

escavadora (f)	экскаватар (м)	[ɛkska'vatar]
caçamba (f)	коўш (м)	['kɔwʃ]
escavar (vt)	капаць	[ka'patsʲ]
capacete (m) de proteção	каска (ж)	['kaska]

Profissões e ocupações

104. Procura de emprego. Demissão

trabalho (m)	праца (ж)	['pratsa]
equipa (f)	штат (м)	['ʃtat]
pessoal (m)	персанал (м)	[persa'nal]
carreira (f)	кар'ера (ж)	[kar"era]
perspetivas (f pl)	перспектыва (ж)	[perspek'tiva]
mestria (f)	майстэрства (н)	[maj'stɛrstva]
seleção (f)	падбор (м)	[pad'bɔr]
agência (f) de emprego	кадравае агенцтва (н)	['kadravae a'hentstva]
CV, currículo (m)	рэзюмэ (н)	[rɛzʉ'mɛ]
entrevista (f) de emprego	сумоўе (н)	[su'mɔwe]
vaga (f)	вакансія (ж)	[va'kansiʲa]
salário (m)	заробак (м)	[za'rɔbak]
salário (m) fixo	аклад (м)	[ak'lat]
pagamento (m)	аплата (ж)	[a'plata]
posto (m)	пасада (ж)	[pa'sada]
dever (do empregado)	абавязак (м)	[aba'vʲazak]
gama (f) de deveres	кола (н)	['kɔla]
ocupado	заняты	[za'nʲati]
despedir, demitir (vt)	звольніць	['zvɔlʲnitsʲ]
demissão (f)	звальненне (н)	[zvalʲ'nenne]
desemprego (m)	беспрацоўе (н)	[bespra'tsɔwe]
desempregado (m)	беспрацоўны (м)	[bespra'tsɔwnɨ]
reforma (f)	пенсія (ж)	['pensiʲa]
reformar-se	пайсці на пенсію	[pajsʲtsi na 'pensiʉ]

105. Gente de negócios

diretor (m)	дырэктар (м)	[di'rɛktar]
gerente (m)	загадчык (м)	[za'ɦatʃik]
patrão, chefe (m)	кіраўнік (м)	[kiraw'nik]
superior (m)	начальнік (м)	[na'tʃalʲnik]
superiores (m pl)	начальства (н)	[na'tʃalʲstva]
presidente (m)	прэзідэнт (м)	[prɛzi'dɛnt]
presidente (m) de direção	старшыня (ж)	[starʃi'nʲa]
substituto (m)	намеснік (м)	[na'mesnik]
assistente (m)	памочнік (м)	[pa'mɔtʃnik]

secretário (m)	сакратар (м)	[sakra'tar]
secretário (m) pessoal	асабісты сакратар (м)	[asa'bistɨ sakra'tar]
homem (m) de negócios	бізнэсмен (м)	[biznɛs'men]
empresário (m)	прадпрымальнік (м)	[pratpri'malʲnik]
fundador (m)	заснавальнік (м)	[zasna'valʲnik]
fundar (vt)	заснаваць	[zasna'vatsʲ]
fundador, sócio (m)	заснавальнік (м)	[zasna'valʲnik]
parceiro, sócio (m)	партнёр (м)	[part'nʲor]
acionista (m)	акцыянер (м)	[aktsɨʲa'ner]
milionário (m)	мільянер (м)	[milʲa'ner]
bilionário (m)	мільярдэр (м)	[milʲar'dɛr]
proprietário (m)	уладальнік (м)	[ula'dalʲnik]
proprietário (m) de terras	землеўладальнік (м)	[zemlewla'dalʲnik]
cliente (m)	кліент (м)	[kli'ent]
cliente (m) habitual	сталы кліент (м)	[stalɨ kli'ent]
comprador (m)	пакупнік (м)	[pakup'nik]
visitante (m)	наведвальнік (м)	[na'vedvalʲnik]
profissional (m)	прафесіянал (м)	[prafesiʲa'nal]
perito (m)	эксперт (м)	[ɛks'pert]
especialista (m)	спецыяліст (м)	[spetsɨʲa'list]
banqueiro (m)	банкір (м)	[ban'kir]
corretor (m)	брокер (м)	['brɔker]
caixa (m, f)	касір (м)	[ka'sir]
contabilista (m)	бухгалтар (м)	[buh'ɦaltar]
guarda (m)	ахоўнік (м)	[a'ɦownik]
investidor (m)	інвестар (м)	[in'vestar]
devedor (m)	даўжнік (м)	[dawʒ'nik]
credor (m)	крэдытор (м)	[krɛdɨ'tɔr]
mutuário (m)	пазычальнік (м)	[pazɨ'tʃalʲnik]
importador (m)	імпарцёр (м)	[impar'tsʲor]
exportador (m)	экспарцёр (м)	[ɛkspar'tsʲor]
produtor (m)	вытворца (м)	[vɨt'vɔrtsa]
distribuidor (m)	дыстрыб'ютар (м)	[distrib''ʉtar]
intermediário (m)	пасярэднік (м)	[pasʲa'rɛdnik]
consultor (m)	кансультант (м)	[kansulʲ'tant]
representante (m)	прадстаўнік (м)	[pratsstaw'nik]
agente (m)	агент (м)	[a'ɦent]
agente (m) de seguros	страхавы агент (м)	[straha'vɨ a'ɦent]

106. Profissões de serviços

cozinheiro (m)	повар (м)	['pɔvar]
cozinheiro chefe (m)	шэф-повар (м)	[ʃɛf'pɔvar]

padeiro (m)	пекар (м)	['pekar]
barman (m)	бармэн (м)	[bar'mɛn]
empregado (m) de mesa	афіцыянт (м)	[afitsiʲant]
empregada (f) de mesa	афіцыянтка (ж)	[afitsiʲantka]

advogado (m)	адвакат (м)	[adva'kat]
jurista (m)	юрыст (м)	[ʉ'rist]
notário (m)	натарыус (м)	[na'tarius]

eletricista (m)	электрык (м)	[ɛ'lektrik]
canalizador (m)	сантэхнік (м)	[san'tɛhnik]
carpinteiro (m)	цясляр (м)	[tsʲas'lʲar]

massagista (m)	масажыст (м)	[masa'ʒist]
massagista (f)	масажыстка (ж)	[masa'ʒistka]
médico (m)	урач (м)	[u'ratʃ]

taxista (m)	таксіст (м)	[tak'sist]
condutor (automobilista)	шафёр (м)	[ʃa'fʲor]
entregador (m)	кур'ер (м)	[kur'ʲer]

camareira (f)	пакаёўка (ж)	[pakaʲowka]
guarda (m)	ахоўнік (м)	[a'hownik]
hospedeira (f) de bordo	сцюардэса (ж)	[sʲtsʉar'dɛsa]

professor (m)	настаўнік (м)	[na'stawnik]
bibliotecário (m)	бібліятэкар (м)	[bibliʲa'tɛkar]
tradutor (m)	перакладчык (м)	[pera'klatʃik]
intérprete (m)	перакладчык (м)	[pera'klatʃik]
guia (pessoa)	гід, экскурсавод (м)	['hit], [ɛkskursa'vɔt]

cabeleireiro (m)	цырульнік (м)	[tsi'rulʲnik]
carteiro (m)	паштальён (м)	[paʃta'lʲon]
vendedor (m)	прадавец (м)	[prada'vets]

jardineiro (m)	садоўнік (м)	[sa'dɔwnik]
criado (m)	слуга (м, ж)	[slu'ha]
criada (f)	служанка (ж)	[slu'ʒanka]
empregada (f) de limpeza	прыбіральшчыца (ж)	[pribi'ralʲʃʧitsa]

107. Profissões militares e postos

soldado (m) raso	радавы (м)	[rada'vɨ]
sargento (m)	сяржант (м)	[sʲar'ʒant]
tenente (m)	лейтэнант (м)	[lejtɛ'nant]
capitão (m)	капітан (м)	[kapi'tan]

major (m)	маёр (м)	[ma'ʲor]
coronel (m)	палкоўнік (м)	[pal'kɔwnik]
general (m)	генерал (м)	[ɦene'ral]
marechal (m)	маршал (м)	['marʃal]
almirante (m)	адмірал (м)	[admi'ral]
militar (m)	вайсковец (м)	[vajs'kɔvets]
soldado (m)	салдат (м)	[sal'dat]

oficial (m)	афіцэр (м)	[afi'tsɛr]
comandante (m)	камандзір (м)	[kaman'dzir]
guarda (m) fronteiriço	пагранічнік (м)	[pahra'nitʃnik]
operador (m) de rádio	радыст (м)	[ra'dist]
explorador (m)	разведчык (м)	[raz'vetʃik]
sapador (m)	сапёр (м)	[sa'pʲor]
atirador (m)	стралок (м)	[stra'lɔk]
navegador (m)	штурман (м)	['ʃturman]

108. Oficiais. Padres

rei (m)	кароль (м)	[ka'rɔlʲ]
rainha (f)	каралева (ж)	[kara'leva]
príncipe (m)	прынц (м)	['prints]
princesa (f)	прынцэса (ж)	[prin'tsɛsa]
czar (m)	цар (м)	['tsar]
czarina (f)	царыца (ж)	[tsa'ritsa]
presidente (m)	Прэзідэнт (м)	[prɛzi'dɛnt]
ministro (m)	міністр (м)	[mi'nistr]
primeiro-ministro (m)	прэм'ер-міністр (м)	[prɛm"er mi'nistr]
senador (m)	сенатар (м)	[se'natar]
diplomata (m)	дыпламат (м)	[dipla'mat]
cônsul (m)	консул (м)	['kɔnsul]
embaixador (m)	пасол (м)	[pa'sɔl]
conselheiro (m)	саветнік (м)	[sa'vetnik]
funcionário (m)	чыноўнік (м)	[tʃi'nɔwnik]
prefeito (m)	прэфект (м)	[prɛ'fekt]
Presidente (m) da Câmara	мэр (м)	['mɛr]
juiz (m)	суддзя (м)	[su'dzʲa]
procurador (m)	пракурор (м)	[praku'rɔr]
missionário (m)	місіянер (м)	[misiʲa'ner]
monge (m)	манах (м)	[ma'nah]
abade (m)	абат (м)	[a'bat]
rabino (m)	рабін (м)	[ra'bin]
vizir (m)	візір (м)	[vi'zir]
xá (m)	шах (м)	['ʃah]
xeque (m)	шэйх (м)	['ʃɛjh]

109. Profissões agrícolas

apicultor (m)	пчаляр (м)	[ptʃa'lʲar]
pastor (m)	пастух (м)	[pas'tuh]
agrónomo (m)	аграном (м)	[ahra'nɔm]

| criador (m) de gado | жывёлавод (м) | [ʒɨˈvʲolaˈvɔt] |
| veterinário (m) | ветэрынар (м) | [vetɛriˈnar] |

agricultor (m)	фермер (м)	[ˈfermer]
vinicultor (m)	вінароб (м)	[vinaˈrɔp]
zoólogo (m)	заолаг (м)	[zaˈɔlaɦ]
cowboy (m)	каўбой (м)	[kawˈbɔj]

110. Profissões artísticas

| ator (m) | акцёр (м) | [akˈtsʲor] |
| atriz (f) | актрыса (ж) | [aktˈrisa] |

| cantor (m) | спявак (м) | [spʲaˈvak] |
| cantora (f) | спявачка (ж) | [spʲaˈvatʃka] |

| bailarino (m) | танцор (м) | [tanˈtsor] |
| bailarina (f) | танцоўшчыца (ж) | [tanˈtsɔwʃɕitsa] |

| artista (m) | артыст (м) | [arˈtist] |
| artista (f) | артыстка (ж) | [arˈtistka] |

músico (m)	музыка (м)	[muˈzika]
pianista (m)	піяніст (м)	[pʲiʲaˈnist]
guitarrista (m)	гітарыст (м)	[ɦitaˈrist]

maestro (m)	дырыжор (м)	[diriˈʒor]
compositor (m)	кампазітар (м)	[kampaˈzitar]
empresário (m)	імпрэсарыо (м)	[imprɛˈsariɔ]

realizador (m)	рэжысёр (м)	[rɛʒiˈsʲor]
produtor (m)	прадзюсер (м)	[praˈdzuser]
argumentista (m)	сцэнарыст (м)	[stsɛnaˈrist]
crítico (m)	крытык (м)	[ˈkritik]

escritor (m)	пісьменнік (м)	[pisʲˈmennik]
poeta (m)	паэт (м)	[paˈɛt]
escultor (m)	скульптар (м)	[ˈskulʲptar]
pintor (m)	мастак (м)	[masˈtak]

malabarista (m)	жанглёр (м)	[ʒanɦˈlʲor]
palhaço (m)	клоун (м)	[ˈklɔun]
acrobata (m)	акрабат (м)	[akraˈbat]
mágico (m)	фокуснік (м)	[ˈfɔkusnik]

111. Várias profissões

médico (m)	урач (м)	[uˈratʃ]
enfermeira (f)	медсястра (ж)	[metsʲasˈtra]
psiquiatra (m)	псіхіятр (м)	[psihiˈʲatr]
estomatologista (m)	стаматолаг (м)	[stamaˈtɔlaɦ]
cirurgião (m)	хірург (м)	[hiˈrurɦ]

astronauta (m)	астранаўт (м)	[astra'nawt]
astrónomo (m)	астраном (м)	[astra'nɔm]
piloto (m)	лётчык, пілот (м)	[lʲotʧʲik], [pi'lot]

motorista (m)	вадзіцель (м)	[va'dzitselʲ]
maquinista (m)	машыніст (м)	[maʃi'nist]
mecânico (m)	механік (м)	[me'hanik]

mineiro (m)	шахцёр (м)	[ʃah'tsʲor]
operário (m)	рабочы (м)	[ra'boʧʲi]
serralheiro (m)	слесар (м)	['slesar]
marceneiro (m)	сталяр (м)	[sta'lʲar]
torneiro (m)	токар (м)	['tokar]
construtor (m)	будаўнік (м)	[budaw'nik]
soldador (m)	зваршчык (м)	['zvarʃʨik]

professor (m) catedrático	прафесар (м)	[pra'fesar]
arquiteto (m)	архітэктар (м)	[arhi'tɛktar]
historiador (m)	гісторык (м)	[his'torik]
cientista (m)	навуковец (м)	[navu'kovets]
físico (m)	фізік (м)	['fizik]
químico (m)	хімік (м)	['himik]

arqueólogo (m)	археолаг (м)	[arhe'ɔlaɦ]
geólogo (m)	геолаг (м)	[ɦe'ɔlaɦ]
pesquisador (cientista)	даследчык (м)	[da'sletʃik]

| babysitter (f) | нянька (ж) | ['nʲanʲka] |
| professor (m) | педагог (м) | [peda'ɦɔɦ] |

redator (m)	рэдактар (м)	[rɛ'daktar]
redator-chefe (m)	галоўны рэдактар (м)	[ɦa'lowni rɛ'daktar]
correspondente (m)	карэспандэнт (м)	[karɛspan'dɛnt]
datilógrafa (f)	машыністка (ж)	[maʃi'nistka]

designer (m)	дызайнер (м)	[di'zajner]
especialista (m) em informática	камп'ютэршчык (м)	[kampʺʉtɛrʃʨik]
programador (m)	праграміст (м)	[praɦra'mist]
engenheiro (m)	інжынер (м)	[inʒi'ner]

marujo (m)	марак (м)	[ma'rak]
marinheiro (m)	матрос (м)	[mat'rɔs]
salvador (m)	ратавальнік (м)	[rata'valʲnik]

bombeiro (m)	пажарны (м)	[pa'ʒarni]
polícia (f)	паліцэйскі (м)	[pali'tsɛjski]
guarda-noturno (m)	вартаўнік (м)	[vartaw'nik]
detetive (m)	сышчык (м)	['siʃʨik]

funcionário (m) da alfândega	мытнік (м)	['mitnik]
guarda-costas (m)	целаахоўнік (м)	[tselaa'hownik]
guarda (m) prisional	наглядчык (м)	[na'ɦlʲatʃik]
inspetor (m)	інспектар (м)	[in'spektar]
desportista (m)	спартсмен (м)	[sparts'men]
treinador (m)	трэнер (м)	['trɛner]

talhante (m)	мяснік (м)	[mʲas'nik]
sapateiro (m)	шавец (м)	[ʃa'vets]
comerciante (m)	камерсант (м)	[kamer'sant]
carregador (m)	грузчык (м)	['ɦruʃɕik]
estilista (m)	мадэльер (м)	[madɛ'lʲer]
modelo (f)	мадэль (ж)	[ma'dɛlʲ]

112. Ocupações. Estatuto social

aluno, escolar (m)	школьнік (м)	['ʃkɔlʲnik]
estudante (~ universitária)	студэнт (м)	[stu'dɛnt]
filósofo (m)	філосаф (м)	[fi'lɔsaf]
economista (m)	эканаміст (м)	[ɛkana'mist]
inventor (m)	вынаходца (м)	[vina'hɔtsa]
desempregado (m)	беспрацоўны (м)	[bespra'tsɔwnɨ]
reformado (m)	пенсіянер (м)	[pensiʲa'ner]
espião (m)	шпіён (м)	['ʃpiʲon]
preso (m)	зняволены (м)	[znʲa'vɔlenɨ]
grevista (m)	забастоўшчык (м)	[zaba'stɔwʃɕik]
burocrata (m)	бюракрат (м)	[bʉra'krat]
viajante (m)	падарожнік (м)	[pada'rɔʒnik]
homossexual (m)	гомасексуаліст (м)	[ɦomaseksua'list]
hacker (m)	хакер (м)	['haker]
bandido (m)	бандыт (м)	[ban'dɨt]
assassino (m) a soldo	наёмны забойца (м)	[na'ʲomnɨ za'bɔjtsa]
toxicodependente (m)	наркаман (м)	[narka'man]
traficante (m)	наркагандляр (м)	[narkaɦand'lʲar]
prostituta (f)	прастытутка (ж)	[prastɨ'tutka]
chulo (m)	сутэнёр (м)	[sutɛ'nʲor]
bruxo (m)	вядзьмак (м)	[vʲadzj'mak]
bruxa (f)	вядзьмарка (ж)	[vʲadzj'marka]
pirata (m)	пірат (м)	[pi'rat]
escravo (m)	раб (м)	['rap]
samurai (m)	самурай (м)	[samu'raj]
selvagem (m)	дзікун (м)	[dzi'kun]

Desportos

113. Tipos de desportos. Desportistas

| desportista (m) | спартсмен (м) | [sparts'men] |
| tipo (m) de desporto | від (м) спорту | ['vit 'sportu] |

| basquetebol (m) | баскетбол (м) | [basked'bɔl] |
| jogador (m) de basquetebol | баскетбаліст (м) | [baskedba'list] |

| beisebol (m) | бейсбол (м) | [bejz'bɔl] |
| jogador (m) de beisebol | бейсбаліст (м) | [bejzba'list] |

futebol (m)	футбол (м)	[fud'bɔl]
futebolista (m)	футбаліст (м)	[fudba'list]
guarda-redes (m)	варатар (м)	[vara'tar]

| hóquei (m) | хакей (м) | [ha'kej] |
| jogador (m) de hóquei | хакеіст (м) | [hake'ist] |

| voleibol (m) | валейбол (м) | [valej'bɔl] |
| jogador (m) de voleibol | валейбаліст (м) | [valejba'list] |

| boxe (m) | бокс (м) | ['bɔks] |
| boxeador, pugilista (m) | баксёр (м) | [bak'sʲor] |

| luta (f) | барацьба (ж) | [baraʤj'ba] |
| lutador (m) | барэц (м) | [ba'rɛʦ] |

| karaté (m) | каратэ (н) | [kara'tɛ] |
| karateca (m) | каратыст (м) | [kara'tist] |

| judo (m) | дзюдо (н) | [ʤʉ'dɔ] |
| judoca (m) | дзюдаіст (м) | [ʤʉda'ist] |

| ténis (m) | тэніс (м) | ['tɛnis] |
| tenista (m) | тэнісіст (м) | [tɛni'sist] |

| natação (f) | плаванне (н) | ['plavanne] |
| nadador (m) | плывец (м) | [plɨ'veʦ] |

| esgrima (f) | фехтаванне (н) | [fehta'vanne] |
| esgrimista (m) | фехтавальшчык (м) | [fehta'valʲʃɕik] |

| xadrez (m) | шахматы (мн) | ['ʃahmatɨ] |
| xadrezista (m) | шахматыст (м) | [ʃahma'tist] |

alpinismo (m)	альпінізм (м)	[alʲpi'nizm]
alpinista (m)	альпініст (м)	[alʲpi'nist]
corrida (f)	бег (м)	['beɦ]

corredor (m)	бягун (м)	[bʲaˈɦun]
atletismo (m)	лёгкая атлетыка (ж)	[ˈlʲɔɦkaʲa atˈletika]
atleta (m)	атлет (м)	[atˈlet]

hipismo (m)	конны спорт (м)	[ˈkɔnnɨ ˈspɔrt]
cavaleiro (m)	коннік (м)	[ˈkɔnnik]

patinagem (f) artística	фігурнае катанне (н)	[fiˈɦurnae kaˈtanne]
patinador (m)	фігурыст (м)	[fiɦuˈrist]
patinadora (f)	фігурыстка (ж)	[fiɦuˈristka]

halterofilismo (m)	цяжкая атлетыка (ж)	[ˈtsʲaʃkaʲa atˈletika]
halterofilista (m)	цяжкаатлет, штангіст (м)	[tsʲaʒkaatˈlet], [ʃtanˈɦist]
corrida (f) de carros	аўтагонкі (ж мн)	[awtaˈɦonki]
piloto (m)	гоншчык (м)	[ˈɦɔnʃɕik]

ciclismo (m)	веласпорт (м)	[velaˈspɔrt]
ciclista (m)	веласіпедыст (м)	[velasipeˈdist]

salto (m) em comprimento	скачкі (м мн) ў даўжыню	[skaˈtʃki w dawʒiˈnʉ]
salto (m) à vara	скачкі (м мн) з шастом	[skaˈtʃki s ʃasˈtɔm]
atleta (m) de saltos	скакун (м)	[skaˈkun]

114. Tipos de desportos. Diversos

futebol (m) americano	амерыканскі футбол (м)	[ameriˈkanski fudˈbɔl]
badminton (m)	бадмінтон (м)	[badminˈtɔn]
biatlo (m)	біятлон (м)	[bʲiatˈlɔn]
bilhar (m)	більярд (м)	[biˈljart]

bobsled (m)	бобслей (м)	[ˈbɔpslej]
musculação (f)	бодыбілдынг (м)	[bɔdiˈbildinɦ]
polo (m) aquático	воднае пола (н)	[ˈvɔdnae ˈpɔla]
andebol (m)	гандбол (м)	[ɦandˈbɔl]
golfe (m)	гольф (м)	[ˈɦɔlʲf]

remo (m)	веславанне (н)	[veslaˈvanne]
mergulho (m)	дайвінг (м)	[ˈdajvinɦ]
corrida (f) de esqui	лыжныя гонкі (ж мн)	[ˈlɨʒnʲa ˈɦonki]
ténis (m) de mesa	настольны тэніс (м)	[naˈstɔlʲni ˈtɛnis]

vela (f)	парусны спорт (м)	[ˈparusnɨ ˈspɔrt]
rali (m)	ралі (н)	[ˈrali]
râguebi (m)	рэгбі (н)	[ˈrɛɦbi]
snowboard (m)	снаўборд (м)	[snawˈbɔrt]
tiro (m) com arco	стральба (ж) з лука	[stralʲˈba z ˈluka]

115. Ginásio

barra (f)	штанга (ж)	[ˈʃtanɦa]
halteres (m pl)	гантэлі (ж мн)	[ɦanˈtɛli]
aparelho (m) de musculaçao	трэнажор (м)	[trɛnaˈʒɔr]

bicicleta (f) ergométrica	велатрэнажор (м)	[velatrɛna'ʒɔr]
passadeira (f) de corrida	бегавая дарожка (ж)	[beħa'vaʲa da'rɔʃka]

barra (f) fixa	перакладзіна (ж)	[pera'kladzina]
barras (f) paralelas	брусы (м мн)	[bru'si]
cavalo (m)	конь (м)	['konʲ]
tapete (m) de ginástica	мат (м)	['mat]

corda (f) de saltar	скакалка (ж)	[ska'kalka]
aeróbica (f)	аэробіка (ж)	[aɛ'rɔbika]
ioga (f)	ёга (ж)	['ʲoħa]

116. Desportos. Diversos

Jogos (m pl) Olímpicos	Алімпійскія гульні (ж мн)	[alim'pijskiʲa 'ħulʲni]
vencedor (m)	пераможца (м)	[pera'mɔʃtsa]
vencer (vi)	перамагаць	[perama'ħatsʲ]
vencer, ganhar (vi)	выйграць	['vijħratsʲ]

líder (m)	лідэр (м)	['lidɛr]
liderar (vt)	лідзіраваць	[li'dziravatsʲ]

primeiro lugar (m)	першае месца (н)	['perʃae 'mestsa]
segundo lugar (m)	другое месца (н)	[dru'ħoe 'mestsa]
terceiro lugar (m)	трэцяе месца (н)	['trɛtsʲae 'mestsa]

medalha (f)	медаль (м)	[me'dalʲ]
troféu (m)	трафей (м)	[tra'fej]
taça (f)	кубак (м)	['kubak]
prémio (m)	прыз (м)	['pris]
prémio (m) principal	галоўны прыз (м)	[ħa'lowni 'pris]

recorde (m)	рэкорд (м)	[rɛ'kɔrt]
estabelecer um recorde	ставіць рэкорд	['stavitsʲ rɛ'kɔrt]

final (m)	фінал (м)	[fi'nal]
final	фінальны	[fi'nalʲni]

campeão (m)	чэмпіён (м)	[tʃɛmpi'ʲon]
campeonato (m)	чэмпіянат (м)	[tʃɛmpiʲa'nat]

estádio (m)	стадыён (м)	[stadi'ʲon]
bancadas (f pl)	трыбуна (ж)	[tri'buna]
fã, adepto (m)	заўзятар (м)	[zaw'zʲatar]
adversário (m)	праціўнік (м)	[pra'tsiwnik]

partida (f)	старт (м)	['start]
chegada, meta (f)	фініш (м)	['finiʃ]

derrota (f)	паражэнне (н)	[para'ʒɛnne]
perder (vt)	прайграць	[praj'ħratsʲ]

árbitro (m)	суддзя (м)	[su'dzʲa]
júri (m)	журы (н)	[ʒu'ri]

resultado (m)	лік (м)	['lik]
empate (m)	нічыя (ж)	[nitʃiˈʲa]
empatar (vi)	згуляць унічыю	[zɦuˈlʲats unitʃiˈɥ]
ponto (m)	ачко (н)	[atʃˈkɔ]
resultado (m) final	вынік (м)	['vinik]

tempo, período (m)	тайм, перыяд (м)	['tajm], [pe'riʲat]
intervalo (m)	перапынак (м)	[pera'pinak]
doping (m)	допінг (м)	['dopinɦ]
penalizar (vt)	штрафаваць	[ʃtrafa'vatsʲ]
desqualificar (vt)	дысквaліфікаваць	[diskvalifika'vatsʲ]

aparelho (m)	прылада (ж)	[pri'lada]
dardo (m)	кап'ё (н)	[ka'pʲ]o]
peso (m)	ядро (н)	[ʲad'rɔ]
bola (f)	шар (м)	['ʃar]

alvo, objetivo (m)	цэль (ж)	['tsɛlʲ]
alvo (~ de papel)	мішэнь (ж)	[mi'ʃɛnʲ]
atirar, disparar (vi)	страляць	[stra'lʲatsʲ]
preciso (tiro ~)	дакладны	[da'kladni]

treinador (m)	трэнер (м)	['trɛner]
treinar (vt)	трэніраваць	[trɛnira'vatsʲ]
treinar-se (vr)	трэніравацца	[trɛnira'vatsa]
treino (m)	трэніроўка (ж)	[trɛni'rɔwka]

ginásio (m)	спартзала (ж)	[spar'dzala]
exercício (m)	практыкаванне (н)	[praktika'vanne]
aquecimento (m)	размінка (ж)	[raz'minka]

Educação

117. Escola

escola (f)	школа (ж)	['ʃkɔla]
diretor (m) de escola	дырэктар (м) школы	[di'rɛktar 'ʃkɔli]
aluno (m)	вучань (м)	['vutʃanʲ]
aluna (f)	вучаніца (ж)	[vutʃa'nitsa]
escolar (m)	школьнік (м)	['ʃkɔlʲnik]
escolar (f)	школьніца (ж)	['ʃkɔlʲnitsa]
ensinar (vt)	навучаць	[navu'tʃatsʲ]
aprender (vt)	вучыць	[vu'tʃitsʲ]
aprender de cor	вучыць напамяць	[vu'tʃits na'pamʲatsʲ]
estudar (vi)	вучыцца	[vu'tʃitsa]
andar na escola	вучыцца	[vu'tʃitsa]
ir à escola	ісці ў школу	[is'tsi w 'ʃkɔlu]
alfabeto (m)	алфавіт (м)	[alfa'vit]
disciplina (f)	прадмет (м)	[prad'met]
sala (f) de aula	клас (м)	['klas]
lição (f)	урок (м)	[u'rɔk]
recreio (m)	перапынак (м)	[pera'pinak]
toque (m)	званок (м)	[zva'nɔk]
carteira (f)	парта (ж)	['parta]
quadro (m) negro	дошка (ж)	['dɔʃka]
nota (f)	адзнака (ж)	[ad'znaka]
boa nota (f)	добрая адзнака (ж)	['dɔbraʲa ad'znaka]
nota (f) baixa	дрэнная адзнака (ж)	['drɛnnaʲa ad'znaka]
dar uma nota	ставіць адзнаку	[stavitsʲ ad'znaku]
erro (m)	памылка (ж)	[pa'milka]
fazer erros	рабіць памылкі	[ra'bitsʲ pa'milki]
corrigir (vt)	выпраўляць	[vipraw'lʲatsʲ]
cábula (f)	шпаргалка (ж)	[ʃpar'ɦalka]
dever (m) de casa	дамашняе заданне (н)	[da'maʃnʲae za'danne]
exercício (m)	практыкаванне (н)	[praktika'vanne]
estar presente	прысутнічаць	[pri'sutnitʃatsʲ]
estar ausente	адсутнічаць	[a'tsutnitʃatsʲ]
faltar às aulas	прапускаць урокі	[prapus'katsʲ u'roki]
punir (vt)	караць	[ka'ratsʲ]
punição (f)	пакаранне (н)	[paka'ranne]
comportamento (m)	паводзіны (мн)	[pa'vɔdzini]

boletim (m) escolar	дзённік (м)	['dzⁱonnik]
lápis (m)	аловак (м)	[a'lɔvak]
borracha (f)	сцірка (ж)	['stsirka]
giz (m)	крэйда (ж)	['krɛjda]
estojo (m)	пенал (м)	[pe'nal]

pasta (f) escolar	партфель (м)	[part'felⁱ]
caneta (f)	ручка (ж)	['rutʃka]
caderno (m)	сшытак (м)	['ʃitak]
manual (m) escolar	падручнік (м)	[pad'rutʃnik]
compasso (m)	цыркуль (м)	['tsirkulⁱ]

| traçar (vt) | чарціць | [tʃar'tsitsⁱ] |
| desenho (m) técnico | чарцёж (м) | [tʃar'tsⁱoʃ] |

poesia (f)	верш (м)	['verʃ]
de cor	напамяць	[na'pamⁱatsⁱ]
aprender de cor	вучыць напамяць	[vu'tʃits na'pamⁱatsⁱ]

férias (f pl)	канікулы (мн)	[ka'nikuli]
estar de férias	быць на канікулах	[bitsⁱ na ka'nikulah]
passar as férias	правесці канікулы	[pra'vestsi ka'nikuli]

teste (m)	кантрольная работа (ж)	[kan'trolⁱnaⁱa ra'bota]
composição, redação (f)	сачыненне (н)	[satʃi'nenne]
ditado (m)	дыктоўка (ж)	[dik'tɔwka]
exame (m)	экзамен (м)	[ɛg'zamen]
fazer exame	здаваць экзамены	[zda'vatsⁱ ɛh'zamenⁱ]
experiência (~ química)	дослед (м)	['dɔslet]

118. Colégio. Universidade

academia (f)	акадэмія (ж)	[aka'dɛmiⁱa]
universidade (f)	універсітэт (м)	[universi'tɛt]
faculdade (f)	факультэт (м)	[fakulⁱ'tɛt]

estudante (m)	студэнт (м)	[stu'dɛnt]
estudante (f)	студэнтка (ж)	[stu'dɛntka]
professor (m)	выкладчык (м)	[vik'latʃik]

| sala (f) de palestras | аўдыторыя (ж) | [awdi'tɔriⁱa] |
| graduado (m) | выпускнік (м) | [vipusk'nik] |

| diploma (m) | дыплом (м) | [dip'lɔm] |
| tese (f) | дысертацыя (ж) | [diser'tatsiⁱa] |

| estudo (obra) | даследаванне (н) | [da'sledavanne] |
| laboratório (m) | лабараторыя (ж) | [labara'tɔriⁱa] |

| palestra (f) | лекцыя (ж) | ['lektsiⁱa] |
| colega (m) de curso | аднакурснік (м) | [adna'kursnik] |

| bolsa (f) de estudos | стыпендыя (ж) | [sti'pendiⁱa] |
| grau (m) académico | навуковая ступень (ж) | [navu'kɔvaⁱa stu'penⁱ] |

119. Ciências. Disciplinas

matemática (f)	матэматыка (ж)	[matɛ'matika]
álgebra (f)	алгебра (ж)	['alɦebra]
geometria (f)	геаметрыя (ж)	[ɦea'metri̯a]
astronomia (f)	астраномія (ж)	[astra'nomi̯a]
biologia (f)	біялогія (ж)	[bi̯a'lɔɦi̯a]
geografia (f)	геаграфія (ж)	[ɦea'ɦrafi̯a]
geologia (f)	геалогія (ж)	[ɦea'lɔɦi̯a]
história (f)	гісторыя (ж)	[ɦis'tɔri̯a]
medicina (f)	медыцына (ж)	[medi'tsina]
pedagogia (f)	педагогіка (ж)	[peda'ɦɔɦika]
direito (m)	права (н)	['prava]
física (f)	фізіка (ж)	['fizika]
química (f)	хімія (ж)	['himi̯a]
filosofia (f)	філасофія (ж)	[fila'sɔfi̯a]
psicologia (f)	псіхалогія (ж)	[psiha'lɔɦi̯a]

120. Sistema de escrita. Ortografia

gramática (f)	граматыка (ж)	[ɦra'matika]
vocabulário (m)	лексіка (ж)	['leksika]
fonética (f)	фанетыка (ж)	[fa'netika]
substantivo (m)	назоўнік (м)	[na'zɔwnik]
adjetivo (m)	прыметнік (м)	[pri'metnik]
verbo (m)	дзеяслоў (м)	[dzeˈa'slɔw]
advérbio (m)	прыслоўе (н)	[pri'slɔwe]
pronome (m)	займеннік (м)	[zaj'mennik]
interjeição (f)	выклічнік (м)	[vik'litʃnik]
preposição (f)	прыназоўнік (м)	[prina'zɔwnik]
raiz (f) da palavra	корань (м) слова	['kɔran̯ 'slova]
terminação (f)	канчатак (м)	[kan'tʃatak]
prefixo (m)	прыстаўка (ж)	[pri'stawka]
sílaba (f)	склад (м)	['sklat]
sufixo (m)	суфікс (м)	['sufiks]
acento (m)	націск (м)	['natsisk]
apóstrofo (m)	апостраф (м)	[a'pɔstraf]
ponto (m)	кропка (ж)	['krɔpka]
vírgula (f)	коска (ж)	['kɔska]
ponto e vírgula (m)	кропка (ж) з коскай	['krɔpka s 'kɔskaj]
dois pontos (m pl)	двукроп'е (н)	[dvu'krɔpˀe]
reticências (f pl)	шматкроп'е (н)	[ʃmat'krɔpˀe]
ponto (m) de interrogação	пытальнік (м)	[pi̯'tal̯nik]
ponto (m) de exclamação	клічнік (м)	['klitʃnik]

aspas (f pl)	двукоссе (н)	[dvu'kɔsse]
entre aspas	у двукоссі	[u dvu'kɔssi]
parênteses (m pl)	дужкі (ж мн)	['duʃki]
entre parênteses	у дужках	[u 'duʃkah]

hífen (m)	дэфіс (м)	[dɛ'fis]
travessão (m)	працяжнік (м)	[pra'tsʲaʒnik]
espaço (m)	прабел (м)	[pra'bel]

letra (f)	літара (ж)	['litara]
letra (f) maiúscula	вялікая літара (ж)	[vʲa'likaʲa 'litara]

vogal (f)	галосны гук (м)	[ɦa'lɔsnɪ 'ɦuk]
consoante (f)	зычны гук (м)	[zɪtʃnɪ 'ɦuk]

frase (f)	сказ (м)	['skas]
sujeito (m)	дзейнік (м)	['dzejnik]
predicado (m)	выказнік (м)	[vɪ'kazʲnik]

linha (f)	радок (м)	[ra'dɔk]
em uma nova linha	з новага радка	[z 'nɔvaɦa rat'ka]
parágrafo (m)	абзац (м)	[ab'zats]

palavra (f)	слова (н)	['slɔva]
grupo (m) de palavras	словазлучэнне (н)	[slɔvazlu'tʃɛnne]
expressão (f)	выраз (м)	['viras]
sinónimo (m)	сінонім (м)	[si'nɔnim]
antónimo (m)	антонім (м)	[an'tɔnim]

regra (f)	правіла (н)	['pravila]
exceção (f)	выключэнне (н)	[viklʉ'tʃɛnne]
correto	правільны	['pravilʲnɪ]

conjugação (f)	спражэнне (н)	[spra'ʒɛnne]
declinação (f)	скланенне (н)	[skla'nenne]
caso (m)	склон (м)	['sklɔn]
pergunta (f)	пытанне (н)	[pɪ'tanne]
sublinhar (vt)	падкрэсліць	[pat'krɛslitsʲ]
linha (f) pontilhada	пункцір (м)	[punk'tsir]

121. Línguas estrangeiras

língua (f)	мова (ж)	['mɔva]
estrangeiro	замежны	[za'meʒnɪ]
língua (f) estrangeira	замежная мова (ж)	[za'meʒnaʲa 'mɔva]
estudar (vt)	вывучаць	[vɪvu'tʃatsʲ]
aprender (vt)	вучыць	[vu'tʃɪtsʲ]

ler (vt)	чытаць	[tʃɪ'tatsʲ]
falar (vi)	гаварыць	[ɦava'rɪtsʲ]
compreender (vt)	разумець	[razu'metsʲ]
escrever (vt)	пісаць	[pi'satsʲ]
rapidamente	хутка	['hutka]
devagar	павольна	[pa'vɔlʲna]

fluentemente	лёгка	['lʲofika]
regras (f pl)	правілы (н мн)	['pravilʲi]
gramática (f)	граматыка (ж)	[fira'matika]
vocabulário (m)	лексіка (ж)	['leksika]
fonética (f)	фанетыка (ж)	[fa'netika]

manual (m) escolar	падручнік (м)	[pad'rutʃnik]
dicionário (m)	слоўнік (м)	['slɔwnik]
manual (m) de autoaprendizagem	самавучыцель (м)	[samavu'tʃitselʲ]
guia (m) de conversação	размоўнік (м)	[raz'mɔwnik]

cassete (f)	касета (ж)	[ka'seta]
vídeo cassete (m)	відэакасета (ж)	['vidɛa ka'seta]
CD (m)	кампакт-дыск (м)	[kam'pakt 'disk]
DVD (m)	DVD (м)	[dʑiwi'dʑi]

alfabeto (m)	алфавіт (м)	[alfa'vit]
soletrar (vt)	гаварыць па літарах	[fiava'ritsʲ pa 'litarah]
pronúncia (f)	вымаўленне (н)	[vimaw'lenne]

sotaque (m)	акцэнт (м)	[ak'tsɛnt]
com sotaque	з акцэнтам	[z ak'tsɛntam]
sem sotaque	без акцэнту	[bez ak'tsɛntu]

palavra (f)	слова (н)	['slɔva]
sentido (m)	сэнс (м)	['sɛns]

cursos (m pl)	курсы (м мн)	['kursi]
inscrever-se (vr)	запісацца	[zapi'satsa]
professor (m)	выкладчык (м)	[vik'latʃik]

tradução (processo)	пераклад (м)	[pera'klat]
tradução (texto)	пераклад (м)	[pera'klat]
tradutor (m)	перакладчык (м)	[pera'klatʃik]
intérprete (m)	перакладчык (м)	[pera'klatʃik]

poliglota (m)	паліглот (м)	[pali'filɔt]
memória (f)	памяць (ж)	['pamʲatsʲ]

122. Personagens de contos de fadas

Pai (m) Natal	Санта Клаўс (м)	['santa 'klaws]
Cinderela (f)	Папялушка (ж)	[papʲa'luʃka]
sereia (f)	русалка (ж)	[ru'salka]
Neptuno (m)	Нептун (м)	[nep'tun]

mago (m)	чараўнік (м)	[tʃaraw'nik]
fada (f)	чараўніца (ж)	[tʃaraw'nitsa]
mágico	чароўны	[tʃa'rɔwni]
varinha (f) mágica	чарадзейная палачка (ж)	[tʃara'dzejnaʲa 'palatʃka]

conto (m) de fadas	казка (ж)	['kaska]
milagre (m)	цуд (м)	['tsut]

anão (m)	гном (м)	['ɦnɔm]
transformar-se em …	ператварыцца ў …	[peratva'ritsa w …]

fantasma (m)	прывід (м)	['privit]
espetro (m)	здань (ж)	['zdanʲ]
monstro (m)	пачвара (ж)	[paʧ'vara]
dragão (m)	цмок (м)	['ʦmɔk]
gigante (m)	волат (м)	['vɔlat]

123. Signos do Zodíaco

Carneiro	Авен (м)	[a'ven]
Touro	Цялец (м)	[ʦʲa'leʦ]
Gémeos	Блізняты (мн)	[bliz'nʲati]
Caranguejo	Рак (м)	['rak]
Leão	Леў (м)	['lew]
Virgem (f)	Дзева (ж)	['ʣeva]

Balança	Шалі (мн)	['ʃali]
Escorpião	Скарпіён (м)	[skarpi'ʲon]
Sagitário	Стралец (м)	[stra'leʦ]
Capricórnio	Казярог (м)	[kazʲa'rɔɦ]
Aquário	Вадалей (м)	[vada'lej]
Peixes	Рыбы (мн)	['ribi]

caráter (m)	характар (м)	[ha'raktar]
traços (m pl) do caráter	рысы (ж мн) характару	['risi ha'raktaru]
comportamento (m)	паводзіны (мн)	[pa'vɔʣini]
predizer (vt)	варажыць	[vara'ʒiʦʲ]
adivinha (f)	варажбітка (ж)	[varaʒ'bitka]
horóscopo (m)	гараскоп (м)	[ɦara'skɔp]

Artes

124. Teatro

teatro (m)	тэатр (м)	[tɛ'atr]
ópera (f)	опера (ж)	['ɔpera]
opereta (f)	аперэта (ж)	[ape'rɛta]
balé (m)	балет (м)	[ba'let]
cartaz (m)	афіша (ж)	[a'fiʃa]
companhia (f) teatral	трупа (ж)	['trupa]
turné (digressão)	гастролі (ж мн)	[ɦas'trɔli]
estar em turné	гастраліраваць	[ɦastra'liravatsʲ]
ensaiar (vt)	рэпеціраваць	[rɛpe'tsiravatsʲ]
ensaio (m)	рэпетыцыя (ж)	[rɛpe'titsʲa]
repertório (m)	рэпертуар (м)	[rɛpertu'ar]
apresentação (f)	паказ (м)	[pa'kas]
espetáculo (m)	спектакль (м)	[spek'taklʲ]
peça (f)	п'еса (ж)	['pʲesa]
bilhete (m)	білет (м)	[bi'let]
bilheteira (f)	білетная каса (ж)	[bi'letnaʲa 'kasa]
hall (m)	хол (м)	['hɔl]
guarda-roupa (m)	гардэроб (м)	[ɦardɛ'rɔp]
senha (f) numerada	нумарок (м)	[numa'rɔk]
binóculo (m)	бінокль (м)	[bi'nɔklʲ]
lanterninha (m)	кантралёр (м)	[kantra'lʲor]
plateia (f)	партэр (м)	[par'tɛr]
balcão (m)	балкон (м)	[bal'kɔn]
primeiro balcão (m)	бельэтаж (м)	[belʲɛ'taʃ]
camarote (m)	ложа (н)	['lɔʒa]
fila (f)	рад (м)	['rat]
assento (m)	месца (н)	['mesʲtsa]
público (m)	публіка (ж)	['publika]
espetador (m)	глядач (м)	[ɦlʲa'datʃ]
aplaudir (vt)	пляскаць	['plʲaskatsʲ]
aplausos (m pl)	апладысменты (мн)	[apladis'menti]
ovação (f)	авацыі (ж мн)	[a'vatsii]
palco (m)	сцэна (ж)	['stsɛna]
pano (m) de boca	заслона (ж)	[za'slɔna]
cenário (m)	дэкарацыя (ж)	[dɛka'ratsʲa]
bastidores (m pl)	кулісы (ж мн)	[ku'lisi]
cena (f)	сцэна (ж)	['stsɛna]
ato (m)	дзея (ж)	['dzeʲa]
entreato (m)	антракт (м)	[an'trakt]

125. Cinema

ator (m)	акцёр (м)	[ak'ts'or]
atriz (f)	актрыса (ж)	[akt'risa]
cinema (m)	кіно (н)	[ki'nɔ]
filme (m)	кіно (н)	[ki'nɔ]
episódio (m)	серыя (ж)	['seri'a]
filme (m) policial	дэтэктыў (м)	[dɛtɛk'tiw]
filme (m) de ação	баявік (м)	[ba'a'vik]
filme (m) de aventuras	прыгодніцкі фільм (м)	[pri'hɔdniʦki 'fil'm]
filme (m) de ficção científica	фантастычны фільм (м)	[fantas'tiʧni 'fil'm]
filme (m) de terror	фільм (м) жахаў	['fil'm 'ʒahaw]
comédia (f)	кінакамедыя (ж)	[kinaka'medi'a]
melodrama (m)	меладрама (ж)	[mela'drama]
drama (m)	драма (ж)	['drama]
filme (m) ficcional	мастацкі фільм (м)	[mas'taʦki fil'm]
documentário (m)	дакументальны фільм (м)	[dakumen'tal'ni fil'm]
desenho (m) animado	мультфільм (м)	[mul'ʲt'fil'm]
cinema (m) mudo	нямое кіно (н)	[n'a'mɔe ki'nɔ]
papel (m)	роля (ж)	['rɔl'a]
papel (m) principal	галоўная роля (ж)	[ha'lowna'a 'rɔl'a]
representar (vt)	іграць	[ih'rats']
estrela (f) de cinema	кіназорка (ж)	[kina'zɔrka]
conhecido	вядомы	[v'a'dɔmi]
famoso	славуты	[sla'vuti]
popular	папулярны	[papu'l'arni]
argumento (m)	сцэнарый (м)	[sʦɛ'narij]
argumentista (m)	сцэнарыст (м)	[sʦɛna'rist]
realizador (m)	рэжысёр (м)	[rɛʒi's'or]
produtor (m)	прадзюсер (м)	[pra'dzɨser]
assistente (m)	асістэнт (м)	[asis'tɛnt]
diretor (m) de fotografia	аператур (м)	[ape'ratar]
duplo (m)	каскадзёр (м)	[kaska'dz'or]
duplo (m) de corpo	дублёр (м)	[dub'l'or]
filmar (vt)	здымаць фільм	[zdi'mats' 'fil'm]
audição (f)	пробы (ж мн)	['prɔbi]
filmagem (f)	здымкі (ж мн)	['zdimki]
equipe (f) de filmagem	здымачная група (ж)	[zdimaʧna'a 'hrupa]
set (m) de filmagem	здымачная пляцоўка (ж)	[zdimaʧna'a pl'a'ʦowka]
câmara (f)	кінакамера (ж)	[kina'kamera]
cinema (m)	кінатэатр (м)	[kinatɛ'atr]
ecrã (m), tela (f)	экран (м)	[ɛk'ran]
exibir um filme	паказваць фільм	[pa'kazvats' 'fil'm]
pista (f) sonora	гукавая дарожка (ж)	[huka'va'a da'rɔʃka]
efeitos (m pl) especiais	спецыяльныя эфекты (м мн)	[spɛtsi'al'ni'a ɛ'fekti]

legendas (f pl)   субтытры (м мн)   [sup'titri]
crédito (m)   тытры (м мн)   ['titri]
tradução (f)   пераклад (м)   [pera'klat]

126. Pintura

arte (f)   мастацтва (н)   [mas'tatstva]
belas-artes (f pl)   прыгожыя мастацтвы (н мн)   [priˈhɔʒiʲa mas'tatstviʲ]
galeria (f) de arte   галерэя (ж)   [ɦaleˈrɛʲa]
exposição (f) de arte   выстава (ж) карцін   [vɨs'tava kar'tsin]

pintura (f)   жывапіс (м)   ['ʒivapis]
arte (f) gráfica   графіка (ж)   ['ɦrafika]
arte (f) abstrata   абстракцыянізм (м)   [apstraktsiʲa'nizm]
impressionismo (m)   імпрэсіянізм (м)   [imprɛsiʲa'nizm]

pintura (f), quadro (m)   карціна (ж)   [kar'tsina]
desenho (m)   рысунак (м)   [ri'sunak]
cartaz, póster (m)   плакат (м)   [pla'kat]

ilustração (f)   ілюстрацыя (ж)   [ilʉ'stratsiʲa]
miniatura (f)   мініяцюра (ж)   [miniʲa'tsʉra]
cópia (f)   копія (ж)   ['kɔpiʲa]
reprodução (f)   рэпрадукцыя (ж)   [rɛpra'duktsiʲa]

mosaico (m)   мазаіка (ж)   [ma'zaika]
vitral (m)   вітраж (м)   [vit'raʃ]
fresco (m)   фрэска (ж)   ['frɛska]
gravura (f)   гравюра (ж)   [ɦra'vʉra]

busto (m)   бюст (м)   ['bʉst]
escultura (f)   скульптура (ж)   [skulʲp'tura]
estátua (f)   статуя (ж)   ['statuʲa]
gesso (m)   гіпс (м)   ['ɦips]
em gesso   з гіпсу   [z 'ɦipsu]

retrato (m)   партрэт (м)   [par'trɛt]
autorretrato (m)   аўтапартрэт (м)   [awtapar'trɛt]
paisagem (f)   краявід (м)   [kraʲa'vit]
natureza (f) morta   нацюрморт (м)   [natsʉr'mɔrt]
caricatura (f)   карыкатура (ж)   [karika'tura]
esboço (m)   накід (м)   ['nakit]

tinta (f)   фарба (ж)   ['farba]
aguarela (f)   акварэль (ж)   [akva'rɛlʲ]
óleo (m)   алей (м)   [a'lej]
lápis (m)   аловак (м)   [a'lɔvak]
tinta da China (f)   туш (ж)   ['tuʃ]
carvão (m)   вугаль (м)   ['vuɦalʲ]

desenhar (vt)   рысаваць   [risa'vatsʲ]
pintar (vt)   маляваць   [malʲa'vatsʲ]
posar (vi)   пазіраваць   [pa'ziravatsʲ]
modelo (m)   натуршчык (м)   [na'turʃɕik]

modelo (f)	натуршчыца (ж)	[na'turʃɕitsa]
pintor (m)	мастак (м)	[mas'tak]
obra (f)	твор (м)	['tvɔr]
obra-prima (f)	шэдэўр (м)	[ʃɛ'dɛwr]
estúdio (m)	майстэрня (ж)	[maj'stɛrnʲa]
tela (f)	палатно (н)	[palat'nɔ]
cavalete (m)	мальберт (м)	[malʲ'bert]
paleta (f)	палітра (ж)	[pa'litra]
moldura (f)	рама (ж)	['rama]
restauração (f)	рэстаўрацыя (ж)	[rɛstaw'ratsiʲa]
restaurar (vt)	рэстаўрыраваць	[rɛstaw'riravatsʲ]

127. Literatura & Poesia

literatura (f)	літаратура (ж)	[litara'tura]
autor (m)	аўтар (м)	['awtar]
pseudónimo (m)	псеўданім (м)	[psewda'nim]
livro (m)	кніга (ж)	['kniɦa]
volume (m)	том (м)	['tɔm]
índice (m)	змест (м)	['zʲmest]
página (f)	старонка (ж)	[sta'rɔnka]
protagonista (m)	галоўны герой (м)	[ɦa'lɔwni ɦe'rɔj]
autógrafo (m)	аўтограф (м)	[aw'tɔɦraf]
conto (m)	апавяданне (н)	[apavʲa'danne]
novela (f)	аповесць (ж)	[a'pɔvestsʲ]
romance (m)	раман (м)	[ra'man]
obra (f)	твор (м)	['tvɔr]
fábula (m)	байка (ж)	['bajka]
romance (m) policial	дэтэктыў (м)	[dɛtɛk'tiw]
poesia (obra)	верш (м)	['verʃ]
poesia (arte)	паэзія (ж)	[pa'ɛziʲa]
poema (m)	паэма (ж)	[pa'ɛma]
poeta (m)	паэт (м)	[pa'ɛt]
ficção (f)	белетрыстыка (ж)	[belet'ristika]
ficção (f) científica	навуковая фантастыка (ж)	[navu'kɔvaʲa fan'tastika]
aventuras (f pl)	прыгоды (ж мн)	[pri'ɦɔdi]
literatura (f) didática	навучальная літаратура (ж)	[navu'tʃalʲnaʲa litara'tura]

128. Circo

circo (m)	цырк (м)	['tsirk]
circo (m) ambulante	цырк-шапіто (м)	[tsirk ʃapi'tɔ]
programa (m)	праграма (ж)	[praɦ'rama]
apresentação (f)	паказ (м)	[pa'kas]
número (m)	нумар (м)	['numar]

arena (f)	арэна (ж)	[a'rɛna]
pantomima (f)	пантаміма (ж)	[panta'mima]
palhaço (m)	клоун (м)	['kloun]

acrobata (m)	акрабат (м)	[akra'bat]
acrobacia (f)	акрабатыка (ж)	[akra'batɨka]
ginasta (m)	гімнаст (м)	[ɦim'nast]
ginástica (f)	гімнастыка (ж)	[ɦim'nastɨka]
salto (m) mortal	сальта (н)	['salʲta]

homem forte (m)	атлет (м)	[at'let]
domador (m)	утаймавальнік (м)	[utajma'valʲnik]
cavaleiro (m) equilibrista	коннік (м)	['kɔnnik]
assistente (m)	асістэнт (м)	[asis'tɛnt]

truque (m)	трук (м)	['truk]
truque (m) de mágica	фокус (м)	['fɔkus]
mágico (m)	фокуснік (м)	['fɔkusnik]

malabarista (m)	жанглёр (м)	[ʒanɦ'lʲor]
fazer malabarismos	жангліраваць	[ʒanɦ'liravatsʲ]
domador (m)	дрэсіроўшчык (м)	[drɛsi'rɔwʃɕik]
adestramento (m)	дрэсіроўка (ж)	[drɛsi'rɔwka]
adestrar (vt)	дрэсіраваць	[drɛsira'vatsʲ]

129. Música. Música popular

música (f)	музыка (ж)	['muzɨka]
músico (m)	музыка (м)	[mu'zɨka]
instrumento (m) musical	музычны інструмент (м)	[mu'zɨʧnɨ instru'ment]
tocar ...	іграць на ...	[iɦ'ratsʲ na ...]

guitarra (f)	гітара (ж)	[ɦi'tara]
violino (m)	скрыпка (ж)	['skrɨpka]
violoncelo (m)	віяланчэль (ж)	[viʲalan'ʧɛlʲ]
contrabaixo (m)	кантрабас (м)	[kantra'bas]
harpa (f)	арфа (ж)	['arfa]

piano (m)	піяніна (н)	[piʲa'nina]
piano (m) de cauda	раяль (м)	[ra'ʲalʲ]
órgão (m)	арган (м)	[ar'ɦan]

instrumentos (m pl) de sopro	духавыя інструменты (м мн)	[duha'vɨʲa instru'mentɨ]
oboé (m)	габой (м)	[ɦa'bɔj]
saxofone (m)	саксафон (м)	[saksa'fɔn]
clarinete (m)	кларнет (м)	[klar'net]
flauta (f)	флейта (ж)	['flejta]
trompete (m)	труба (ж)	[tru'ba]

acordeão (m)	акардэон (м)	[akardɛ'ɔn]
tambor (m)	барабан (м)	[bara'ban]
duo, dueto (m)	дуэт (м)	[du'ɛt]
trio (m)	трыо (н)	['trɨɔ]

quarteto (m)	квартэт (м)	[kvar'tɛt]
coro (m)	хор (м)	['hɔr]
orquestra (f)	аркестр (м)	[ar'kestr]

música (f) pop	поп-музыка (м)	[pɔp 'muzɨka]
música (f) rock	рок-музыка (м)	[rɔk 'muzɨka]
grupo (m) de rock	рок-гурт (м)	[rɔk 'ɦurt]
jazz (m)	джаз (м)	['ʤas]

ídolo (m)	кумір (м)	[ku'mir]
fã, admirador (m)	прыхільнік (м)	[pri'hilʲnik]

concerto (m)	канцэрт (м)	[kan'ʦɛrt]
sinfonia (f)	сімфонія (ж)	[sim'fɔniʲa]
composição (f)	твор (м)	['tvɔr]
compor (vt)	напісаць	[napi'saʦʲ]

canto (m)	спевы (м мн)	['spevi]
canção (f)	песня (ж)	['pesʲnʲa]
melodia (f)	мелодыя (ж)	[me'lɔdɨʲa]
ritmo (m)	рытм (м)	['ritm]
blues (m)	блюз (м)	['blʉs]

notas (f pl)	ноты (ж мн)	['nɔti]
batuta (f)	палачка (ж)	['palaʧka]
arco (m)	смык (м)	['smik]
corda (f)	струна (ж)	[stru'na]
estojo (m)	футарал (м)	[futa'ral]

Descanso. Entretenimento. Viagens

130. Viagens

turismo (m)	турызм (м)	[tu'rizm]
turista (m)	турыст (м)	[tu'rist]
viagem (f)	падарожжа (н)	[pada'rɔʒa]
aventura (f)	прыгода (ж)	[pri'ɦɔda]
viagem (f)	паездка (ж)	[pa'estka]
férias (f pl)	водпуск (м)	['vɔtpusk]
estar de férias	быць у водпуску	['bitsʲ u 'vɔtpusku]
descanso (m)	адпачынак (м)	[atpa'ʧinak]
comboio (m)	цягнік (м)	[tsʲaɦ'nik]
de comboio (chegar ~)	цягніком	[tsʲaɦni'kɔm]
avião (m)	самалёт (м)	[sama'lʲot]
de avião	самалётам	[sama'lʲotam]
de carro	на аўтамабілі	[na awtama'bili]
de navio	на караблі	[na karab'li]
bagagem (f)	багаж (м)	[ba'ɦaʃ]
mala (f)	чамадан (м)	[ʧama'dan]
carrinho (m)	каляска (ж) для багажу	[ka'lʲaska dlʲa baɦaʒu]
passaporte (m)	пашпарт (м)	['paʃpart]
visto (m)	віза (ж)	['viza]
bilhete (m)	білет (м)	[bi'let]
bilhete (m) de avião	авіябілет (м)	[avilabi'let]
guia (m) de viagem	даведнік (м)	[da'vednik]
mapa (m)	карта (ж)	['karta]
local (m), area (f)	мясцовасць (ж)	[mʲas'tsovastsʲ]
lugar, sítio (m)	месца (н)	['mesʲtsa]
exotismo (m)	экзотыка (ж)	[ɛg'zɔtika]
exótico	экзатычны	[ɛgza'tiʧni]
surpreendente	дзівосны	[dzi'vɔsni]
grupo (m)	група (ж)	['ɦrupa]
excursão (f)	экскурсія (ж)	[ɛks'kursila]
guia (m)	гід, экскурсавод (м)	['ɦit], [ɛkskursa'vɔt]

131. Hotel

hotel (m)	гасцініца (ж)	[ɦas'tsinitsa]
hotel (m)	гатэль (м)	[ɦa'tɛl]
motel (m)	матэль (м)	[ma'tɛlʲ]

três estrelas	тры зоркі	[trɨ 'zɔrki]
cinco estrelas	пяць зорак	[pʲatsʲ 'zɔrak]
ficar (~ num hotel)	спыніцца	[spi'nitsa]
quarto (m)	нумар (м)	['numar]
quarto (m) individual	аднамесны нумар (м)	[adna'mesnɨ 'numar]
quarto (m) duplo	двухмесны нумар (м)	[dvuh'mesnɨ 'numar]
reservar um quarto	браніраваць нумар	[bra'niravatsʲ 'numar]
meia pensão (f)	паўпансіён (м)	[pawpansiʲon]
pensão (f) completa	поўны пансіён (м)	['pɔwnɨ pansiʲon]
com banheira	з ваннай	[z 'vannaj]
com duche	з душам	[z 'duʃam]
televisão (m) satélite	спадарожнікавае тэлебачанне (н)	[spada'rɔʒnikavae tɕle'batʃanne]
ar (m) condicionado	кандыцыянер (м)	[kandɨtsiʲa'ner]
toalha (f)	ручнік (м)	[rutʃ'nik]
chave (f)	ключ (м)	['klʉtʃ]
administrador (m)	адміністратар (м)	[admini'stratar]
camareira (f)	пакаёўка (ж)	[paka'ʲowka]
bagageiro (m)	насільшчык (м)	[na'silʲʃɕik]
porteiro (m)	парцье (м)	[par'tsʲe]
restaurante (m)	рэстаран (м)	[rɛsta'ran]
bar (m)	бар (м)	['bar]
pequeno-almoço (m)	сняданак (м)	[snʲa'danak]
jantar (m)	вячэра (ж)	[vʲa'tʃɛra]
buffet (m)	шведскі стол (м)	['ʃvetski 'stɔl]
hall (m) de entrada	вестыбюль (м)	[vesti'bʉlʲ]
elevador (m)	ліфт (м)	['lift]
NÃO PERTURBE	НЕ ТУРБАВАЦЬ	[ne turba'vatsʲ]
PROIBIDO FUMAR!	НЕ КУРЫЦЬ!	[ne ku'rɨtsʲ]

132. Livros. Leitura

livro (m)	кніга (ж)	['kniɦa]
autor (m)	аўтар (м)	['awtar]
escritor (m)	пісьменнік (м)	[pisʲ'mennik]
escrever (vt)	напісаць	[napi'satsʲ]
leitor (m)	чытач (м)	[tʃɨ'tatʃ]
ler (vt)	чытаць	[tʃɨ'tatsʲ]
leitura (f)	чытанне (н)	[tʃɨ'tanne]
para si	сам сабе	[sam sa'be]
em voz alta	уголас	[u'ɦolas]
publicar (vt)	выдаваць	[vida'vatsʲ]
publicação (f)	выданне (н)	[vi'danne]
editor (m)	выдавец (м)	[vida'vets]

editora (f)	выдавецтва (н)	[vida'vetstva]
sair (vi)	выйсці	['vijsʲtsi]
lançamento (m)	выхад (м)	['vihat]
tiragem (f)	тыраж (м)	[ti'raʃ]

livraria (f)	кнігарня (ж)	[kni'harnʲa]
biblioteca (f)	бібліятэка (ж)	[bibliʲa'tɛka]

novela (f)	аповесць (ж)	[a'povestsʲ]
conto (m)	апавяданне (н)	[apavʲa'danne]
romance (m)	раман (м)	[ra'man]
romance (m) policial	дэтэктыў (м)	[dɛtɛk'tiw]

memórias (f pl)	мемуары (мн)	[memu'ari]
lenda (f)	легенда (ж)	[le'henda]
mito (m)	міф (м)	['mif]

poesia (f)	вершы (м мн)	['verʃi]
autobiografia (f)	аўтабіяграфія (ж)	[awtabiʲahʲrafiʲa]
obras (f pl) escolhidas	выбранае (н)	['vibranae]
ficção (f) científica	фантастыка (ж)	[fan'tastika]

título (m)	назва (ж)	['nazva]
introdução (f)	уводзіны (мн)	[u'vodzini]
folha (f) de rosto	тытульны ліст (м)	['titulʲni 'list]

capítulo (m)	раздзел (м)	[raz'dzel]
excerto (m)	урывак (м)	[u'rivak]
episódio (m)	эпізод (м)	[ɛpi'zɔt]

tema (m)	сюжэт (м)	[sʉ'ʒɛt]
conteúdo (m)	змест (м)	['zʲmest]
índice (m)	змест (м)	['zʲmest]
protagonista (m)	галоўны герой (м)	[ɦa'lɔwni ɦe'rɔj]

tomo, volume (m)	том (м)	['tɔm]
capa (f)	вокладка (ж)	['vɔklatka]
encadernação (f)	пераплёт (м)	[perap'lʲot]
marcador (m) de livro	закладка (ж)	[za'klatka]

página (f)	старонка (ж)	[sta'rɔnka]
folhear (vt)	гартаць	[ɦar'tatsʲ]
margem (f)	палі (н мн)	[pa'li]
anotação (f)	пазнака (ж)	[pa'znaka]
nota (f) de rodapé	заўвага (ж)	[zaw'vaɦa]

texto (m)	тэкст (м)	['tɛkst]
fonte (f)	шрыфт (м)	['ʃrift]
gralha (f)	памылка (ж) друку	[pa'milka 'druku]

tradução (f)	пераклад (м)	[pera'klat]
traduzir (vt)	перакладаць	[perakla'datsʲ]
original (m)	аўтэнтык (м)	[aw'tɛntik]

famoso	славуты	[sla'vuti]
desconhecido	невядомы	[nevʲa'dɔmi]

| interessante | цікавы | [tsi'kavi] |
| best-seller (m) | бестселер (м) | [best'seler] |

dicionário (m)	слоўнік (м)	['slɔwnik]
manual (m) escolar	падручнік (м)	[pad'rutʃnik]
enciclopédia (f)	энцыклапедыя (ж)	[ɛntsikla'pediʲa]

133. Caça. Pesca

caça (f)	паляванне (н)	[palʲa'vanne]
caçar (vi)	паляваць	[palʲa'vatsʲ]
caçador (m)	паляўнічы (м)	[palʲaw'nitʃi]

atirar (vi)	страляць	[stra'lʲatsʲ]
caçadeira (f)	стрэльба (ж)	['strɛlʲba]
cartucho (m)	патрон (м)	[pat'rɔn]
chumbo (m) de caça	шрот (м)	['ʃrɔt]

armadilha (f)	пастка (ж)	['pastka]
armadilha (com corda)	пастка (ж)	['pastka]
cair na armadilha	трапіць у пастку	['trapitsʲ u 'pastku]
pôr a armadilha	ставіць пастку	['stavitsʲ 'pastku]

caçador (m) furtivo	браканьер (м)	[braka'njer]
caça (f)	дзічына (ж)	[dzi'tʃina]
cão (m) de caça	паляўнічы сабака (м)	[palʲaw'nitʃi sa'baka]
safári (m)	сафары (н)	[sa'fari]
animal (m) empalhado	чучала (н)	['tʃutʃala]

pescador (m)	рыбак (м)	[ri'bak]
pesca (f)	рыбалка (ж)	[ri'balka]
pescar (vt)	лавіць рыбу	[la'vitsʲ 'ribu]

cana (f) de pesca	вуда (ж)	['vuda]
linha (f) de pesca	лёска (ж)	['lʲoska]
anzol (m)	кручок (м)	[kru'tʃɔk]
boia (f)	паплавок (м)	[papla'vɔk]
isca (f)	прынада (ж)	[pri'nada]

lançar a linha	закінуць вуду	[za'kinutsʲ 'vudu]
morder (vt)	кляваць	[klʲa'vatsʲ]
pesca (f)	улоў (м)	[u'lɔw]
buraco (m) no gelo	палонка (ж)	[pa'lɔnka]

rede (f)	сетка (ж)	['setka]
barco (m)	лодка (ж)	['lɔtka]
pescar com rede	лавіць сеткай	[la'vitsʲ 'setkaj]
lançar a rede	закідваць сетку	[za'kidvatsʲ 'setku]
puxar a rede	выцягваць сетку	[vi'tsʲahvatsʲ 'setku]
cair nas malhas	трапіць у сетку	['trapitsʲ u 'setku]

baleeiro (m)	кітабой (м)	[kita'bɔj]
baleeira (f)	кітабойнае судна (н)	[kita'bɔjnae 'sudna]
arpão (m)	гарпун (м)	[ɦar'pun]

134. Jogos. Bilhar

bilhar (m)	більярд (м)	[bi'ljart]
sala (f) de bilhar	більярдная (ж)	[bi'lʲardnaʲa]
bola (f) de bilhar	більярдны шар (м)	[bi'lʲardnɨ 'ʃar]
embolsar uma bola	загнаць шар	[zaɦ'natsʲ 'ʃar]
taco (m)	кій (м)	['kij]
caçapa (f)	луза (ж)	['luza]

135. Jogos. Jogar cartas

ouros (m pl)	звонкі (ж мн)	['zvɔnki]
espadas (f pl)	віны (ж мн)	['vinɨ]
copas (f pl)	чырвы (ж мн)	['tʃɨrvɨ]
paus (m pl)	трэфы (м мн)	['trɛfɨ]
ás (m)	туз (м)	['tus]
rei (m)	кароль (м)	[ka'rɔlʲ]
dama (f)	дама (ж)	['dama]
valete (m)	ніжнік (м)	['niʒnik]
carta (f) de jogar	карта (ж)	['karta]
cartas (f pl)	карты (ж мн)	['kartɨ]
trunfo (m)	козыр (м)	['kɔzɨr]
baralho (m)	калода (ж)	[ka'lɔda]
ponto (m)	ачко (н)	[atʃ'kɔ]
dar, distribuir (vt)	здаваць	[zda'vatsʲ]
embaralhar (vt)	тасаваць	[tasa'vatsʲ]
vez, jogada (f)	ход (м)	['hɔt]
batoteiro (m)	шулер (м)	['ʃuler]

136. Descanso. Jogos. Diversos

passear (vi)	гуляць	[ɦu'lʲatsʲ]
passeio (m)	шпацыр (м)	['ʃpatsɨr]
viagem (f) de carro	прагулянка (ж)	[praɦu'lʲanka]
aventura (f)	прыгода (ж)	[prɨ'ɦɔda]
piquenique (m)	пікнік (м)	[pik'nik]
jogo (m)	гульня (ж)	[ɦulʲ'nʲa]
jogador (m)	гулец (м)	[ɦu'lets]
partida (f)	партыя (ж)	['partɨʲa]
colecionador (m)	калекцыянер (м)	[kalektsɨʲa'ner]
colecionar (vt)	калекцыяніраваць	[kalektsɨʲa'niravatsʲ]
coleção (f)	калекцыя (ж)	[ka'lektsɨʲa]
palavras (f pl) cruzadas	крыжаванка (ж)	[krɨʒa'vanka]
hipódromo (m)	іпадром (м)	[ipa'drɔm]

discoteca (f)	дыскатэка (ж)	[diska'tɛka]
sauna (f)	сауна (ж)	['sauna]
lotaria (f)	латарэя (ж)	[lata'rɛʲa]

campismo (m)	вандроўка (ж)	[van'drɔwka]
acampamento (m)	лагер (м)	['laɦer]
tenda (f)	палатка (ж)	[pa'latka]
bússola (f)	компас (м)	['kɔmpas]
campista (m)	турыст (м)	[tu'rist]

ver (vt), assistir à ...	глядзець	[ɦlʲa'dzetsʲ]
telespectador (m)	тэлеглядач (м)	[tɛleɦlʲa'datʃ]
programa (m) de TV	тэлеперадача (ж)	[tɛlepera'datʃa]

137. Fotografia

máquina (f) fotográfica	фотаапарат (м)	[fɔtaapa'rat]
foto, fotografia (f)	фота (н)	['fɔta]

fotógrafo (m)	фатограф (м)	[fa'tɔɦraf]
estúdio (m) fotográfico	фотастудыя (ж)	[fɔta'studʲʲa]
álbum (m) de fotografias	фотаальбом (м)	[fɔtaalʲ'bɔm]

objetiva (f)	аб'ектыў (м)	[abʲek'tiw]
teleobjetiva (f)	тэлеаб'ектыў (м)	[tɛleabʲek'tiw]
filtro (m)	фільтр (м)	['filʲtr]
lente (f)	лінза (ж)	['linza]

ótica (f)	оптыка (ж)	['ɔptika]
abertura (f)	дыяфрагма (ж)	[dʲʲa'fraɦma]
exposição (f)	вытрымка (ж)	['vitrimka]
visor (m)	відашукальнік (м)	[vidaʃu'kalʲnik]

câmara (f) digital	лічбавая камера (ж)	[liʒbavaʲa 'kamera]
tripé (m)	штатыў (м)	[ʃta'tiw]
flash (m)	успышка (ж)	[us'piʃka]

fotografar (vt)	фатаграфаваць	[fataɦrafa'vatsʲ]
tirar fotos	здымаць	[zdɨ'matsʲ]
fotografar-se	фатаграфавацца	[fataɦrafa'vatsa]

foco (m)	рэзкасць (ж)	['rɛskastsʲ]
focar (vt)	наводзіць на рэзкасць	[na'vɔdzits na 'rɛskastsʲ]
nítido	рэзкі	['rɛski]
nitidez (f)	рэзкасць (ж)	['rɛskastsʲ]

contraste (m)	кантраст (м)	[kan'trast]
contrastante	кантрастны	[kan'trasnɨ]

retrato (m)	здымак (м)	['zdɨmak]
negativo (m)	негатыў (м)	[neɦa'tiw]
filme (m)	фотаплёнка (ж)	[fɔta'plʲonka]
fotograma (m)	кадр (м)	['kadr]
imprimir (vt)	пячатаць	[pʲa'tʃatatsʲ]

138. Praia. Natação

praia (f)	пляж (м)	['plʲaʃ]
areia (f)	пясок (м)	[pʲa'sɔk]
deserto	пустэльны	[pus'tɛlʲni]

bronzeado (m)	загар (м)	[za'har]
bronzear-se (vr)	загараць	[zaha'ratsʲ]
bronzeado	загарэлы	[zaha'rɛli]
protetor (m) solar	крэм (м) для загару	['krɛm dlʲa za'haru]

biquíni (m)	бікіні (н)	[bi'kini]
fato (m) de banho	купальнік (м)	[ku'palʲnik]
calção (m) de banho	плаўкі (мн)	['plawki]

piscina (f)	басейн (м)	[ba'sejn]
nadar (vi)	плаваць	['plavatsʲ]
duche (m)	душ (м)	['duʃ]
mudar de roupa	пераадзявацца	[peraadzʲa'vatsa]
toalha (f)	ручнік (м)	[rutʃ'nik]

| barco (m) | лодка (ж) | ['lɔtka] |
| lancha (f) | катэр (м) | ['katɛr] |

esqui (m) aquático	водныя лыжы (ж мн)	[vɔdnʲʲa 'liʒi]
barco (m) de pedais	водны веласіпед (м)	[vɔdni velasi'pet]
surf (m)	сёрфінг (м)	['sʲorfinh]
surfista (m)	сёрфінгіст (м)	[sʲorfin'hist]

equipamento (m) de mergulho	акваланг (м)	[akva'lanh]
barbatanas (f pl)	ласты (м мн)	['lasti]
máscara (f)	маска (ж)	['maska]
mergulhador (m)	нырэц (м)	[ni'rɛts]
mergulhar (vi)	нырaць	[ni'ratsʲ]
debaixo d'água	пад вадой	[pad va'dɔj]

guarda-sol (m)	парасон (м)	[para'sɔn]
espreguiçadeira (f)	шэзлонг (м)	[ʃɛz'lɔnh]
óculos (m pl) de sol	акуляры (мн)	[aku'lʲari]
colchão (m) de ar	плавальны матрац (м)	[plavalʲni mat'rats]

| brincar (vi) | гуляць | [hu'lʲatsʲ] |
| ir nadar | купацца | [ku'patsa] |

bola (f) de praia	мяч (м)	['mʲatʃ]
encher (vt)	надзімаць	[nadzi'matsʲ]
inflável, de ar	надзіманы	[nadzi'mani]

onda (f)	хваля (ж)	['hvalʲa]
boia (f)	буй (м)	['buj]
afogar-se (pessoa)	тануць	[ta'nutsʲ]

| salvar (vt) | ратаваць | [rata'vatsʲ] |
| colete (m) salva-vidas | выратавальная камізэлька (ж) | [virata'valʲnaʲa kami'zɛlʲka] |

125

observar (vt)   **назіраць**   [nazi'ratsʲ]
nadador-salvador (m)   **ратавальнік** (м)   [rata'valʲnik]

EQUIPAMENTO TÉCNICO. TRANSPORTES

Equipamento técnico. Transportes

139. Computador

computador (m)	камп'ютэр (м)	[kamp"ʉtɛr]
portátil (m)	ноўтбук (м)	['nɔwdbuk]
ligar (vt)	уключыць	[uklʉ'tʃitsʲ]
desligar (vt)	выключыць	['viklʉtʃitsʲ]
teclado (m)	клавіятура (ж)	[klaviʲa'tura]
tecla (f)	клавіша (ж)	['klaviʃa]
rato (m)	мыш (ж)	['miʃ]
tapete (m) de rato	дыванок (м)	[diva'nɔk]
botão (m)	кнопка (ж)	['knɔpka]
cursor (m)	курсор (м)	[kur'sɔr]
monitor (m)	манітор (м)	[mani'tɔr]
ecrã (m)	экран (м)	[ɛk'ran]
disco (m) rígido	цвёрды дыск (м)	[tsvʲordɨ 'disk]
capacidade (f) do disco rígido	аб'ём (м) цвёрдага дыска	[a'b"ʲom 'tsvʲordaħa 'diska]
memória (f)	памяць (ж)	['pamʲatsʲ]
memória RAM (f)	аператыўная памяць (ж)	[apera'tiwnaʲa 'pamʲatsʲ]
ficheiro (m)	файл (м)	['fajl]
pasta (f)	папка (ж)	['papka]
abrir (vt)	адкрыць	[atk'ritsʲ]
fechar (vt)	закрыць	[za'kritsʲ]
guardar (vt)	захаваць	[zaha'vatsʲ]
apagar, eliminar (vt)	выдаліць	['vidalitsʲ]
copiar (vt)	скапіраваць	[ska'piravatsʲ]
ordenar (vt)	сартаваць	[sarta'vatsʲ]
copiar (vt)	перапісаць	[perapi'satsʲ]
programa (m)	праграма (ж)	[praħ'rama]
software (m)	праграмнае забеспячэнне (н)	[praħ'ramnae zabespʲa'tʃɛnne]
programador (m)	праграміст (м)	[praħra'mist]
programar (vt)	праграміраваць	[praħra'miravatsʲ]
hacker (m)	хакер (м)	['haker]
senha (f)	пароль (м)	[pa'rɔlʲ]
vírus (m)	вірус (м)	['virus]
detetar (vt)	знайсці	[znajs'tsi]

byte (m)	байт (м)	['bajt]
megabyte (m)	мегабайт (м)	[meɦa'bajt]
dados (m pl)	данныя (мн)	['daniʲa]
base (f) de dados	база (ж) даных	['baza 'daniɦ]
cabo (m)	кабель (м)	['kabelʲ]
desconectar (vt)	адлучыць	[adlu'ʧitsʲ]
conetar (vt)	далучыць	[dalu'ʧitsʲ]

140. Internet. E-mail

internet (f)	Інтэрнэт (м)	[intɛr'nɛt]
browser (m)	браўзер (м)	['brawzer]
motor (m) de busca	пошукавы рэсурс (м)	[pɔʃukavɨ rɛ'surs]
provedor (m)	правайдэр (м)	[pra'vajdɛr]
webmaster (m)	вэб-майстар (м)	[wɛp'majstar]
website, sítio web (m)	вэб-сайт (м)	[wɛp'sajt]
página (f) web	вэб-старонка (ж)	['wɛp sta'rɔnka]
endereço (m)	адрас (м)	['adras]
livro (m) de endereços	адрасная кніга (ж)	[adrasnaʲa 'kniɦa]
caixa (f) de correio	паштовая скрынка (ж)	[paʃ'tɔvaʲa 'skrinka]
correio (m)	пошта (ж)	['pɔʃta]
cheia (caixa de correio)	перапоўненая	[pera'pownenaʲa]
mensagem (f)	паведамленне (н)	[pavedam'lenne]
mensagens (f pl) recebidas	уваходныя паведамленні	[uva'hodniʲa pavedam'lenni]
mensagens (f pl) enviadas	выходныя паведамленні	[vi'hodniʲa pavedam'lenni]
remetente (m)	адпраўшчык (м)	[at'prawʃʨik]
enviar (vt)	адправіць	[at'pravitsʲ]
envio (m)	адпраўка (ж)	[at'prawka]
destinatário (m)	атрымальнік (м)	[atri'malʲnik]
receber (vt)	атрымаць	[atri'matsʲ]
correspondência (f)	перапіска (ж)	[pera'piska]
corresponder-se (vr)	перапісвацца	[pera'pisvatsa]
ficheiro (m)	файл (м)	['fajl]
fazer download, baixar	спампаваць	[spampa'vatsʲ]
criar (vt)	стварыць	[stva'ritsʲ]
apagar, eliminar (vt)	выдаліць	['vidalitsʲ]
eliminado	выдалены	['vidaleni]
conexão (f)	сувязь (ж)	['suvʲasʲ]
velocidade (f)	хуткасць (ж)	['hutkastsʲ]
modem (m)	мадэм (м)	[ma'dɛm]
acesso (m)	доступ (м)	['dɔstup]
porta (f)	порт (м)	['pɔrt]
conexão (f)	падключэнне (н)	[patklu'ʧenne]
conetar (vi)	падключыцца да ...	[patklu'ʧitsa da ...]

| escolher (vt) | выбраць | ['vibratsʲ] |
| buscar (vt) | шукаць | [ʃu'katsʲ] |

Transportes

141. Avião

avião (m)	самалёт (м)	[sama'lʲot]
bilhete (m) de avião	авіябілет (м)	[avʲiabi'let]
companhia (f) aérea	авіякампанія (ж)	[avʲiakam'panʲia]
aeroporto (m)	аэрапорт (м)	[aɛra'pɔrt]
supersónico	звышгукавы	[zvɨʒɦuka'vʲi]
comandante (m) do avião	камандзір (м) карабля	[kaman'dzir karab'lʲa]
tripulação (f)	экіпаж (м)	[ɛki'paʃ]
piloto (m)	пілот (м)	[pi'lɔt]
hospedeira (f) de bordo	сцюардэса (ж)	[sʲtsʉar'dɛsa]
copiloto (m)	штурман (м)	['ʃturman]
asas (f pl)	крылы (н мн)	['krɨlʲi]
cauda (f)	хвост (м)	['hvɔst]
cabine (f) de pilotagem	кабіна (ж)	[ka'bina]
motor (m)	рухавік (м)	[ruha'vik]
trem (m) de aterragem	шасі (н)	[ʃa'si]
turbina (f)	турбіна (ж)	[tur'bina]
hélice (f)	прапелер (м)	[pra'peler]
caixa-preta (f)	чорная скрынка (ж)	['tʃɔrnaʲa 'skrinka]
coluna (f) de controlo	штурвал (м)	[ʃtur'val]
combustível (m)	гаручае (н)	[ɦaru'tʃae]
instruções (f pl) de segurança	інструкцыя (ж)	[in'struktsʲia]
máscara (f) de oxigénio	кіслародная маска (ж)	[kisla'rɔdnaʲa 'maska]
uniforme (m)	уніформа (ж)	[uni'fɔrma]
colete (m) salva-vidas	выратавальная камізэлька (ж)	[virata'valʲnaʲa kami'zɛlʲka]
paraquedas (m)	парашут (м)	[para'ʃut]
descolagem (f)	узлёт (м)	[uz'lʲot]
descolar (vi)	узлятаць	[uzlʲa'tatsʲ]
pista (f) de descolagem	узлётная паласа (ж)	[uz'lʲotnaʲa pala'sa]
visibilidade (f)	бачнасць (ж)	['batʃnastsʲ]
voo (m)	палёт (м)	[pa'lʲot]
altura (f)	вышыня (ж)	[viʃi'nʲa]
poço (m) de ar	паветраная яма (ж)	[pa'vetranaʲa 'ʲama]
assento (m)	месца (н)	['mesʲtsa]
auscultadores (m pl)	навушнікі (м мн)	[na'vuʃniki]
mesa (f) rebatível	адкідны столік (м)	[atkid'ni 'stɔlik]
vigia (f)	ілюмінатар (м)	[ilʉmi'natar]
passagem (f)	праход (м)	[pra'hɔt]

142. Comboio

comboio (m)	цягнік (м)	[ʦⁱaɦ'nik]
comboio (m) suburbano	электрацягнік (м)	[ɛ'lektra ʦⁱaɦ'nik]
comboio (m) rápido	хуткі цягнік (м)	[hutki ʦⁱaɦ'nik]
locomotiva (f) diesel	цеплавоз (м)	[ʦepla'vɔs]
locomotiva (f) a vapor	паравоз (м)	[para'vɔs]

| carruagem (f) | вагон (м) | [va'ɦɔn] |
| carruagem restaurante (f) | вагон-рэстаран (м) | [va'ɦɔn rɛsta'ran] |

carris (m pl)	рэйкі (ж мн)	['rɛjki]
caminho de ferro (m)	чыгунка (ж)	[ʧⁱ'ɦunka]
travessa (f)	шпала (ж)	['ʃpala]

plataforma (f)	платформа (ж)	[plat'fɔrma]
linha (f)	пуць (м)	['puʦⁱ]
semáforo (m)	семафор (м)	[sema'fɔr]
estação (f)	станцыя (ж)	['stanʦⁱʲa]

maquinista (m)	машыніст (м)	[maʃⁱ'nist]
bagageiro (m)	насільшчык (м)	[na'silʲʃɕik]
hospedeiro, -a (da carruagem)	праваднік (м)	[pravad'nik]
passageiro (m)	пасажыр (м)	[pasa'ʒɨr]
revisor (m)	кантралёр (м)	[kantra'lʲor]

| corredor (m) | калідор (м) | [kali'dɔr] |
| freio (m) de emergência | стоп-кран (м) | [stɔp'kran] |

compartimento (m)	купэ (н)	[ku'pɛ]
cama (f)	лаўка (ж)	['lawka]
cama (f) de cima	лаўка (ж) верхняя	[lawka 'verhnæʲa]
cama (f) de baixo	лаўка (ж) ніжняя	[lawka 'niʒnæʲa]
roupa (f) de cama	пасцельная бялізна (ж)	[pas'ʦelʲnaʲa bʲa'lizna]

bilhete (m)	білет (м)	[bi'let]
horário (m)	расклад (м)	[ras'klat]
painel (m) de informação	табло (н)	[tab'lɔ]

partir (vt)	адыходзіць	[adɨ'hɔʣiʦⁱ]
partida (f)	адпраўленне (н)	[atpraw'lenne]
chegar (vi)	прыбываць	[pribɨ'vaʦⁱ]
chegada (f)	прыбыццё (н)	[pribɨ'ʦⁱo]

chegar de comboio	прыехаць цягніком	[pri'ehaʦⁱ ʦⁱaɦni'kɔm]
apanhar o comboio	сесці на цягнік	['sesⁱʦi na ʦⁱaɦ'nik]
sair do comboio	сысці з цягніка	[sɨsⁱʦi z ʦⁱaɦni'ka]

acidente (m) ferroviário	крушэнне (н)	[kru'ʃɛnne]
descarrilar (vi)	сысці з рэек	[sɨsⁱʦi z 'rɛek]
locomotiva (f) a vapor	паравоз (м)	[para'vɔs]
fogueiro (m)	качагар (м)	[kaʧa'ɦar]
fornalha (f)	топка (ж)	['tɔpka]
carvão (m)	вугаль (м)	['vuɦalʲ]

131

143. Barco

| navio (m) | карабель (м) | [kara'belʲ] |
| embarcação (f) | судна (н) | ['sudna] |

vapor (m)	параход (м)	[para'hɔt]
navio (m)	цеплаход (м)	[tsepla'hɔt]
transatlântico (m)	лайнер (м)	['lajner]
cruzador (m)	крэйсер (м)	['krɛjser]

iate (m)	яхта (ж)	[ˈʲahta]
rebocador (m)	буксір (м)	[buk'sir]
barcaça (f)	баржа (ж)	['barʒa]
ferry (m)	паром (м)	[pa'rɔm]

| veleiro (m) | паруснік (м) | ['parusnik] |
| bergantim (m) | брыганціна (ж) | [briɦanʲtsina] |

| quebra-gelo (m) | ледакол (м) | [leda'kɔl] |
| submarino (m) | падводная лодка (ж) | [pad'vɔdnaʲa 'lɔtka] |

bote, barco (m)	лодка (ж)	['lɔtka]
bote, dingue (m)	шлюпка (ж)	['ʃlʉpka]
bote (m) salva-vidas	шлюпка (ж) выратавальная	[ʃlʉpka virata'valʲnaʲa]
lancha (f)	катэр (м)	['katɛr]

capitão (m)	капітан (м)	[kapi'tan]
marinheiro (m)	матрос (м)	[mat'rɔs]
marujo (m)	марак (м)	[ma'rak]
tripulação (f)	экіпаж (м)	[ɛki'paʃ]

contramestre (m)	боцман (м)	['bɔtsman]
grumete (m)	юнга (м)	['ʉnɦa]
cozinheiro (m) de bordo	кок (м)	['kɔk]
médico (m) de bordo	суднавы ўрач (м)	['sudnavɨ 'wratʃ]

convés (m)	палуба (ж)	['paluba]
mastro (m)	мачта (ж)	['matʃta]
vela (f)	парус (м)	['parus]

porão (m)	трум (м)	['trum]
proa (f)	нос (м)	['nɔs]
popa (f)	карма (ж)	[kar'ma]
remo (m)	вясло (н)	[vʲas'lɔ]
hélice (f)	вінт (м)	['vint]

camarote (m)	каюта (ж)	[ka'ʉta]
sala (f) dos oficiais	кают-кампанія (ж)	[ka'ʉt kam'paniʲa]
sala (f) das máquinas	машыннае аддзяленне (н)	[ma'ʃinnae adzʲa'lenne]
ponte (f) de comando	капітанскі мосцік (м)	[kapi'tanski 'mɔsʲtsik]
sala (f) de comunicações	радыёрубка (ж)	[radiʲo'rupka]
onda (f) de rádio	хваля (ж)	['hvalʲa]
diário (m) de bordo	суднавы журнал (м)	['sudnavɨ ʒur'nal]
luneta (f)	падзорная труба (ж)	[pa'dzornaʲa tru'ba]

sino (m)	звон (м)	['zvɔn]
bandeira (f)	сцяг (м)	['sʦʲaɦ]
cabo (m)	канат (м)	[ka'nat]
nó (m)	вузел (м)	['vuzel]
corrimão (m)	поручань (м)	['pɔruʧanʲ]
prancha (f) de embarque	трап (м)	['trap]
âncora (f)	якар (м)	['ʲakar]
recolher a âncora	падняць якар	[pad'nʲaʦʲ 'ʲakar]
lançar a âncora	кінуць якар	['kinuʦʲ 'ʲakar]
amarra (f)	якарны ланцуг (м)	[ʲakarnɨ lan'ʦuɦ]
porto (m)	порт (м)	['pɔrt]
cais, amarradouro (m)	прычал (м)	[pri'ʧal]
atracar (vi)	прычальваць	[pri'ʧalʲvaʦʲ]
desatracar (vi)	адчальваць	[a'ʧalʲvaʦʲ]
viagem (f)	падарожжа (н)	[pada'roʐa]
cruzeiro (m)	круіз (м)	[kru'is]
rumo (m), rota (f)	курс (м)	['kurs]
itinerário (m)	маршрут (м)	[marʃ'rut]
canal (m) navegável	фарватэр (м)	[far'vatɛr]
banco (m) de areia	мель (ж)	['melʲ]
encalhar (vt)	сесці на мель	[sesʲʦi na 'melʲ]
tempestade (f)	бура (ж)	['bura]
sinal (m)	сігнал (м)	[siɦ'nal]
afundar-se (vr)	тануць	[ta'nuʦʲ]
Homem ao mar!	Чалавек за бортам!	[ʧala'vek za 'bortam!]
SOS	SOS	['sɔs]
boia (f) salva-vidas	выратавальны круг (м)	[virata'valʲnɨ kruɦ]

144. Aeroporto

aeroporto (m)	аэрапорт (м)	[aɛra'pɔrt]
avião (m)	самалёт (м)	[sama'lʲot]
companhia (f) aérea	авіякампанія (ж)	[avʲʲakam'panʲʲa]
controlador (m) de tráfego aéreo	дыспетчар (м)	[dis'petʲar]
partida (f)	вылет (м)	['vilet]
chegada (f)	прылёт (м)	[pri'lʲot]
chegar (~ de avião)	прыляцець	[prilʲa'ʦeʦʲ]
hora (f) de partida	час (м) вылету	[ʧas 'viletu]
hora (f) de chegada	час (м) прылёту	[ʧas pri'lʲotu]
estar atrasado	затрымлівацца	[za'trimlivaʦa]
atraso (m) de voo	затрымка (ж) вылету	[za'trimka 'viletu]
painel (m) de informação	інфармацыйнае табло (н)	[infarma'ʦijnae tab'lɔ]
informação (f)	інфармацыя (ж)	[infar'maʦʲʲa]

anunciar (vt)	абвяшчаць	[abvʲaˈʃɕatsʲ]
voo (m)	рэйс (м)	[ˈrɛjs]

alfândega (f)	мытня (ж)	[ˈmitnʲa]
funcionário (m) da alfândega	мытнік (м)	[ˈmitnik]

declaração (f) alfandegária	дэкларацыя (ж)	[dɛklaˈratsʲɨa]
preencher (vt)	запоўніць	[zaˈpɔwnitsʲ]
preencher a declaração	запоўніць дэкларацыю	[zaˈpɔwnitsʲ dɛklaˈratsʲɨ]
controlo (m) de passaportes	пашпартны кантроль (м)	[ˈpaʃpartnɨ kanˈtrɔlʲ]

bagagem (f)	багаж (м)	[baˈɦaʃ]
bagagem (f) de mão	ручная паклажа (ж)	[rutʃˈnaʲa pakˈlaʒa]
carrinho (m)	каляска (ж) для багажу	[kaˈlʲaska dlʲa baɦaʒu]

aterragem (f)	пасадка (ж)	[paˈsatka]
pista (f) de aterragem	пасадачная паласа (ж)	[paˈsadatʃnaʲa palaˈsa]
aterrar (vi)	садзіцца	[saˈdzitsa]
escada (f) de avião	трап (м)	[ˈtrap]

check-in (m)	рэгістрацыя (ж)	[rɛɦiˈstratsʲɨa]
balcão (m) do check-in	стойка (ж) рэгістрацыі	[stɔjka rɛɦistˈratsʲii]
fazer o check-in	зарэгістравацца	[zarɛɦistraˈvatsa]
cartão (m) de embarque	пасадачны талон (м)	[paˈsadatʃnɨ taˈlɔn]
porta (f) de embarque	выхад (м)	[ˈvihat]

trânsito (m)	транзіт (м)	[tranˈzit]
esperar (vi, vt)	чакаць	[tʃaˈkatsʲ]
sala (f) de espera	зала (ж) чакання	[ˈzala tʃaˈkannʲa]
despedir-se de …	праводзіць	[praˈvɔdzitsʲ]
despedir-se (vr)	развітвацца	[razˈvitvatsa]

145. Bicicleta. Motocicleta

bicicleta (f)	веласіпед (м)	[velasiˈpet]
scotter, lambreta (f)	матаролер (м)	[motaˈrɔler]
mota (f)	матацыкл (м)	[mataˈtsikl]

ir de bicicleta	ехаць на веласіпедзе	[ˈehatsʲ na velasiˈpedze]
guiador (m)	руль (м)	[ˈrulʲ]
pedal (m)	педаль (ж)	[peˈdalʲ]
travões (m pl)	тармазы (м мн)	[tarmaˈzi]
selim (m)	сядло (н)	[sʲadˈlɔ]

bomba (f) de ar	помпа (ж)	[ˈpɔmpa]
porta-bagagens (m)	багажнік (м)	[baˈɦaʒnik]

lanterna (f)	ліхтар (м)	[lihˈtar]
capacete (m)	шлем (м)	[ˈʃlem]

roda (f)	кола (н)	[ˈkɔla]
guarda-lamas (m)	крыло (н)	[kriˈlɔ]
aro (m)	вобад (м)	[ˈvɔbat]
raio (m)	спіца (ж)	[ˈspitsa]

Carros

146. Tipos de carros

carro, automóvel (m)	аўтамабіль (м)	[awtama'bilʲ]
carro (m) desportivo	спартыўны аўтамабіль (м)	[spar'tɨwnɨ awtama'bilʲ]
limusine (f)	лімузін (м)	[limu'zin]
todo o terreno (m)	пазадарожнік (м)	[pazada'rɔznik]
descapotável (m)	кабрыялет (м)	[kabrʲa'let]
minibus (m)	мікрааўтобус (м)	['mikra aw'tɔbus]
ambulância (f)	хуткая дапамога (ж)	[hutkaʲa dapa'mɔɦa]
limpa-neve (m)	снегаўборачная машына (ж)	['sneɦa w'bɔratʃnaʲa ma'ʃɨna]
camião (m)	грузавік (м)	[ɦruza'vik]
camião-cisterna (m)	бензавоз (м)	[benza'vɔs]
carrinha (f)	фургон (м)	[fur'ɦɔn]
camião-trator (m)	цягач (м)	[tsʲa'ɦatʃ]
atrelado (m)	прычэп (м)	[pri'tʃɛp]
confortável	камфартабельны	[kamfar'tabelʲnɨ]
usado	ужываны	[uʒɨ'vanɨ]

147. Carros. Carroçaria

capô (m)	капот (м)	[ka'pɔt]
guarda-lamas (m)	крыло (н)	[krɨ'lɔ]
tejadilho (m)	дах (м)	['dah]
para-brisa (m)	ветравое шкло (н)	[vetra'vɔe 'ʃklɔ]
espelho (m) retrovisor	люстэрка (н) задняга агляду	[lʉs'tɛrka 'zadnʲaɦa aɦ'lʲadu]
lavador (m)	абмывальнік (м)	[abmɨ'valʲnik]
limpa-para-brisas (m)	шклоачышчальнікі (м мн)	[ʃklɔ atʃɨ'ʃʲɕalʲniki]
vidro (m) lateral	бакавое шкло (н)	[baka'vɔe ʃk'lɔ]
elevador (m) do vidro	шклопад'ёмнік (м)	[ʃklɔ pa'dʲlomnik]
antena (f)	антэна (ж)	[an'tɛna]
teto solar (m)	люк (м)	['lʉk]
para-choques (m pl)	бампер (м)	['bamper]
bagageira (f)	багажнік (м)	[ba'ɦaʒnik]
bagageira (f) de tejadilho	багажнік (м)	[ba'ɦaʒnik]
porta (f)	дзверцы (мн)	[dzʲ'vertsɨ]
maçaneta (f)	ручка (ж)	['rutʃka]
fechadura (f)	замок (м)	[za'mɔk]

matrícula (f)	нумар (м)	['numar]
silenciador (m)	глушыцель (м)	[ɦlu'ʃitselʲ]
tanque (m) de gasolina	бензабак (м)	[benza'bak]
tubo (m) de escape	выхлапная труба (ж)	[vihlap'naʲa tru'ba]

acelerador (m)	газ (м)	['ɦas]
pedal (m)	педаль (ж)	[pe'dalʲ]
pedal (m) do acelerador	педаль (ж) газу	[pe'dalʲ 'ɦazu]

travão (m)	тормаз (м)	['tormas]
pedal (m) do travão	педаль (ж) тормазу	[pe'dalʲ 'tormazu]
travar (vt)	тармазіць	[tarma'zitsʲ]
travão (m) de mão	стаянкавы тормаз (м)	[sta'ʲankavi 'tormas]

embraiagem (f)	счапленне (н)	[ʃɕap'lenne]
pedal (m) da embraiagem	педаль (ж) счаплення	[pe'dalʲ ʃɕap'lennʲa]
disco (m) de embraiagem	дыск (м) счаплення	['disk ʃɕap'lennʲa]
amortecedor (m)	амартызатар (м)	[amarti'zatar]

roda (f)	кола (н)	['kola]
pneu (m) sobresselente	запасное кола (н)	[zapas'noe 'kola]
pneu (m)	пакрышка, шына (ж)	[pa'kriʃka], ['ʃina]
tampão (m) de roda	каўпак (м)	[kaw'pak]

rodas (f pl) motrizes	вядучыя колы (н мн)	[vʲa'dutʃʲʲa 'koli]
de tração dianteira	пярэднепрывадны	[pʲa'rɛdne privad'ni]
de tração traseira	заднепрывадны	['zadne privad'ni]
de tração às 4 rodas	поўнапрывадны	['powna privad'ni]

caixa (f) de mudanças	каробка (ж) перадач	[ka'ropka pera'datʃ]
automático	аўтаматычны	[awtama'titʃni]
mecânico	механічны	[meha'nitʃni]
alavanca (f) das mudanças	рычаг (м) каробкі перадач	[ri'tʃaɦ ka'ropki pera'datʃ]

| farol (m) | фара (ж) | ['fara] |
| faróis, luzes | фары (ж мн) | ['fari] |

médios (m pl)	блізкае святло (н)	['bliskae svʲat'lo]
máximos (m pl)	далёкае святло (н)	[da'lʲokae svʲat'lo]
luzes (f pl) de stop	стоп-сігнал (м)	[stop siɦ'nal]

mínimos (m pl)	габарытныя агні (м мн)	[ɦaba'ritnʲa aɦ'ni]
luzes (f pl) de emergência	аварыйныя агні (м мн)	[ava'rijnʲa aɦ'ni]
faróis (m pl) antinevoeiro	супрацьтуманныя фары (ж мн)	[supratsʲ tu'mannʲa 'fari]

| pisca-pisca (m) | паваротнік (м) | [pava'rotnik] |
| luz (f) de marcha atrás | задні ход (м) | ['zadni 'hot] |

148. Carros. Habitáculo

interior (m) do carro	салон (м)	[sa'lon]
de couro, de pele	скураны	[skura'ni]
de veludo	велюравы	[ve'lʲuravi]
estofos (m pl)	абіўка (ж)	[a'biwka]

indicador (m)	прыбор (м)	[pri'bɔr]
painel (m) de instrumentos	прыборны шчыток (м)	[pri'bɔrni ʃɕi'tɔk]
velocímetro (m)	спідометр (м)	[spi'dɔmetr]
ponteiro (m)	стрэлка (ж)	['strɛlka]

conta-quilómetros (m)	лічыльнік (м)	[li'ʧilʲnik]
sensor (m)	датчык (м)	['datʃik]
nível (m)	узровень (м)	[uz'rɔvenʲ]
luz (f) avisadora	лямпачка (ж)	['lʲampaʧka]

volante (m)	руль (м)	['rulʲ]
buzina (f)	сігнал (м)	[sih'nal]
botão (m)	кнопка (ж)	['knɔpka]
interruptor (m)	пераключальнік (м)	[peraklʉ'ʧalʲnik]

assento (m)	сядзенне (н)	[sʲa'dzenne]
costas (f pl) do assento	спінка (ж)	['spinka]
cabeceira (f)	падгалоўнік (м)	[padha'lɔwnik]
cinto (m) de segurança	рэмень (м) бяспекі	['rɛmenʲ bʲas'peki]
apertar o cinto	прышпіліць рэмень	[priʃpi'litsʲ 'rɛmenʲ]
regulação (f)	рэгуляванне (н)	[rɛhulʲa'vanne]

| airbag (m) | паветраная падушка (ж) | [pa'vetranaʲa pa'duʃka] |
| ar (m) condicionado | кандыцыянер (м) | [kanditsiʲa'ner] |

rádio (m)	радыё (н)	['radiʲo]
leitor (m) de CD	CD-прайгравальнік (м)	[si'dzi prajhra'valʲnik]
ligar (vt)	уключыць	[uklʉ'ʧitsʲ]
antena (f)	антэна (ж)	[an'tɛna]
porta-luvas (m)	бардачок (м)	[barda'ʧɔk]
cinzeiro (m)	попельніца (ж)	['pɔpelʲnitsa]

149. Carros. Motor

motor (m)	рухавік (м)	[ruha'vik]
motor (m)	матор (м)	[ma'tɔr]
diesel	дызельны	['dizelʲni]
a gasolina	бензінавы	[ben'zinavi]

cilindrada (f)	аб'ём (м) рухавіка	[a'bʲⁱom ruhavi'ka]
potência (f)	магутнасць (ж)	[ma'hutnastsʲ]
cavalo-vapor (m)	конская сіла (ж)	[kɔnskaʲa 'sila]
pistão (m)	поршань (м)	['pɔrʃanʲ]
cilindro (m)	цыліндр (м)	[tsi'lindr]
válvula (f)	клапан (м)	['klapan]

injetor (m)	інжэктар (м)	[in'ʒɛktar]
gerador (m)	генератар (м)	[hene'ratar]
carburador (m)	карбюратар (м)	[karbʉ'ratar]
óleo (m) para motor	аліва (ж) маторная	[a'liva ma'tɔrnaʲa]

| radiador (m) | радыятар (м) | [radiⁱatar] |
| refrigerante (m) | ахаладжальная вадкасць (ж) | [ahala'dʒalʲnaʲa 'vatkastsʲ] |

ventilador (m)	вентылятар (м)	[venti'lʲatar]
bateria (f)	акумулятар (м)	[akumu'lʲatar]
dispositivo (m) de arranque	стартэр (м)	['startɛr]
ignição (f)	запальванне (н)	[za'palʲvanne]
vela (f) de ignição	свечка (ж) запальвання	['svetʃka za'palʲvannʲa]

borne (m)	клема (ж)	['klema]
borne (m) positivo	плюс (м)	['plʉs]
borne (m) negativo	мінус (м)	['minus]
fusível (m)	засцерагальнік (м)	[zasʲtsera'ɦalʲnik]

filtro (m) de ar	паветраны фільтр (м)	[pa'vetrani 'filʲtr]
filtro (m) de óleo	алівавы фільтр (м)	[a'livavi 'filʲtr]
filtro (m) de combustível	паліўны фільтр (м)	['paliwnɨ 'filʲtr]

150. Carros. Batidas. Reparação

acidente (m) de carro	аварыя (ж)	[a'variʲa]
acidente (m) rodoviário	дарожнае здарэнне (н)	[da'rɔʒnae zda'rɛnne]
ir contra ...	уразацца	[ura'zatsa]
sofrer um acidente	разбіцца	[raz'bitsa]
danos (m pl)	пашкоджанне (н)	[paʃ'kɔdʒanne]
intato	цэлы	['tsɛlɨ]

avaria (no motor, etc.)	аварыя, паломка (ж)	[a'variʲa], [pa'lomka]
avariar (vi)	зламацца	[zla'matsa]
cabo (m) de reboque	буксіровачны трос (м)	[buksi'rɔvatʃnɨ 'trɔs]

furo (m)	пракол (м)	[pra'kɔl]
estar furado	спусціць	[spus'tsitsʲ]
encher (vt)	напампоўваць	[napam'powvatsʲ]
pressão (f)	ціск (м)	['tsisk]
verificar (vt)	праверыць	[pra'veritsʲ]

reparação (f)	рамонт (м)	[ra'mɔnt]
oficina (f) de reparação de carros	аўтасэрвіс (м)	[awta'sɛrvis]
peça (f) sobresselente	запчастка (ж)	[zap'tʃastka]
peça (f)	дэталь (ж)	[dɛ'talʲ]

parafuso (m)	болт (м)	['bɔlt]
parafuso (m)	шруба (ж)	['ʃruba]
porca (f)	гайка (ж)	['ɦajka]
anilha (f)	шайба (ж)	['ʃajba]
rolamento (m)	падшыпнік (м)	[pat'ʃipnik]

tubo (m)	трубка (ж)	['trupka]
junta (f)	пракладка (ж)	[prak'latka]
fio, cabo (m)	провад (м)	['prɔvat]

macaco (m)	дамкрат (м)	[dam'krat]
chave (f) de boca	гаечны ключ (м)	['ɦaetʃnɨ 'klʉtʃ]
martelo (m)	малаток (м)	[mala'tɔk]
bomba (f)	помпа (ж)	['pɔmpa]

chave (f) de fendas	адвёртка (ж)	[at'vⁱortka]
extintor (m)	вогнетушыцель (м)	[vɔɦnetu'ʃɨtselʲ]
triângulo (m) de emergência	аварыйны	[ava'rɨjnɨ
	трохвугольнік (м)	trɔhvu'ɦɔlʲnik]

parar (vi) (motor)	глухнуць	['ɦluhnutsʲ]
paragem (f)	спыненне (н)	[spɨ'nenne]
estar quebrado	быць зламаным	['bɨtsʲ zla'manɨm]

superaquecer-se (vr)	перагрэцца	[pera'ɦrɛtsa]
entupir-se (vr)	засмеціцца	[zas'metsitsa]
congelar-se (vr)	замерзнуць	[za'merznutsʲ]
rebentar (vi)	лопнуць	['lɔpnutsʲ]

pressão (f)	ціск (м)	['tsisk]
nível (m)	узровень (м)	[uz'rɔvenʲ]
frouxo	слабы	['slabɨ]

mossa (f)	увагнутасць (ж)	[uva'ɦnutastsʲ]
ruído (m)	стук (м)	['stuk]
fissura (f)	трэшчына (ж)	['trɛʃɕina]
arranhão (m)	драпіна (ж)	['drapina]

151. Carros. Estrada

estrada (f)	дарога (ж)	[da'rɔɦa]
autoestrada (f)	аўтамагістраль (ж)	[awtamaɦi'stralʲ]
rodovia (f)	шаша (ж)	[ʃa'ʃa]
direção (f)	кірунак (м)	[ki'runak]
distância (f)	адлегласць (ж)	[ad'leɦlastsʲ]

ponte (f)	мост (м)	['mɔst]
parque (m) de estacionamento	паркінг (м)	['parkinɦ]
praça (f)	плошча (ж)	['plɔʃɕa]
nó (m) rodoviário	развязка (ж)	[raz'vⁱaska]
túnel (m)	тунэль (м)	[tu'nɛlʲ]

posto (m) de gasolina	аўтазапраўка (ж)	[awtaza'prawka]
parque (m) de estacionamento	аўтастаянка (ж)	[awtasta'ⁱanka]
bomba (f) de gasolina	бензакалонка (ж)	[benzaka'lɔnka]
oficina (f)	аўтасэрвіс (м)	[awta'sɛrvis]
de reparação de carros		
abastecer (vt)	заправіць	[za'pravitsʲ]
combustível (m)	паліва, гаручае (н)	['paliva], [ɦaru'tʃae]
bidão (m) de gasolina	каністра (ж)	[ka'nistra]

asfalto (m)	асфальт (м)	[as'falʲt]
marcação (f) de estradas	разметка (ж)	[raz'metka]
lancil (m)	бардзюр (м)	[bar'dzʉr]
proteção (f) guard-rail	агароджа (ж)	[aɦa'rɔdʒa]
valeta (f)	кювет (м)	[kʉ'vet]
berma (f) da estrada	узбочына (ж)	[uz'bɔtʃina]
poste (m) de luz	слуп (м)	['slup]
conduzir, guiar (vt)	весці	['vesʲtsi]

virar (ex. ~ à direita)	паварочваць	[pava'rotʃvatsʲ]
dar retorno	разварочвацца	[razva'rotʃvatsa]
marcha-atrás (f)	задні ход (м)	['zadni 'hɔt]
buzinar (vi)	сігналіць	[siɦ'nalitsʲ]
buzina (f)	гукавы сігнал (м)	[ɦuka'vɨ siɦ'nal]
atolar-se (vr)	захраснуць	[zah'rasnutsʲ]
patinar (na lama)	буксаваць	[buksa'vatsʲ]
desligar (vt)	глушыць	[ɦlu'ʃɨtsʲ]
velocidade (f)	хуткасць (ж)	['hutkastsʲ]
exceder a velocidade	перавысіць хуткасць	[pera'visits 'hutkastsʲ]
multar (vt)	штрафаваць	[ʃtrafa'vatsʲ]
semáforo (m)	святлафор (м)	[svʲatla'fɔr]
carta (f) de condução	вадзіцельскія правы (мн)	[va'dzitselʲskiʲa pra'vɨ]
passagem (f) de nível	пераезд (м)	[pera'est]
cruzamento (m)	скрыжаванне (н)	[skriʒa'vanne]
passadeira (f)	пешаходны пераход (м)	[peʃa'hɔdni pera'hɔt]
curva (f)	паварот (м)	[pava'rot]
zona (f) pedonal	пешаходная зона (ж)	[peʃa'hɔdnaʲa 'zɔna]

PESSOAS. EVENTOS

Eventos

152. Férias. Evento

festa (f)	свята (н)	['sv'ata]
festa (f) nacional	нацыянальнае свята (н)	[natsⁱ'a'nalⁱnae 'sv'ata]
feriado (m)	святочны дзень (м)	[sv'a'tot͡ʃnɨ 'dzenⁱ]
festejar (vt)	святкаваць	[sv'atka'vats']
evento (festa, etc.)	падзея (ж)	[pa'dze'a]
evento (banquete, etc.)	мерапрыемства (н)	[meraprⁱ'emstva]
banquete (m)	банкет (м)	[ban'ket]
receção (f)	прыём (м)	['prⁱⁱom]
festim (m)	бяседа (ж)	[b'a'seda]
aniversário (m)	гадавіна (ж)	[ɦada'vina]
jubileu (m)	юбілей (м)	[ɥbi'lej]
celebrar (vt)	адзначыць	[adz'nat͡ʃits']
Ano (m) Novo	Новы год (м)	['novɨ 'ɦɔt]
Feliz Ano Novo!	З Новым годам!	[z 'novⁱm 'ɦɔdam]
Pai (m) Natal	Дзед Мароз, Санта Клаўс	[dz'et ma'roz], ['santa 'klaws]
Natal (m)	Каляды (ж мн)	[ka'l'adɨ]
Feliz Natal!	Вясёлых Каляд!	[v'a'sⁱolih ka'l'at]
árvore (f) de Natal	Навагодняя ёлка (ж)	[nava'ɦodnæ'a 'jolka]
fogo (m) de artifício	салют (м)	[sa'lɥt]
boda (f)	вяселле (н)	[v'a'selle]
noivo (m)	жаніх (м)	[ʒa'nih]
noiva (f)	нявеста (ж)	[nⁱa'vesta]
convidar (vt)	запрашаць	[zapra'ʃats']
convite (m)	запрашэнне (н)	[zapra'ʃɛnne]
convidado (m)	госць (м)	['ɦɔsts']
visitar (vt)	ісці ў госці	[is'tsi w 'ɦɔsⁱtsi]
receber os hóspedes	сустракаць гасцей	[sustra'kats' ɦas'tsej]
presente (m)	падарунак (м)	[pada'runak]
oferecer (vt)	дарыць	[da'rits']
receber presentes	атрымоўваць падарункі	[atrⁱ'mowvats' pada'runki]
ramo (m) de flores	букет (м)	[bu'ket]
felicitações (f pl)	віншаванне (н)	[vinʃa'vanne]
felicitar (dar os parabéns)	віншаваць	[vinʃa'vats']
cartão (m) de parabéns	віншавальная паштоўка (ж)	[winʃa'valⁱna'a paʃ'towka]

enviar um postal	адправіць паштоўку	[at'prawits^j pa'ʃtɔwku]
receber um postal	атрымаць паштоўку	[atri'mats^j pa'ʃtɔwku]

brinde (m)	тост (м)	['tɔst]
oferecer (vt)	частаваць	[tʃasta'vats^j]
champanhe (m)	шампанскае (н)	[ʃam'panskae]

divertir-se (vr)	весяліцца	[ves^ja'litsa]
diversão (f)	весялосць (ж)	[ves^ja'lɔsts^j]
alegria (f)	радасць (ж)	['radasts^j]

dança (f)	танец (м)	['tanets]
dançar (vi)	танцаваць	[tantsa'vats^j]

valsa (f)	вальс (м)	['val^js]
tango (m)	танга (н)	['tanɦa]

153. Funerais. Enterro

cemitério (m)	могілкі (мн)	['mɔɦilki]
sepultura (f), túmulo (m)	магіла (ж)	[ma'ɦila]
cruz (f)	крыж (м)	['kriʃ]
lápide (f)	надмагільны помнік (м)	[nadma'ɦil^jni 'pɔmnik]
cerca (f)	агароджа (ж)	[aɦa'rɔdʒa]
capela (f)	капліца (ж)	[kap'litsa]

morte (f)	смерць (ж)	['smerts^j]
morrer (vi)	памерці	[pa'mertsi]
defunto (m)	нябожчык (м)	[n^ja'bɔʃɕik]
luto (m)	жалоба (ж)	[ʒa'lɔba]

enterrar, sepultar (vt)	хаваць	[ha'vats^j]
agência (f) funerária	пахавальнае бюро (н)	[paha'val^jnae bʉ'rɔ]
funeral (m)	пахаванне (н)	[paha'vanne]

coroa (f) de flores	вянок (м)	[v^ja'nɔk]
caixão (m)	труна (ж)	[tru'na]
carro (m) funerário	катафалк (м)	[kata'falk]
mortalha (f)	саван (м)	['savan]

procissão (f) funerária	жалобная працэсія	[ʒa'lɔbna^ja pra'tsɛsi^ja]
urna (f) funerária	урна (ж)	['urna]
crematório (m)	крэматорый (м)	[krɛma'tɔrij]

obituário (m), necrologia (f)	некралог (м)	[nekra'lɔɦ]
chorar (vi)	плакаць	['plakats^j]
soluçar (vi)	рыдаць	[ri'dats^j]

154. Guerra. Soldados

pelotão (m)	узвод (м)	[uz'vɔt]
companhia (f)	рота (ж)	['rɔta]

regimento (m)	полк (м)	['pɔlk]
exército (m)	армія (ж)	['armiʲa]
divisão (f)	дывізія (ж)	[di'viziʲa]

destacamento (m)	атрад (м)	[at'rat]
hoste (f)	войска (н)	['vɔjska]

soldado (m)	салдат (м)	[sal'dat]
oficial (m)	афіцэр (м)	[afi'tsɛr]

soldado (m) raso	радавы (м)	[rada'vi]
sargento (m)	сяржант (м)	[sʲar'ʒant]
tenente (m)	лейтэнант (м)	[lejtɛ'nant]
capitão (m)	капітан (м)	[kapi'tan]
major (m)	маёр (м)	[ma'ʲor]
coronel (m)	палкоўнік (м)	[pal'kɔwnik]
general (m)	генерал (м)	[ɦene'ral]

marujo (m)	марак (м)	[ma'rak]
capitão (m)	капітан (м)	[kapi'tan]
contramestre (m)	боцман (м)	['bɔtsman]

artilheiro (m)	артылерыст (м)	[artile'rist]
soldado (m) paraquedista	дэсантнік (м)	[dɛ'santnik]
piloto (m)	лётчык (м)	['lʲotʧik]
navegador (m)	штурман (м)	['ʃturman]
mecânico (m)	механік (м)	[me'hanik]

sapador (m)	сапёр (м)	[sa'pʲor]
paraquedista (m)	парашутыст (м)	[paraʃu'tist]
explorador (m)	разведчык (м)	[raz'vetʃik]
franco-atirador (m)	снайпер (м)	['snajper]

patrulha (f)	патруль (м)	[pat'rulʲ]
patrulhar (vt)	патруляваць	[patrulʲa'vatsʲ]
sentinela (f)	вартавы (м)	[varta'vi]

guerreiro (m)	воін (м)	['vɔin]
patriota (m)	патрыёт (м)	['patriʲot]

herói (m)	герой (м)	[ɦe'rɔj]
heroína (f)	гераіня (ж)	[ɦera'iniʲa]

traidor (m)	здраднік (м)	['zdradnik]
trair (vt)	здрадзіць	['zdradzitsʲ]

desertor (m)	дэзерцір (м)	[dɛzer'tsir]
desertar (vt)	дэзерціраваць	[dɛzer'tsiravatsʲ]

mercenário (m)	найміт (м)	['najmit]
recruta (m)	навабранец (м)	[nava'branets]
voluntário (m)	добраахвотнік (м)	[dɔbraah'vɔtnik]

morto (m)	забіты (м)	[za'biti]
ferido (m)	паранены (м)	[pa'raneni]
prisioneiro (m) de guerra	палонны (м)	[pa'lɔnni]

155. Guerra. Ações militares. Parte 1

guerra (f)	вайна (ж)	[vaj'na]
guerrear (vt)	ваяваць	[vaɪa'vatsʲ]
guerra (f) civil	грамадзянская вайна (ж)	[ɦrama'dzʲanskaɪa vaj'na]
perfidamente	вераломна	[vera'lɔmna]
declaração (f) de guerra	абвяшчэнне (н)	[abvʲa'ʃɕɛnne]
declarar (vt) guerra	абвясціць	[abvʲas'tsitsʲ]
agressão (f)	агрэсія (ж)	[aɦ'rɛsiʲa]
atacar (vt)	нападаць	[napa'datsʲ]
invadir (vt)	захопліваць	[za'hɔplivatsʲ]
invasor (m)	захопнік (м)	[za'hɔpnik]
conquistador (m)	заваёўнік (м)	[zava'ʲownik]
defesa (f)	абарона (ж)	[aba'rɔna]
defender (vt)	абараняць	[abara'nʲatsʲ]
defender-se (vr)	абараняцца	[abara'nʲatsa]
inimigo (m)	вораг (м)	['vɔraɦ]
adversário (m)	супраціўнік (м)	[supra'tsiwnik]
inimigo	варожы	[va'rɔʒi]
estratégia (f)	стратэгія (ж)	[stra'tɛɦiʲa]
tática (f)	тактыка (ж)	['taktika]
ordem (f)	загад (м)	[za'ɦat]
comando (m)	каманда (ж)	[ka'manda]
ordenar (vt)	загадваць	[za'ɦadvatsʲ]
missão (f)	заданне (н)	[za'danne]
secreto	сакрэтны	[sak'rɛtni]
batalha (f)	бітва (ж)	['bitva]
combate (m)	бой (м)	['bɔj]
ataque (m)	атака (ж)	[a'taka]
assalto (m)	штурм (м)	['ʃturm]
assaltar (vt)	штурмаваць	[ʃturma'vatsʲ]
assédio, sítio (m)	аблога (ж)	[ab'lɔɦa]
ofensiva (f)	наступ (м)	['nastup]
passar à ofensiva	наступаць	[nastu'patsʲ]
retirada (f)	адступленне (н)	[atstup'lenne]
retirar-se (vr)	адступаць	[atstu'patsʲ]
cerco (m)	акружэнне (н)	[akru'ʒɛnne]
cercar (vt)	акружаць	[akru'ʒatsʲ]
bombardeio (m)	бамбёжка (ж)	[bam'bʲoʃka]
lançar uma bomba	скінуць бомбу	['skinutsʲ 'bɔmbu]
bombardear (vt)	бамбіць	[bam'bitsʲ]
explosão (f)	выбух (м)	['vibuh]
tiro (m)	стрэл (м)	['strɛl]

| disparar um tiro | стрэліць | ['strɛlitsʲ] |
| tiroteio (m) | стральба (ж) | [stralʲˈba] |

apontar para ...	цэліцца	['tsɛlitsa]
apontar (vt)	навесці	[na'vesʲtsi]
acertar (vt)	трапіць	['trapitsʲ]

afundar (um navio)	патапіць	[pata'pitsʲ]
brecha (f)	прабоіна (ж)	[pra'boina]
afundar-se (vr)	ісці на дно	[is'tsi na 'dnɔ]

frente (m)	фронт (м)	['frɔnt]
evacuação (f)	эвакуацыя (ж)	[ɛvaku'atsʲiʲa]
evacuar (vt)	эвакуіраваць	[ɛvaku'iravatsʲ]

trincheira (f)	акоп (м), траншэя (ж)	[a'kop], [tran'ʃɛʲa]
arame (m) farpado	калючы дрот (м)	[ka'lʉtʃi 'drɔt]
obstáculo (m) anticarro	загарода (ж)	[zaɦa'rɔda]
torre (f) de vigia	вышка (ж)	['viʃka]

hospital (m)	шпіталь (м)	[ʃpi'talʲ]
ferir (vt)	раніць	['ranitsʲ]
ferida (f)	рана (ж)	['rana]
ferido (m)	паранены (м)	[pa'raneni]
ficar ferido	атрымаць раненне	[atri'matsʲ ra'nenne]
grave (ferida ~)	цяжкі	['tsʲaʃki]

156. Armas

arma (f)	зброя (ж)	['zbrɔʲa]
arma (f) de fogo	агнястрэльная зброя (ж)	[aɦnʲa'strɛlʲnaʲa 'zbrɔʲa]
arma (f) branca	халодная зброя (ж)	[ha'lodnaʲa 'zbrɔʲa]

arma (f) química	хімічная зброя (ж)	[hi'mitʃnaʲa 'zbrɔʲa]
nuclear	ядзерны	['ʲadzerni]
arma (f) nuclear	ядзерная зброя (ж)	['ʲadzernaʲa 'zbrɔʲa]

| bomba (f) | бомба (ж) | ['bɔmba] |
| bomba (f) atómica | атамная бомба (ж) | [atamnaʲa 'bɔmba] |

pistola (f)	пісталет (м)	[pista'let]
caçadeira (f)	стрэльба (ж)	['strɛlʲba]
pistola-metralhadora (f)	аўтамат (м)	[awta'mat]
metralhadora (f)	кулямёт (м)	[kulʲa'mʲot]

boca (f)	руля (ж)	['rulʲa]
cano (m)	ствол (м)	['stvɔl]
calibre (m)	калібр (м)	[ka'libr]

gatilho (m)	курок (м)	[ku'rɔk]
mira (f)	прыцэл (м)	[pri'tsɛl]
carregador (m)	магазін (м)	[maɦa'zin]
coronha (f)	прыклад (м)	[prik'lat]
granada (f) de mão	граната (ж)	[ɦra'nata]

explosivo (m)	узрыўчатка (ж)	[uzriw'tʃatka]
bala (f)	куля (ж)	['kulʲa]
cartucho (m)	патрон (м)	[pat'rɔn]
carga (f)	зарад (м)	[za'rat]
munições (f pl)	боепрыпасы (мн)	[bɔepri'pasɨ]

bombardeiro (m)	бамбардзіроўшчык (м)	[bambardzi'rɔwʃɕik]
avião (m) de caça	знішчальнік (м)	[zʲni'ʃɕalʲnik]
helicóptero (m)	верталёт (м)	[verta'lʲot]

canhão (m) antiaéreo	зенітка (ж)	[ze'nitka]
tanque (m)	танк (м)	['tank]
canhão (de um tanque)	пушка (ж)	['puʃka]

artilharia (f)	артылерыя (ж)	[arti'lerʲia]
canhão (m)	гармата (ж)	[ɦar'mata]
fazer a pontaria	навесці	[na'vesʲtsi]

obus (m)	снарад (м)	[sna'rat]
granada (f) de morteiro	міна (ж)	['mina]
morteiro (m)	мінамёт (м)	[mina'mʲot]
estilhaço (m)	асколак (м)	[as'kɔlak]

submarino (m)	падводная лодка (ж)	[pad'vɔdnaʲa 'lɔtka]
torpedo (m)	тарпеда (ж)	[tar'peda]
míssil (m)	ракета (ж)	[ra'keta]

carregar (uma arma)	зараджаць	[zara'dʒatsʲ]
atirar, disparar (vi)	страляць	[stra'lʲatsʲ]
apontar para ...	цэліцца	['tsɛlitsa]
baioneta (f)	штык (м)	['ʃtik]

espada (f)	шпага (ж)	['ʃpaɦa]
sabre (m)	шабля (ж)	['ʃablʲa]
lança (f)	дзіда (ж)	['dzida]
arco (m)	лук (м)	['luk]
flecha (f)	страла (ж)	[stra'la]
mosquete (m)	мушкет (м)	[muʃ'ket]
besta (f)	арбалет (м)	[arba'let]

157. Povos da antiguidade

primitivo	першабытны	[perʃa'bitnɨ]
pré-histórico	дагістарычны	[daɦista'ritʃnɨ]
antigo	старажытны	[stara'ʒitnɨ]

Idade (f) da Pedra	Каменны век (м)	[ka'mennɨ 'vek]
Idade (f) do Bronze	Бронзавы век (м)	[brɔnzavɨ 'vek]
período (m) glacial	ледавіковы перыяд (м)	[ledavi'kɔvɨ pe'rʲiat]

tribo (f)	племя (н)	['plemʲa]
canibal (m)	людаед (м)	[lʉda'et]
caçador (m)	паляўнічы (м)	[palʲaw'nitʃɨ]
caçar (vi)	паляваць	[palʲa'vatsʲ]

mamute (m)	мамант (м)	['mamant]
caverna (f)	пячора (ж)	[pʲa'tʃora]
fogo (m)	агонь (м)	[a'honʲ]
fogueira (f)	вогнішча (н)	['vohniʃɕa]
pintura (f) rupestre	наскальны малюнак (м)	[na'skalʲnɨ ma'lʉnak]

ferramenta (f)	прылада (ж) працы	[prɨ'lada 'pratsɨ]
lança (f)	дзіда (ж)	['dzida]
machado (m) de pedra	каменная сякера (ж)	[ka'mennaʲa sʲa'kera]
guerrear (vt)	ваяваць	[vaʲa'vatsʲ]
domesticar (vt)	прыручаць	[prɨru'tʃatsʲ]

ídolo (m)	ідал (м)	['idal]
adorar, venerar (vt)	пакланяцца	[pakla'nʲatsa]
superstição (f)	забабоны (мн)	[zaba'bonɨ]
ritual (m)	абрад, рытуал (м)	[ab'rat], [ritu'al]

evolução (f)	эвалюцыя (ж)	[ɛva'lʉtsɨʲa]
desenvolvimento (m)	развіццё (н)	[razʲvi'tsʲo]
desaparecimento (m)	знікненне (н)	[zʲnik'nenne]
adaptar-se (vr)	прыстасоўвацца	[prista'sɔwvatsa]

arqueologia (f)	археалогія (ж)	[arhea'lohiʲa]
arqueólogo (m)	археолаг (м)	[arhe'ɔlah]
arqueológico	археалагічны	[arheala'hitʃnɨ]

local (m) das escavações	раскопкі (ж мн)	[ras'kɔpki]
escavações (f pl)	раскопкі (ж мн)	[ras'kɔpki]
achado (m)	знаходка (ж)	[zna'hɔtka]
fragmento (m)	фрагмент (м)	[frah'ment]

158. Idade média

povo (m)	народ (м)	[na'rɔt]
povos (m pl)	народы (м мн)	[na'rɔdɨ]
tribo (f)	племя (н)	['plemʲa]
tribos (f pl)	плямёны (н мн)	[plʲa'mʲonɨ]

bárbaros (m pl)	варвары (м мн)	['varvarɨ]
gauleses (m pl)	галы (м мн)	['halɨ]
godos (m pl)	готы (м мн)	['hɔtɨ]
eslavos (m pl)	славяне (м мн)	[sla'vʲane]
víquingues (m pl)	вікінгі (м мн)	['vikinhi]

romanos (m pl)	рымляне (м мн)	['rimlʲane]
romano	рымскі	['rimski]

bizantinos (m pl)	візантыйцы (м мн)	[vizan'tijtsɨ]
Bizâncio	Візантыя (ж)	[vizan'tɨʲa]
bizantino	візантыйскі	[vizan'tijski]

imperador (m)	імператар (м)	[impe'ratar]
líder (m)	правадыр (м)	[prava'dɨr]
poderoso	магутны	[ma'hutnɨ]

rei (m)	кароль (м)	[ka'rɔlʲ]
governante (m)	кіраўнік (м)	[kiraw'nik]
cavaleiro (m)	рыцар (м)	['ritsar]
senhor feudal (m)	феадал (м)	[fea'dal]
feudal	феадальны	[fea'dalʲni]
vassalo (m)	васал (м)	[va'sal]
duque (m)	герцаг (м)	['ɦertsaɦ]
conde (m)	граф (м)	['ɦraf]
barão (m)	барон (м)	[ba'rɔn]
bispo (m)	епіскап (м)	[e'piskap]
armadura (f)	даспехі (м мн)	[das'pehi]
escudo (m)	шчыт (м)	['ʃɕit]
espada (f)	меч (м)	['metʃ]
viseira (f)	забрала (н)	[za'brala]
cota (f) de malha	кальчуга (ж)	[kalʲ'tʃuɦa]
cruzada (f)	крыжовы паход (м)	[kri'ʒɔvɨ pa'hɔt]
cruzado (m)	крыжак (м)	[kri'ʒak]
território (m)	тэрыторыя (ж)	[tɛri'tɔrʲia]
atacar (vt)	нападаць	[napa'datsʲ]
conquistar (vt)	заваяваць	[zavaʲa'vatsʲ]
ocupar, invadir (vt)	захапіць	[zaha'pitsʲ]
assédio, sítio (m)	аблога (ж)	[ab'lɔɦa]
sitiado	абложаны	[ab'lɔʒanɨ]
assediar, sitiar (vt)	абложваць	[ab'lɔʒvatsʲ]
inquisição (f)	інквізіцыя (ж)	[inkvi'zitsʲia]
inquisidor (m)	інквізітар (м)	[inkvi'zitar]
tortura (f)	катаванне (н)	[kata'vanne]
cruel	жорсткі	['ʒɔrstki]
herege (m)	ерэтык (м)	[erɛ'tik]
heresia (f)	ерась (ж)	['erasʲ]
navegação (f) marítima	мараплаўства (н)	[mara'plawstva]
pirata (m)	пірат (м)	[pi'rat]
pirataria (f)	пірацтва (н)	[pi'ratstva]
abordagem (f)	абардаж (м)	[abar'daʃ]
presa (f), butim (m)	здабыча (ж)	[zda'bɨtʃa]
tesouros (m pl)	скарбы (м мн)	['skarbɨ]
descobrimento (m)	адкрыццё (н)	[atkri'tsʲo]
descobrir (novas terras)	адкрыць	[atk'rɨtsʲ]
expedição (f)	экспедыцыя (ж)	[ɛkspe'dɨtsʲia]
mosqueteiro (m)	мушкецёр (м)	[muʃke'tsʲor]
cardeal (m)	кардынал (м)	[kardɨ'nal]
heráldica (f)	геральдыка (ж)	[ɦe'ralʲdika]
heráldico	геральдычны	[ɦeralʲ'dɨtʃnɨ]

159. Líder. Chefe. Autoridades

rei (m)	кароль (м)	[ka'rɔlʲ]
rainha (f)	каралева (ж)	[kara'leva]
real	каралеўскі	[kara'lewski]
reino (m)	каралеўства (н)	[kara'lewstva]
príncipe (m)	прынц (м)	['prints]
princesa (f)	прынцэса (ж)	[prin'tsɛsa]
presidente (m)	прэзідэнт (м)	[prɛzi'dɛnt]
vice-presidente (m)	віцэ-прэзідэнт (м)	['vitsɛ prɛzi'dɛnt]
senador (m)	сенатар (м)	[se'natar]
monarca (m)	манарх (м)	[ma'narh]
governante (m)	кіраўнік (м)	[kiraw'nik]
ditador (m)	дыктатар (м)	[dik'tatar]
tirano (m)	тыран (м)	[tiʲ'ran]
magnata (m)	магнат (м)	[mafi'nat]
diretor (m)	дырэктар (м)	[di'rɛktar]
chefe (m)	шэф (м)	['ʃɛf]
dirigente (m)	загадчык (м)	[za'fiatʃik]
patrão (m)	бос (м)	['bɔs]
dono (m)	гаспадар (м)	[fiaspa'dar]
líder, chefe (m)	правадыр, лідэр (м)	[prava'dir], ['lidɛr]
chefe (~ de delegação)	галава (ж)	[fiala'va]
autoridades (f pl)	улады (ж мн)	[u'ladi]
superiores (m pl)	начальства (н)	[na'tʃalʲstva]
governador (m)	губернатар (м)	[fiuber'natar]
cônsul (m)	консул (м)	['kɔnsul]
diplomata (m)	дыпламат (м)	[dipla'mat]
Presidente (m) da Câmara	мэр (м)	['mɛr]
xerife (m)	шэрыф (м)	[ʃɛ'rif]
imperador (m)	імператар (м)	[impe'ratar]
czar (m)	цар (м)	['tsar]
faraó (m)	фараон (м)	[fara'ɔn]
cã (m)	хан (м)	['han]

160. Viloação da lei. Criminosos. Parte 1

bandido (m)	бандыт (м)	[ban'dit]
crime (m)	злачынства (н)	[zla'tʃinstva]
criminoso (m)	злачынец (м)	[zla'tʃinets]
ladrão (m)	злодзей (м)	['zlɔdzej]
roubar (vt)	красці	['krasʲtsi]
furto, roubo (m)	крадзеж (м)	[kra'dzeʃ]
raptar (ex. ~ uma criança)	выкрасці	['vikrasʲtsi]
rapto (m)	выкраданне (н)	[vikra'danne]

raptor (m)	выкрадальнік (м)	[vɨkra'dalʲnik]
resgate (m)	выкуп (м)	['vɨkup]
pedir resgate	патрабаваць выкуп	[patraba'vatsʲ 'vɨkup]

roubar (vt)	рабаваць	[raba'vatsʲ]
assalto, roubo (m)	абрабаванне (н)	[abraba'vanne]
assaltante (m)	рабаўнік (м)	[rabaw'nik]

extorquir (vt)	вымагаць	[vɨma'ɦatsʲ]
extorsionário (m)	вымагальнік (м)	[vɨma'ɦalʲnik]
extorsão (f)	вымагальніцтва (н)	[vɨma'ɦalʲnitstva]

matar, assassinar (vt)	забіць	[za'bitsʲ]
homicídio (m)	забойства (н)	[za'bojstva]
homicida, assassino (m)	забойца (м)	[za'bojtsa]

tiro (m)	стрэл (м)	['strɛl]
dar um tiro	стрэліць	['strɛlitsʲ]
matar a tiro	застрэліць	[za'strɛlitsʲ]
atirar, disparar (vi)	страляць	[stra'lʲatsʲ]
tiroteio (m)	стральба (ж)	[stralʲ'ba]
incidente (m)	здарэнне (н)	[zda'rɛnne]
briga (~ de rua)	бойка (ж)	['bojka]
Socorro!	Дапамажыце! Ратуйце!	[dapama'ʒɨtse!], [ra'tujtse!]
vítima (f)	ахвяра (ж)	[ah'vʲara]

danificar (vt)	пашкодзіць	[paʃ'kɔdzitsʲ]
dano (m)	шкода (ж)	['ʃkɔda]
cadáver (m)	труп (м)	['trup]
grave	цяжкі	['tsʲaʃki]

atacar (vt)	нападаць	[napa'datsʲ]
bater (espancar)	біць	['bitsʲ]
espancar (vt)	збіць	['zʲbitsʲ]
tirar, roubar (dinheiro)	адабраць	[ada'bratsʲ]
esfaquear (vt)	зарэзаць	[za'rɛzatsʲ]
mutilar (vt)	знявечыць	[znʲa'vetʃitsʲ]
ferir (vt)	раніць	['ranitsʲ]

chantagem (f)	шантаж (м)	[ʃan'taʃ]
chantagear (vt)	шантажыраваць	[ʃanta'ʒiravatsʲ]
chantagista (m)	шантажыст (м)	[ʃanta'ʒist]

extorsão (em troca de proteção)	рэкет (м)	['rɛket]
extorsionário (m)	рэкецір (м)	[rɛke'tsir]
gângster (m)	гангстэр (м)	['ɦanɦstɛr]
máfia (f)	мафія (ж)	['mafiʲa]

carteirista (m)	кішэнны зладзюжка (м)	[ki'ʃɛnnɨ zla'dzuʃka]
assaltante, ladrão (m)	узломшчык (м)	[uz'lɔmʃɕik]
contrabando (m)	кантрабанда (ж)	[kantra'banda]
contrabandista (m)	кантрабандыст (м)	[kantraban'dist]
falsificação (f)	падробка (ж)	[pad'rɔpka]
falsificar (vt)	падрабляць	[padrab'lʲatsʲ]
falsificado	фальшывы	[falʲ'ʃivɨ]

161. Viloação da lei. Criminosos. Parte 2

violação (f)	згвалтаванне (н)	[zɦvalta'vanne]
violar (vt)	згвалтаваць	[zɦvalta'vatsʲ]
violador (m)	гвалтаўнік (м)	[ɦvaltaw'nik]
maníaco (m)	маньяк (м)	[ma'nʲak]
prostituta (f)	прастытутка (ж)	[prastiˈtutka]
prostituição (f)	прастытуцыя (ж)	[prastiˈtutsʲʲa]
chulo (m)	сутэнёр (м)	[sutɛ'nʲor]
toxicodependente (m)	наркаман (м)	[narka'man]
traficante (m)	наркагандляр (м)	[narkaɦand'lʲar]
explodir (vt)	узарваць	[uzar'vatsʲ]
explosão (f)	выбух (м)	['vibuh]
incendiar (vt)	падпаліць	[patpa'litsʲ]
incendiário (m)	падпальшчык (м)	[pat'palʲʃɕik]
terrorismo (m)	тэрарызм (м)	[tɛra'rizm]
terrorista (m)	тэрарыст (м)	[tɛra'rist]
refém (m)	заложнік (м)	[za'loʒnik]
enganar (vt)	падмануць	[padma'nutsʲ]
engano (m)	падман (м)	[pad'man]
vigarista (m)	махляр (м)	[mah'lʲar]
subornar (vt)	падкупіць	[patku'pitsʲ]
suborno (atividade)	подкуп (м)	['potkup]
suborno (dinheiro)	хабар (м)	['habar]
veneno (m)	яд (м)	[ʲat]
envenenar (vt)	атруціць	[atru'tsʲitsʲ]
envenenar-se (vr)	атруціцца	[atru'tsʲitsa]
suicídio (m)	самазабойства (н)	[samaza'bojstva]
suicida (m)	самазабойца (м)	[samaza'bojtsa]
ameaçar (vt)	пагражаць	[paɦra'ʒatsʲ]
ameaça (f)	пагроза (ж)	[pa'ɦroza]
atentar contra a vida de …	замахвацца	[za'mahvatsa]
atentado (m)	замах (м)	[za'mah]
roubar (o carro)	скрасці	['skrasʲtsi]
desviar (o avião)	выкрасці	['vikrasʲtsi]
vingança (f)	помста (ж)	['pomsta]
vingar (vt)	помсціць	['pomsʲtsʲitsʲ]
torturar (vt)	катаваць	[kata'vatsʲ]
tortura (f)	катаванне (н)	[kata'vanne]
atormentar (vt)	мучыць	['mutʃitsʲ]
pirata (m)	пірат (м)	[pi'rat]
desordeiro (m)	хуліган (м)	[huli'ɦan]

armado	узброены	[uzb'rɔeni]
violência (f)	гвалт (м)	['ɦvalt]
ilegal	нелегальны	[nele'ɦalni]

espionagem (f)	шпіянаж (м)	[ʃpiʲa'naʃ]
espionar (vi)	шпіёніць	['ʃpiʲonitsʲ]

162. Polícia. Lei. Parte 1

justiça (f)	правасуддзе (н)	[prava'sudze]
tribunal (m)	суд (м)	['sut]

juiz (m)	суддзя (м)	[su'dzʲa]
jurados (m pl)	прысяжныя (м мн)	[pri'sʲaʒniʲa]
tribunal (m) do júri	суд (м) прысяжных	['sut pri'sʲaʒnih]
julgar (vt)	судзіць	[su'dzitsʲ]

advogado (m)	адвакат (м)	[adva'kat]
réu (m)	падсудны (м)	[pa'tsudni]
banco (m) dos réus	лава (ж) падсудных	['lava pa'tsudnih]

acusação (f)	абвінавачванне (н)	[abvina'vatʃvanne]
acusado (m)	абвінавачваны (м)	[abvina'vatʃvani]

sentença (f)	прысуд (м)	[pri'sut]
sentenciar (vt)	прысудзіць	[prisu'dzitsʲ]

culpado (m)	віноўнік (м)	[wi'nɔwnik]
punir (vt)	пакараць	[paka'ratsʲ]
punição (f)	пакаранне (н)	[paka'ranne]

multa (f)	штраф (м)	['ʃtraf]
prisão (f) perpétua	пажыццёвае зняволенне (н)	[paʒi'tsʲovae znʲa'vɔlenne]

pena (f) de morte	смяротная кара (ж)	[smʲa'rotnaʲa 'kara]
cadeira (f) elétrica	электрычнае крэсла (н)	[ɛlekt'ritʃnae 'krɛsla]
forca (f)	шыбеніца (ж)	['ʃibenitsa]

executar (vt)	караць смерцю	[ka'ratsʲ 'smertsʉ]
execução (f)	смяротная кара (ж)	[smʲa'rotnaʲa 'kara]

prisão (f)	турма (ж)	[tur'ma]
cela (f) de prisão	камера (ж)	['kamera]

escolta (f)	канвой (м)	[kan'vɔj]
guarda (m) prisional	наглядчык (м)	[na'ɦlʲatʃik]
preso (m)	зняволены (м)	[znʲa'vɔleni]

algemas (f pl)	наручнікі (м мн)	[na'rutʃniki]
algemar (vt)	надзець наручнікі	[na'dzetsʲ na'rutʃniki]

fuga, evasão (f)	уцёкі (мн)	[u'tsʲoki]
fugir (vi)	уцячы	[utsʲa'tʃi]
desaparecer (vi)	прапасці	[pra'pastsi]

| soltar, libertar (vt) | вызваліць | ['vizvalitsʲ] |
| amnistia (f) | амністыя (ж) | [am'nistiʲa] |

polícia (instituição)	паліцыя (ж)	[pa'litsiʲa]
polícia (m)	паліцэйскі (м)	[pali'tsɛjski]
esquadra (f) de polícia	паліцэйскі ўчастак (м)	[pali'tsɛjski w'tʃastak]
cassetete (m)	гумовая дубінка (ж)	[ɦu'movaʲa du'binka]
megafone (m)	рупар (м)	['rupar]

carro (m) de patrulha	патрульная машына (ж)	[pat'rulʲnaʲa ma'ʃina]
sirene (f)	сірэна (ж)	[si'rɛna]
ligar a sirene	уключыць сірэну	[uklʲu'tʃitsʲ si'rɛnu]
toque (m) da sirene	выццё (н) (сірэны)	[vi'tsʲo si'rɛni]

cena (f) do crime	месца (н) здарэння	['mesʲtsa zda'rɛnnʲa]
testemunha (f)	сведка (м)	['svetka]
liberdade (f)	воля (ж)	['volʲa]
cúmplice (m)	супольнік (м)	[su'polʲnik]
escapar (vi)	схавацца	[sha'vatsa]
traço (não deixar ~s)	след (м)	['slet]

163. Polícia. Lei. Parte 2

procura (f)	вышук (м)	['viʃuk]
procurar (vt)	шукаць	[ʃu'katsʲ]
suspeita (f)	падазрэнне (н)	[pada'zrɛnne]
suspeito	падазроны	[pada'zroni]
parar (vt)	спыніць	[spi'nitsʲ]
deter (vt)	затрымаць	[zatri'matsʲ]

caso (criminal)	справа (ж)	['sprava]
investigação (f)	следства (н)	['sletstva]
detetive (m)	сышчык (м)	['siʃɕɨk]
investigador (m)	следчы (м)	['sletʃi]
versão (f)	версія (ж)	['versiʲa]

motivo (m)	матыў (м)	[ma'tiw]
interrogatório (m)	допыт (м)	['dopit]
interrogar (vt)	дапытваць	[da'pitvatsʲ]
questionar (vt)	апытваць	[a'pitvatsʲ]
verificação (f)	праверка (ж)	[pra'verka]

batida (f) policial	аблава (ж)	[ab'lava]
busca (f)	вобыск (м)	['vobisk]
perseguição (f)	пагоня (ж)	[pa'ɦonʲa]
perseguir (vt)	пераследаваць	[peras'ledavatsʲ]
seguir (vt)	сачыць	[sa'tʃitsʲ]

prisão (f)	арышт (м)	['ariʃt]
prender (vt)	арыштаваць	[ariʃta'vatsʲ]
pegar, capturar (vt)	злавіць	[zla'vitsʲ]
captura (f)	злаўленне (н)	[zlaw'lenne]
documento (m)	дакумент (м)	[daku'ment]
prova (f)	доказ (м)	['dokas]

provar (vt)	даказваць	[da'kazvatsʲ]
pegada (f)	след (м)	['slet]
impressões (f pl) digitais	адбіткі (м мн) пальцаў	[ad'bitki 'palʲtsaw]
prova (f)	даказка (ж)	[da'kaska]
álibi (m)	алібі (н)	['alibi]
inocente	невінаваты	[nevina'vati]
injustiça (f)	несправядлівасць (ж)	[nespravʲad'livastsʲ]
injusto	несправядлівы	[nespravʲad'livi]
criminal	крымінальны	[krimi'nalʲni]
confiscar (vt)	канфіскаваць	[kanfiska'vatsʲ]
droga (f)	наркотык (м)	[nar'kotik]
arma (f)	зброя (ж)	['zbrɔʲa]
desarmar (vt)	абяззброіць	[abʲaz'zbrɔitsʲ]
ordenar (vt)	загадваць	[za'hadvatsʲ]
desaparecer (vi)	знікнуць	['zʲniknutsʲ]
lei (f)	закон (м)	[za'kɔn]
legal	законны	[za'kɔnni]
ilegal	незаконны	[neza'kɔnni]
responsabilidade (f)	адказнасць (ж)	[at'kaznastsʲ]
responsável	адказны	[at'kazni]

NATUREZA

A Terra. Parte 1

164. Espaço sideral

cosmos (m)	космас (м)	['kɔsmas]
cósmico	касмічны	[kas'mitʃni]
espaço (m) cósmico	касмічная прастора (ж)	[kas'mitʃnaʲa pras'tɔra]
mundo (m)	свет (м)	['svet]
universo (m)	сусвет (м)	[sus'vet]
galáxia (f)	галактыка (ж)	[ɦa'laktɨka]
estrela (f)	зорка (ж)	['zɔrka]
constelação (f)	сузор'е (н)	[su'zɔrʲe]
planeta (m)	планета (ж)	[pla'neta]
satélite (m)	спадарожнік (м)	[spada'rɔʒnik]
meteorito (m)	метэарыт (м)	[metɛa'rit]
cometa (m)	камета (ж)	[ka'meta]
asteroide (m)	астэроід (м)	[astɛ'rɔit]
órbita (f)	арбіта (ж)	[ar'bita]
girar (vi)	круціцца	[kru'tsitsa]
atmosfera (f)	атмасфера (ж)	[atma'sfera]
Sol (m)	Сонца (н)	['sɔntsa]
Sistema (m) Solar	Сонечная сістэма (ж)	['sɔnetʃnaʲa sis'tɛma]
eclipse (m) solar	сонечнае зацьменне (н)	['sɔnetʃnae zatsʲ'menne]
Terra (f)	Зямля (ж)	[zʲam'lʲa]
Lua (f)	Месяц (м)	['mesʲats]
Marte (m)	Марс (м)	['mars]
Vénus (f)	Венера (ж)	[ve'nera]
Júpiter (m)	Юпітэр (м)	[ʉ'pitɛr]
Saturno (m)	Сатурн (м)	[sa'turn]
Mercúrio (m)	Меркурый (м)	[mer'kurij]
Urano (m)	Уран (м)	[u'ran]
Neptuno (m)	Нептун (м)	[nep'tun]
Plutão (m)	Плутон (м)	[plu'tɔn]
Via Láctea (f)	Млечны Шлях (м)	['mletʃni ʃlʲah]
Ursa Maior (f)	Вялікая Мядзведзіца (ж)	[vʲa'likaʲa mʲadzj'vedzitsa]
Estrela Polar (f)	Палярная зорка (ж)	[pa'lʲarnaʲa 'zɔrka]
marciano (m)	марсіянін (м)	[marsiʲ'anin]
extraterrestre (m)	іншапланецянін (м)	[inʃaplane'tsʲanin]

alienígena (m)	прышэлец (м)	[pri'ʃɛlets]
disco (m) voador	лятаючая талерка (ж)	[lʲa'tautʃaʲa ta'lerka]

nave (f) espacial	касмічны карабель (м)	[kas'mitʃnɨ kara'belʲ]
estação (f) orbital	арбітальная станцыя (ж)	[arbi'talʲnaʲa 'stantsɨʲa]
lançamento (m)	старт (м)	['start]

motor (m)	рухавік (м)	[ruha'vik]
bocal (m)	сапло (н)	[sap'lɔ]
combustível (m)	паліва (н)	['paliva]

cabine (f)	кабіна (ж)	[ka'bina]
antena (f)	антэна (ж)	[an'tɛna]
vigia (f)	ілюмінатар (м)	[ilʉmi'natar]
bateria (f) solar	сонечная батарэя (ж)	['sɔnetʃnaʲa bata'rɛʲa]
traje (m) espacial	скафандр (м)	[ska'fandr]

imponderabilidade (f)	бязважкасць (ж)	[bʲaz'vaʃkastsʲ]
oxigénio (m)	кісларод (м)	[kisla'rɔt]

acoplagem (f)	стыкоўка (ж)	[stɨ'kɔwka]
fazer uma acoplagem	выконваць стыкоўку	[vɨ'kɔnvatsʲ stɨ'kɔwku]

observatório (m)	абсерваторыя (ж)	[apserva'tɔrɨʲa]
telescópio (m)	тэлескоп (м)	[tɛle'skɔp]
observar (vt)	назіраць	[nazi'ratsʲ]
explorar (vt)	даследаваць	[da'sledavatsʲ]

165. A Terra

Terra (f)	Зямля (ж)	[zʲam'lʲa]
globo terrestre (Terra)	зямны шар (м)	[zʲam'nɨ 'ʃar]
planeta (m)	планета (ж)	[pla'neta]

atmosfera (f)	атмасфера (ж)	[atma'sfera]
geografia (f)	геаграфія (ж)	[ɦea'ɦrafiʲa]
natureza (f)	прырода (ж)	[prɨ'rɔda]

globo (mapa esférico)	глобус (м)	['ɦlɔbus]
mapa (m)	карта (ж)	['karta]
atlas (m)	атлас (м)	[at'las]

Europa (f)	Еўропа	[ew'rɔpa]
Ásia (f)	Азія	['aziʲa]

África (f)	Афрыка	['afrika]
Austrália (f)	Аўстралія	[aw'straliʲa]

América (f)	Амерыка	[a'merika]
América (f) do Norte	Паўночная Амерыка	[paw'nɔtʃnaʲa a'merika]
América (f) do Sul	Паўднёвая Амерыка	[paw'dnʲovaʲa a'merika]

Antártida (f)	Антарктыда	[antark'tɨda]
Ártico (m)	Арктыка	['arktɨka]

166. Pontos cardeais

norte (m)	поўнач (ж)	['pɔwnatʃ]
para norte	на поўнач	[na 'pɔwnatʃ]
no norte	на поўначы	[na 'pɔwnatʃi]
do norte	паўночны	[paw'nɔtʃni]
sul (m)	поўдзень (м)	['pɔwdzenʲ]
para sul	на поўдзень	[na 'pɔwdzenʲ]
no sul	на поўдні	[na 'pɔwdni]
do sul	паўднёвы	[paw'dnʲovi]
oeste, ocidente (m)	захад (м)	['zahat]
para oeste	на захад	[na 'zahat]
no oeste	на захадзе	[na 'zahadze]
ocidental	заходні	[za'hɔdni]
leste, oriente (m)	усход (м)	[w'shɔt]
para leste	на ўсход	[na w'shɔt]
no leste	на ўсходзе	[na w'shɔdze]
oriental	усходні	[us'hɔdni]

167. Mar. Oceano

mar (m)	мора (н)	['mɔra]
oceano (m)	акіян (м)	[akiʲʲan]
golfo (m)	заліў (м)	[za'liw]
estreito (m)	праліў (м)	[pra'liw]
terra (f) firme	зямля, суша (ж)	[zʲam'lʲa], ['suʃa]
continente (m)	мацярык (м)	[matsʲa'rik]
ilha (f)	востраў (м)	['vɔstraw]
península (f)	паўвостраў (м)	[paw'vɔstraw]
arquipélago (m)	архіпелаг (м)	[arhipe'laɦ]
baía (f)	бухта (ж)	['buhta]
porto (m)	гавань (ж)	['ɦavanʲ]
lagoa (f)	лагуна (ж)	[la'ɦuna]
cabo (m)	мыс (м)	['mis]
atol (m)	атол (м)	[a'tɔl]
recife (m)	рыф (м)	['rif]
coral (m)	карал (м)	[ka'ral]
recife (m) de coral	каралавы рыф (м)	[ka'ralavi 'rif]
profundo	глыбокі	[ɦli'bɔki]
profundidade (f)	глыбіня (ж)	[ɦlibi'nʲa]
abismo (m)	бездань (ж)	['bezdanʲ]
fossa (f) oceânica	упадзіна (ж)	[u'padzina]
corrente (f)	плынь (ж)	['plinʲ]
banhar (vt)	абмываць	[abmi'vatsʲ]
litoral (m)	бераг (м)	['beraɦ]

costa (f)	узбярэжжа (н)	[uzbʲaˈrɛza]
maré (f) alta	прыліў (м)	[priˈliw]
refluxo (m), maré (f) baixa	адліў (м)	[adˈliw]
restinga (f)	водмель (ж)	[ˈvɔdmelʲ]
fundo (m)	дно (н)	[ˈdnɔ]

onda (f)	хваля (ж)	[ˈhvalʲa]
crista (f) da onda	грэбень (м) хвалі	[ɦrɛbenʲ ˈhvali]
espuma (f)	пена (ж)	[ˈpena]

tempestade (f)	бура (ж)	[ˈbura]
furacão (m)	ураган (м)	[uraˈɦan]
tsunami (m)	цунамі (н)	[ʦuˈnami]
calmaria (f)	штыль (м)	[ˈʃtilʲ]
calmo	спакойны	[spaˈkɔjnɪ]

polo (m)	полюс (м)	[ˈpolʉs]
polar	палярны	[paˈlʲarnɪ]

latitude (f)	шырата (ж)	[ʃɪraˈta]
longitude (f)	даўгата (ж)	[dawɦaˈta]
paralela (f)	паралель (ж)	[paraˈlelʲ]
equador (m)	экватар (м)	[ɛkˈvatar]

céu (m)	неба (н)	[ˈneba]
horizonte (m)	гарызонт (м)	[ɦariˈzɔnt]
ar (m)	паветра (н)	[paˈvetra]

farol (m)	маяк (м)	[maˈʲak]
mergulhar (vi)	ныраць	[nɪˈratsʲ]
afundar-se (vr)	затануць	[zataˈnutsʲ]
tesouros (m pl)	скарбы (м мн)	[ˈskarbɪ]

168. Montanhas

montanha (f)	гара (ж)	[ɦaˈra]
cordilheira (f)	горны ланцуг (м)	[ˈɦɔrnɪ lanˈʦuɦ]
serra (f)	горны хрыбет (м)	[ˈɦɔrnɪ hriˈbet]

cume (m)	вяршыня (ж)	[vʲarˈʃɪnʲa]
pico (m)	пік (м)	[ˈpik]
sopé (m)	падножжа (н)	[padˈnɔʐa]
declive (m)	схіл (м)	[ˈshil]

vulcão (m)	вулкан (м)	[vulˈkan]
vulcão (m) ativo	дзеючы вулкан (м)	[ˈʣeʉtʃɪ vulˈkan]
vulcão (m) extinto	патухлы вулкан (м)	[paˈtuhlɪ vulˈkan]

erupção (f)	вывяржэнне (н)	[vivʲarˈʒɛnne]
cratera (f)	кратэр (м)	[ˈkratɛr]
magma (m)	магма (ж)	[ˈmaɦma]
lava (f)	лава (ж)	[ˈlava]
fundido (lava ~a)	распалены	[rasˈpalenɪ]
desfiladeiro (m)	каньён (м)	[kaˈnjɔn]

garganta (f)	цясніна (ж)	[tsʲasʹnina]
fenda (f)	цясніна (ж)	[tsʲasʹnina]
precipício (m)	прорва (ж), абрыў (м)	[ˈprorva], [abˈriw]
passo, colo (m)	перавал (м)	[peraˈval]
planalto (m)	плато (н)	[plaˈtɔ]
falésia (f)	скала (ж)	[skaˈla]
colina (f)	узгорак (м)	[uzˈɣɔrak]
glaciar (m)	ледавік (м)	[ledaˈvik]
queda (f) d'água	вадаспад (м)	[vadaˈspat]
géiser (m)	гейзер (м)	[ˈɦejzer]
lago (m)	возера (н)	[ˈvɔzera]
planície (f)	раўніна (ж)	[rawˈnina]
paisagem (f)	краявід (м)	[kraʲaˈvit]
eco (m)	рэха (н)	[ˈrɛha]
alpinista (m)	альпініст (м)	[alʲpiˈnist]
escalador (m)	скалалаз (м)	[skalaˈlas]
conquistar (vt)	авалодваць	[avaˈlɔdvatsʲ]
subida, escalada (f)	узыходжанне (н)	[uziˈhɔdʒanne]

169. Rios

rio (m)	рака (ж)	[raˈka]
fonte, nascente (f)	крыніца (ж)	[kriˈnitsa]
leito (m) do rio	рэчышча (н)	[ˈrɛtʃiʃɕa]
bacia (f)	басейн (м)	[baˈsejn]
desaguar no ...	упадаць у ...	[upaˈdatsʲ u ...]
afluente (m)	прыток (м)	[priˈtɔk]
margem (do rio)	бераг (м)	[ˈberaɦ]
corrente (f)	плынь (ж)	[ˈplinʲ]
rio abaixo	уніз па цячэнню	[uˈnis pa tsʲaˈtʃɛnnʉ]
rio acima	уверх па цячэнню	[uˈvɛrh pa tsʲaˈtʃɛnnʉ]
inundação (f)	паводка (ж)	[paˈvɔtka]
cheia (f)	разводдзе (н)	[razˈvɔdze]
transbordar (vi)	разлівацца	[razˈliˈvatsa]
inundar (vt)	затапляць	[zataˈplʲatsʲ]
banco (m) de areia	мель (ж)	[ˈmelʲ]
rápidos (m pl)	парог (м)	[paˈrɔɦ]
barragem (f)	пласціна (ж)	[plaˈstsina]
canal (m)	канал (м)	[kaˈnal]
reservatório (m) de água	вадасховішча (н)	[vadasˈhɔviʃɕa]
eclusa (f)	шлюз (м)	[ˈʃlʉs]
corpo (m) de água	вадаём (м)	[vadaˈʲom]
pântano (m)	балота (н)	[baˈlɔta]
tremedal (m)	багна (ж)	[ˈbaɦna]

remoinho (m)	вір (м)	['vir]
arroio, regato (m)	ручай (м)	[ru'ʧaj]
potável	пітны	[pit'ni]
doce (água)	прэсны	['prɛsni]

| gelo (m) | лёд (м) | ['lʲot] |
| congelar-se (vr) | замерзнуць | [za'merznuʦʲ] |

170. Floresta

| floresta (f), bosque (m) | лес (м) | ['les] |
| florestal | лясны | [lʲas'ni] |

mata (f) cerrada	гушчар (м)	[ɦu'ʃçar]
arvoredo (m)	гай (м)	['ɦaj]
clareira (f)	паляна (ж)	[pa'lʲana]

| matagal (m) | зараснікі (м мн) | ['zarasniki] |
| mato (m) | хмызняк (м) | [hmiz'nʲak] |

| vereda (f) | сцяжынка (ж) | [sʦʲa'ʒinka] |
| ravina (f) | яр (м) | ['ʲar] |

árvore (f)	дрэва (н)	['drɛva]
folha (f)	ліст (м)	['list]
folhagem (f)	лістота (ж)	[lis'tota]

queda (f) das folhas	лістапад (м)	[lista'pat]
cair (vi)	ападаць	[apa'daʦʲ]
topo (m)	верхавіна (ж)	[verha'vina]

ramo (m)	галіна (ж)	[ɦali'na]
galho (m)	сук (м)	['suk]
botão, rebento (m)	пупышка (ж)	[pu'piʃka]
agulha (f)	шыпулька (ж)	[ʃi'pulʲka]
pinha (f)	шышка (ж)	['ʃiʃka]

buraco (m) de árvore	дупло (н)	[dup'lɔ]
ninho (m)	гняздо (н)	[ɦnʲaz'dɔ]
toca (f)	нара (ж)	[na'ra]

tronco (m)	ствол (м)	['stvɔl]
raiz (f)	корань (м)	['kɔranʲ]
casca (f) de árvore	кара (ж)	[ka'ra]
musgo (m)	мох (м)	['mɔh]

arrancar pela raiz	карчаваць	[karʧa'vaʦʲ]
cortar (vt)	сячы	[sʲa'ʧi]
desflorestar (vt)	высякаць	[visʲa'kaʦʲ]
toco, cepo (m)	пень (м)	['penʲ]

fogueira (f)	вогнішча (н)	['vofniʃça]
incêndio (m) florestal	пажар (м)	[pa'ʒar]
apagar (vt)	тушыць	[tu'ʃiʦʲ]

guarda-florestal (m)	ляснік (м)	[lʲas'nik]
proteção (f)	ахова (ж)	[a'hɔva]
proteger (a natureza)	ахоўваць	[a'hɔwvatsʲ]
caçador (m) furtivo	браканьер (м)	[braka'njer]
armadilha (f)	пастка (ж)	['pastka]

colher (cogumelos, bagas)	збіраць	[zʲbi'ratsʲ]
perder-se (vr)	заблудзіць	[zablu'dzitsʲ]

171. Recursos naturais

recursos (m pl) naturais	прыродныя рэсурсы (м мн)	[prɨ'rɔdnʲʲa rɛ'sursɨ]
minerais (m pl)	карысныя выкапні (м мн)	[ka'risnʲʲa 'vɨkapni]
depósitos (m pl)	паклады (м мн)	[pa'kladɨ]
jazida (f)	радовішча (н)	[ra'dɔviʃɕa]

extrair (vt)	здабываць	[zdabɨ'vatsʲ]
extração (f)	здабыча (ж)	[zda'bɨt͡ʃa]
minério (m)	руда (ж)	[ru'da]
mina (f)	руднік (м)	[rud'nik]
poço (m) de mina	шахта (ж)	['ʃahta]
mineiro (m)	шахцёр (м)	[ʃah'tsʲɔr]

gás (m)	газ (м)	['ɦas]
gasoduto (m)	газаправод (м)	[ɦazapra'vɔt]

petróleo (m)	нафта (ж)	['nafta]
oleoduto (m)	нафтаправод (м)	[naftapra'vɔt]
poço (m) de petróleo	нафтавая вышка (ж)	['naftavaʲa 'vɨʃka]
torre (f) petrolífera	буравая вышка (ж)	[bura'vaʲa 'vɨʃka]
petroleiro (m)	танкер (м)	['tanker]

areia (f)	пясок (м)	[pʲa'sɔk]
calcário (m)	вапняк (м)	[vap'nʲak]
cascalho (m)	жвір (м)	['ʒvir]
turfa (f)	торф (м)	['tɔrf]
argila (f)	гліна (ж)	['ɦlina]
carvão (m)	вугаль (м)	['vuɦalʲ]

ferro (m)	жалеза (н)	[ʒa'leza]
ouro (m)	золата (н)	['zɔlata]
prata (f)	срэбра (н)	['srɛbra]
níquel (m)	нікель (м)	['nikelʲ]
cobre (m)	медзь (ж)	['medzʲ]

zinco (m)	цынк (м)	['tsɨnk]
manganês (m)	марганец (м)	['marɦanets]
mercúrio (m)	ртуць (ж)	['rtutsʲ]
chumbo (m)	свінец (м)	[svi'nets]

mineral (m)	мінерал (м)	[mine'ral]
cristal (m)	крышталь (м)	[krɨʃ'talʲ]
mármore (m)	мармур (м)	['marmur]
urânio (m)	уран (м)	[u'ran]

A Terra. Parte 2

172. Tempo

tempo (m)	надвор'е (н)	[na'dvor'e]
previsão (f) do tempo	прагноз (м) надвор'я	[prah'nɔs nad'vor'ʲa]
temperatura (f)	тэмпература (ж)	[tɛmpera'tura]
termómetro (m)	тэрмометр (м)	[tɛr'mɔmetr]
barómetro (m)	барометр (м)	[ba'rɔmetr]

húmido	вільготны	[vilʲ'hɔtnɨ]
humidade (f)	вільготнасць (ж)	[vilʲ'hɔtnastsʲ]
calor (m)	гарачыня (ж)	[haratʃɨ'nʲa]
cálido	гарачы	[ha'ratʃɨ]
está muito calor	горача	['hɔratʃa]

| está calor | цёпла | ['tsʲopla] |
| quente | цёплы | ['tsʲoplɨ] |

| está frio | холадна | ['hɔladna] |
| frio | халодны | [ha'lɔdnɨ] |

sol (m)	сонца (н)	['sɔntsa]
brilhar (vi)	свяціць	[svʲa'tsitsʲ]
de sol, ensolarado	сонечны	['sɔnetʃnɨ]
nascer (vi)	узысці	[uzɨs'tsi]
pôr-se (vr)	сесці	['sesʲtsi]

nuvem (f)	воблака (н)	['vɔblaka]
nublado	воблачны	['vɔblatʃnɨ]
nuvem (f) preta	хмара (ж)	['hmara]
escuro, cinzento	пахмурны	[pah'murnɨ]

| chuva (f) | дождж (м) | ['dɔʃʤ] |
| está a chover | ідзе дождж | [i'dze 'dɔʃʤ] |

| chuvoso | дажджлівы | [daʒʤ'livɨ] |
| chuviscar (vi) | імжыць | [im'ʒɨtsʲ] |

chuva (f) torrencial	пралiýны дождж (м)	[praliw'nɨ 'dɔʃʤ]
chuvada (f)	лівень (м)	['livenʲ]
forte (chuva)	моцны	['mɔtsnɨ]

| poça (f) | лужына (ж) | ['luʒɨna] |
| molhar-se (vr) | мокнуць | ['mɔknutsʲ] |

nevoeiro (m)	туман (м)	[tu'man]
de nevoeiro	туманны	[tu'mannɨ]
neve (f)	снег (м)	['sneɦ]
está a nevar	ідзе снег	[i'dze 'sneɦ]

173. Tempo extremo. Catástrofes naturais

trovoada (f)	навальніца (ж)	[naval'ˈnitsa]
relâmpago (m)	маланка (ж)	[maˈlanka]
relampejar (vi)	бліскаць	[ˈbliskatsʲ]
trovão (m)	гром (м)	[ˈɦrɔm]
trovejar (vi)	грымець	[ɦriˈmetsʲ]
está a trovejar	грыміць гром	[ɦriˈmitsʲ ˈɦrɔm]
granizo (m)	град (м)	[ˈɦrat]
está a cair granizo	ідзе град	[iˈdze ˈɦrat]
inundar (vt)	затапіць	[zataˈpitsʲ]
inundação (f)	паводка (ж)	[paˈvɔtka]
terremoto (m)	землятрус (м)	[zemlʲaˈtrus]
abalo, tremor (m)	штуршок (м)	[ʃturˈʃɔk]
epicentro (m)	эпіцэнтр (м)	[ɛpiˈtsɛntr]
erupção (f)	вывяржэнне (н)	[vivʲarˈʒɛnne]
lava (f)	лава (ж)	[ˈlava]
turbilhão (m)	смерч (м)	[ˈsmertʃ]
tornado (m)	тарнада (м)	[tarˈnada]
tufão (m)	тайфун (м)	[tajˈfun]
furacão (m)	ураган (м)	[uraˈɦan]
tempestade (f)	бура (ж)	[ˈbura]
tsunami (m)	цунамі (н)	[tsuˈnami]
ciclone (m)	цыклон (м)	[tsɨkˈlɔn]
mau tempo (m)	непагадзь (ж)	[ˈnepaɦatsʲ]
incêndio (m)	пажар (м)	[paˈʒar]
catástrofe (f)	катастрофа (ж)	[kataˈstrɔfa]
meteorito (m)	метэарыт (м)	[metɛaˈrit]
avalanche (f)	лавіна (ж)	[laˈvina]
deslizamento (m) de neve	абвал (м)	[abˈval]
nevasca (f)	мяцеліца (ж)	[mʲaˈtselitsa]
tempestade (f) de neve	завіруха (ж)	[zaviˈruha]

Fauna

174. Mamíferos. Predadores

predador (m)	драпежнік (м)	[dra'peʒnik]
tigre (m)	тыгр (м)	['tɨɦr]
leão (m)	леў (м)	['lew]
lobo (m)	воўк (м)	['vɔwk]
raposa (f)	ліса (ж)	['lisa]

jaguar (m)	ягуар (м)	[ʲaɦu'ar]
leopardo (m)	леапард (м)	[lea'part]
chita (f)	гепард (м)	[ɦe'part]

pantera (f)	пантэра (ж)	[pan'tɛra]
puma (m)	пума (ж)	['puma]
leopardo-das-neves (m)	снежны барс (м)	['sneʒnɨ 'bars]
lince (m)	рысь (ж)	['risʲ]

coiote (m)	каёт (м)	[ka'ʲot]
chacal (m)	шакал (м)	[ʃa'kal]
hiena (f)	гіена (ж)	[ɦi'ena]

175. Animais selvagens

| animal (m) | жывёліна (ж) | [ʒɨ'vʲolina] |
| besta (f) | звер (м) | ['zʲver] |

esquilo (m)	вавёрка (ж)	[va'vʲorka]
ouriço (m)	вожык (м)	['vɔʒɨk]
lebre (f)	заяц (м)	['zaʲats]
coelho (m)	трус (м)	['trus]

texugo (m)	барсук (м)	[bar'suk]
guaxinim (m)	янот (м)	[ʲa'nɔt]
hamster (m)	хамяк (м)	[ha'mʲak]
marmota (f)	сурок (м)	[su'rɔk]

toupeira (f)	крот (м)	['krɔt]
rato (m)	мыш (ж)	['mɨʃ]
ratazana (f)	пацук (м)	[pa'tsuk]
morcego (m)	кажан (м)	[ka'ʒan]

arminho (m)	гарнастай (м)	[ɦarna'staj]
zibelina (f)	собаль (м)	['sɔbalʲ]
marta (f)	куніца (ж)	[ku'nitsa]
doninha (f)	ласка (ж)	['laska]
vison (m)	норка (ж)	['nɔrka]

| castor (m) | бабёр (м) | [ba'bʲor] |
| lontra (f) | выдра (ж) | ['vidra] |

cavalo (m)	конь (м)	['konʲ]
alce (m)	лось (м)	['losʲ]
veado (m)	алень (м)	[a'lenʲ]
camelo (m)	вярблюд (м)	[vʲar'blʉt]

bisão (m)	бізон (м)	[bi'zon]
auroque (m)	зубр (м)	['zubr]
búfalo (m)	буйвал (м)	['bujval]

zebra (f)	зебра (ж)	['zebra]
antílope (m)	антылопа (ж)	[anti'lopa]
corça (f)	казуля (ж)	[ka'zulʲa]
gamo (m)	лань (ж)	['lanʲ]
camurça (f)	сарна (ж)	['sarna]
javali (m)	дзік (м)	['dzik]

baleia (f)	кіт (м)	['kit]
foca (f)	цюлень (м)	[tsʉ'lenʲ]
morsa (f)	морж (м)	['morʃ]
urso-marinho (m)	коцік (м)	['kotsik]
golfinho (m)	дэльфін (м)	[dɛlʲ'fin]

urso (m)	мядзведзь (м)	[mʲadz'vedzʲ]
urso (m) branco	белы мядзведзь (м)	['belɨ mʲadz'vedzʲ]
panda (m)	панда (ж)	['panda]

macaco (em geral)	малпа (ж)	['malpa]
chimpanzé (m)	шымпанзэ (м)	[ʃimpan'zɛ]
orangotango (m)	арангутанг (м)	[aranɦu'tanɦ]
gorila (m)	гарыла (ж)	[ɦa'rɨla]
macaco (m)	макака (ж)	[ma'kaka]
gibão (m)	гібон (м)	[ɦi'bon]

elefante (m)	слон (м)	['slon]
rinoceronte (m)	насарог (м)	[nasa'roɦ]
girafa (f)	жырафа (ж)	[ʒɨ'rafa]
hipopótamo (m)	бегемот (м)	[beɦe'mot]

| canguru (m) | кенгуру (м) | [kenɦu'ru] |
| coala (m) | каала (ж) | [ka'ala] |

mangusto (m)	мангуст (м)	[man'ɦust]
chinchila (m)	шыншыла (ж)	[ʃin'ʃila]
doninha-fedorenta (f)	скунс (м)	['skuns]
porco-espinho (m)	дзікабраз (м)	[dzikab'ras]

176. Animais domésticos

gata (f)	кошка (ж)	['koʃka]
gato (m) macho	кот (м)	['kot]
cão (m)	сабака (м)	[sa'baka]

cavalo (m)	конь (м)	['konʲ]
garanhão (m)	жарабец (м)	[ʒara'bets]
égua (f)	кабыла (ж)	[ka'bɨla]

vaca (f)	карова (ж)	[ka'rɔva]
touro (m)	бык (м)	['bɨk]
boi (m)	вол (м)	['vɔl]

ovelha (f)	авечка (ж)	[a'vetʃka]
carneiro (m)	баран (м)	[ba'ran]
cabra (f)	каза (ж)	[ka'za]
bode (m)	казёл (м)	[ka'zʲol]

burro (m)	асёл (м)	[a'sʲol]
mula (f)	мул (м)	['mul]

porco (m)	свіння (ж)	[svi'nnʲa]
leitão (m)	парася (н)	[para'sʲa]
coelho (m)	трус (м)	['trus]

galinha (f)	курыца (ж)	['kuritsa]
galo (m)	певень (м)	['pevenʲ]

pata (f)	качка (ж)	['katʃka]
pato (macho)	качар (м)	['katʃar]
ganso (m)	гусь (ж)	['ɦusʲ]

peru (m)	індык (м)	[in'dɨk]
perua (f)	індычка (ж)	[in'dɨtʃka]

animais (m pl) domésticos	свойская жывёла (ж)	[svɔjskaʲa ʒɨ'vʲola]
domesticado	ручны	[rutʃ'ni]
domesticar (vt)	прыручаць	[priru'tʃatsʲ]
criar (vt)	выгадоўваць	[vɨɦa'dɔwvatsʲ]

quinta (f)	ферма (ж)	['ferma]
aves (f pl) domésticas	свойская птушка (ж)	['svɔjskaʲa 'ptuʃka]
gado (m)	жывёла (ж)	[ʒɨ'vʲola]
rebanho (m), manada (f)	статак (м)	['statak]

estábulo (m)	стайня (ж)	['stajnʲa]
pocilga (f)	свінарнік (м)	[svi'narnik]
estábulo (m)	кароўнік (м)	[ka'rɔwnik]
coelheira (f)	трусятнік (м)	[tru'sʲatnik]
galinheiro (m)	куратнік (м)	[ku'ratnik]

177. Cães. Raças de cães

cão (m)	сабака (м)	[sa'baka]
cão pastor (m)	аўчарка (ж)	[aw'tʃarka]
pastor-alemão (m)	нямецкая аўчарка (ж)	[nʲa'metskaʲa aw'tʃarka]
caniche (m)	пудзель (м)	['pudzelʲ]
teckel (m)	такса (ж)	['taksa]
buldogue (m)	бульдог (м)	[bulʲ'dɔɦ]

boxer (m)	баксёр (м)	[bak'sʲor]
mastim (m)	мастыф (м)	[mas'tif]
rottweiler (m)	ратвейлер (м)	[rat'vejler]
dobermann (m)	даберман (м)	[daber'man]

basset (m)	басэт (м)	['basɛt]
pastor inglês (m)	бабтэйл (м)	[bap'tɛjl]
dálmata (m)	далмацінец (м)	[dalma'tsinets]
cocker spaniel (m)	кокер-спаніэль (м)	['kɔker spani'ɛlʲ]

terra-nova (m)	ньюфаўндленд (м)	[njʉ'fawndlent]
são-bernardo (m)	сенбернар (м)	[senber'nar]

husky (m)	хаскі (м)	['haski]
Chow-chow (m)	чау-чау (м)	[ʧau'ʧau]
spitz alemão (m)	шпіц (м)	['ʃpits]
carlindogue (m)	мопс (м)	['mɔps]

178. Sons produzidos pelos animais

latido (m)	брэх (м)	['brɛh]
latir (vi)	брахаць	[bra'hatsʲ]
miar (vi)	мяўкаць	['mʲawkatsʲ]
ronronar (vi)	муркаць	['murkatsʲ]

mugir (vaca)	мыкаць	['mikatsʲ]
bramir (touro)	раўці	[raw'tsi]
rosnar (vi)	рыкаць	[ri'katsʲ]

uivo (m)	выццё (н)	[vi'tsʲo]
uivar (vi)	выць	['vitsʲ]
ganir (vi)	скуголіць	[sku'holitsʲ]

balir (vi)	бляяць	[blæ'ʲatsʲ]
grunhir (porco)	рохкаць	['rohkatsʲ]
guinchar (vi)	вішчаць	[vi'ʃɕatsʲ]

coaxar (sapo)	квакаць	['kvakatsʲ]
zumbir (inseto)	гудзець	[ɦu'dzetsʲ]
estridular, ziziar (vi)	стракатаць	[straka'tatsʲ]

179. Pássaros

pássaro (m), ave (f)	птушка (ж)	['ptuʃka]
pombo (m)	голуб (м)	['ɦolup]
pardal (m)	верабей (м)	[vera'bej]
chapim-real (m)	сініца (ж)	[si'nitsa]
pega-rabuda (f)	сарока (ж)	[sa'rɔka]

corvo (m)	крумкач (м)	[krum'katʃ]
gralha (f) cinzenta	варона (ж)	[va'rɔna]
gralha-de-nuca-cinzenta (f)	галка (ж)	['ɦalka]

gralha-calva (f)	грак (м)	['ɦrak]
pato (m)	качка (ж)	['katʃka]
ganso (m)	гусь (ж)	['ɦusʲ]
faisão (m)	фазан (м)	[fa'zan]

águia (f)	арол (м)	[a'rɔl]
açor (m)	ястраб (м)	['ʲastrap]
falcão (m)	сокал (м)	['sɔkal]

| abutre (m) | грыф (м) | ['ɦrif] |
| condor (m) | кондар (м) | ['kɔndar] |

cisne (m)	лебедзь (м)	['lebetsʲ]
grou (m)	журавель (м)	[ʒura'velʲ]
cegonha (f)	бусел (м)	['busel]

papagaio (m)	папугай (м)	[papu'ɦaj]
beija-flor (m)	калібры (м)	[ka'libri]
pavão (m)	паўлін (м)	[paw'lin]

| avestruz (m) | страус (м) | ['straus] |
| garça (f) | чапля (ж) | ['tʃaplʲa] |

| flamingo (m) | фламінга (м) | [fla'minɦa] |
| pelicano (m) | пелікан (м) | [peli'kan] |

| rouxinol (m) | салавей (м) | [sala'vej] |
| andorinha (f) | ластаўка (ж) | ['lastawka] |

tordo-zornal (m)	дрозд (м)	['drɔst]
tordo-músico (m)	пеўчы дрозд (м)	['pewtʃɨ 'drɔst]
melro-preto (m)	чорны дрозд (м)	['tʃɔrnɨ 'drɔst]

andorinhão (m)	стрыж (м)	['striʃ]
cotovia (f)	жаваранак (м)	['ʒavaranak]
codorna (f)	перапёлка (ж)	[pera'pʲolka]

pica-pau (m)	дзяцел (м)	['dzʲatsel]
cuco (m)	зязюля (ж)	[zʲa'zʉlʲa]
coruja (f)	сава (ж)	[sa'va]
corujão, bufo (m)	пугач (м)	[pu'ɦatʃ]
tetraz-grande (m)	глушэц (м)	[ɦlu'ʃɛts]

| tetraz-lira (m) | цецярук (м) | [tsetsʲa'ruk] |
| perdiz-cinzenta (f) | курапатка (ж) | [kura'patka] |

estorninho (m)	шпак (м)	['ʃpak]
canário (m)	канарэйка (ж)	[kana'rɛjka]
galinha-do-mato (f)	рабчык (м)	['raptʃɨk]

| tentilhão (m) | зяблік (м) | ['zʲablik] |
| dom-fafe (m) | гіль (м) | ['ɦilʲ] |

gaivota (f)	чайка (ж)	['tʃajka]
albatroz (m)	альбатрос (м)	[alʲbat'rɔs]
pinguim (m)	пінгвін (м)	[pinɦ'vin]

180. Pássaros. Canto e sons

cantar (vi)	пець	['petsʲ]
gritar (vi)	крычаць	[kriˈt͡ʃat͡sʲ]
cantar (o galo)	кукарэкаць	[kukaˈrɛkat͡sʲ]
cocorocó (m)	кукарэку	[kukaˈrɛku]

cacarejar (vi)	кудахтаць	[kuˈdahtat͡sʲ]
crocitar (vi)	каркаць	[ˈkarkat͡sʲ]
grasnar (vi)	кракаць	[ˈkrakat͡sʲ]
piar (vi)	пішчаць	[piˈʃt͡ɕat͡sʲ]
chilrear, gorjear (vi)	цвыркаць	[ˈt͡svirkat͡sʲ]

181. Peixes. Animais marinhos

brema (f)	лешч (m)	[ˈleʃɕ]
carpa (f)	карп (m)	[ˈkarp]
perca (f)	акунь (m)	[aˈkunʲ]
siluro (m)	сом (m)	[ˈsɔm]
lúcio (m)	шчупак (m)	[ʃɕuˈpak]

| salmão (m) | ласось (m) | [laˈsɔsʲ] |
| esturjão (m) | асетр (m) | [aˈsetr] |

arenque (m)	селядзец (m)	[selʲaˈd͡zet͡s]
salmão (m)	сёмга (ж)	[ˈsʲomɦa]
cavala, sarda (f)	скумбрыя (ж)	[ˈskumbriʲa]
solha (f)	камбала (ж)	[ˈkambala]

lúcio perca (m)	судак (m)	[suˈdak]
bacalhau (m)	траска (ж)	[trasˈka]
atum (m)	тунец (m)	[tuˈnet͡s]
truta (f)	стронга (ж)	[ˈstrɔnɦa]

enguia (f)	вугор (m)	[vuˈɦɔr]
raia elétrica (f)	электрычны скат (m)	[ɛlektˈrit͡ʃni ˈskat]
moreia (f)	мурэна (ж)	[muˈrɛna]
piranha (f)	піранння (ж)	[piˈrannʲa]

tubarão (m)	акула (ж)	[aˈkula]
golfinho (m)	дэльфін (m)	[dɛlʲˈfin]
baleia (f)	кіт (m)	[ˈkit]

caranguejo (m)	краб (m)	[ˈkrap]
medusa, alforreca (f)	медуза (ж)	[meˈduza]
polvo (m)	васьміног (m)	[vasʲmiˈnɔɦ]

estrela-do-mar (f)	марская зорка (ж)	[marˈskaʲa ˈzɔrka]
ouriço-do-mar (m)	марскі вожык (m)	[marˈski ˈvɔʒik]
cavalo-marinho (m)	марскі конік (m)	[marˈski ˈkɔnik]

| ostra (f) | вустрыца (ж) | [ˈvustrit͡sa] |
| camarão (m) | крэветка (ж) | [krɛˈvetka] |

lavagante (m)	амар (м)	[a'mar]
lagosta (f)	лангуст (м)	[lan'ɦust]

182. Amfíbios. Répteis

serpente, cobra (f)	змяя (ж)	[zmæ'ʲa]
venenoso	ядавіты	[ʲada'viti]

víbora (f)	гадзюка (ж)	[ɦa'dzʉka]
cobra-capelo, naja (f)	кобра (ж)	['kɔbra]
pitão (m)	пітон (м)	[pi'tɔn]
jiboia (f)	удаў (м)	[u'daw]

cobra-de-água (f)	вуж (м)	['vuʃ]
cascavel (f)	грымучая змяя (ж)	[ɦri'muʧaʲa zmæ'ʲa]
anaconda (f)	анаконда (ж)	[ana'kɔnda]

lagarto (m)	яшчарка (ж)	[ʲaʃɕarka]
iguana (f)	ігуана (ж)	[iɦu'ana]
varano (m)	варан (м)	[va'ran]
salamandra (f)	саламандра (ж)	[sala'mandra]
camaleão (m)	хамелеон (м)	[hamele'ɔn]
escorpião (m)	скарпіён (м)	[skarpi'ʲon]

tartaruga (f)	чарапаха (ж)	[ʧara'paha]
rã (f)	жаба (ж)	['ʒaba]
sapo (m)	рапуха (ж)	[ra'puha]
crocodilo (m)	кракадзіл (м)	[kraka'dzil]

183. Insetos

inseto (m)	насякомае (н)	[nasʲa'kɔmae]
borboleta (f)	матылёк (м)	[mati'lʲok]
formiga (f)	мурашка (ж)	[mu'raʃka]
mosca (f)	муха (ж)	['muha]
mosquito (m)	камар (м)	[ka'mar]
escaravelho (m)	жук (м)	['ʒuk]

vespa (f)	аса (ж)	[a'sa]
abelha (f)	пчала (ж)	[pʧa'la]
mamangava (f)	чмель (м)	['ʧmelʲ]
moscardo (m)	авадзень (м)	[ava'dzenʲ]

aranha (f)	павук (м)	[pa'vuk]
teia (f) de aranha	павуціна (ж)	[pavu'tsina]

libélula (f)	страказа (ж)	[straka'za]
gafanhoto-do-campo (m)	конік (м)	['kɔnik]
traça (f)	матыль (м)	[ma'tilʲ]

barata (f)	таракан (м)	[tara'kan]
carraça (f)	клешч (м)	['kleʃɕ]

pulga (f)	блыха (ж)	[bliˈha]
borrachudo (m)	мошка (ж)	[ˈmɔʃka]

gafanhoto (m)	саранча (ж)	[saranˈʧa]
caracol (m)	слімак (м)	[sliˈmak]
grilo (m)	цвыркун (м)	[ʦvirˈkun]
pirilampo (m)	светлячок (м)	[svetlʲaˈʧɔk]
joaninha (f)	божая кароўка (ж)	[bɔʒaʲa kaˈrɔwka]
besouro (m)	хрушч (м)	[ˈhruʃɕ]

sanguessuga (f)	п'яўка (ж)	[ˈpʲʲawka]
lagarta (f)	вусень (м)	[ˈvusenʲ]
minhoca (f)	чарвяк (м)	[ʧarˈvʲak]
larva (f)	чарвяк (м)	[ʧarˈvʲak]

184. Animais. Partes do corpo

bico (m)	дзюба (ж)	[ˈʣʉba]
asas (f pl)	крылы (н мн)	[ˈkriɫi]
pata (f)	лапа (ж)	[ˈlapa]
plumagem (f)	апярэнне (н)	[apʲaˈrɛnne]
pena, pluma (f)	пяро (н)	[pʲaˈrɔ]
crista (f)	чубок (м)	[ʧuˈbɔk]

brânquias, guelras (f pl)	жабры (ж мн)	[ˈʒabri]
ovas (f pl)	ікра (ж)	[ikˈra]
larva (f)	лічынка (ж)	[liˈʧinka]
barbatana (f)	плаўнік (м)	[plawˈnik]
escama (f)	луска (ж)	[lusˈka]

canino (m)	ікол (м)	[iˈkɔl]
pata (f)	лапа (ж)	[ˈlapa]
focinho (m)	пыса (ж)	[ˈpisa]
boca (f)	пашча (ж)	[ˈpaʃɕa]
cauda (f), rabo (m)	хвост (м)	[ˈhvɔst]
bigodes (m pl)	вусы (м мн)	[ˈvusi]

casco (m)	капыт (м)	[kaˈpit]
corno (m)	рог (м)	[ˈrɔɦ]

carapaça (f)	панцыр (м)	[ˈpanʦir]
concha (f)	ракавінка (ж)	[ˈrakavinka]
casca (f) de ovo	шкарлупіна (ж)	[ʃkarluˈpina]

pelo (m)	шэрсць (ж)	[ˈʃɛrsʦʲ]
pele (f), couro (m)	шкура (ж)	[ˈʃkura]

185. Animais. Habitats

hábitat	асяроддзе (н) пражывання	[asʲaˈrɔʣe praʒiˈvannʲa]
migração (f)	міграцыя (ж)	[miɦˈratsʲa]
montanha (f)	гара (ж)	[ɦaˈra]

recife (m)	рыф (м)	['rif]
falésia (f)	скала (ж)	[ska'la]
floresta (f)	лес (м)	['les]
selva (f)	джунглі (мн)	['dʒunɦli]
savana (f)	саванна (ж)	[sa'vanna]
tundra (f)	тундра (ж)	['tundra]
estepe (f)	стэп (м)	['stɛp]
deserto (m)	пустыня (ж)	[pus'tinʲa]
oásis (m)	аазіс (м)	[a'azis]
mar (m)	мора (н)	['mɔra]
lago (m)	возера (н)	['vɔzera]
oceano (m)	акіян (м)	[aki'ʲan]
pântano (m)	балота (н)	[ba'lɔta]
de água doce	прэснаводны	[prɛsna'vɔdnʲi]
lagoa (f)	сажалка (ж)	['saʒalka]
rio (m)	рака (ж)	[ra'ka]
toca (f) do urso	бярлог (м)	[bʲar'lɔɦ]
ninho (m)	гняздо (н)	[ɦnʲaz'dɔ]
buraco (m) de árvore	дупло (н)	[dup'lɔ]
toca (f)	нара (ж)	[na'ra]
formigueiro (m)	мурашнік (м)	[mu'raʃnik]

Flora

186. Árvores

árvore (f)	дрэва (н)	['drɛva]
decídua	ліставое	[lista'vɔe]
conífera	хвойнае	['hvɔjnae]
perene	вечназялёнае	[vetʃnazʲa'lʲonae]
macieira (f)	яблыня (ж)	['ʲablɨnʲa]
pereira (f)	груша (ж)	['ɦruʃa]
cerejeira (f)	чарэшня (ж)	[ʧa'rɛʃnʲa]
ginjeira (f)	вішня (ж)	['viʃnʲa]
ameixeira (f)	сліва (ж)	['sliva]
bétula (f)	бяроза (ж)	[bʲa'rɔza]
carvalho (m)	дуб (м)	['dup]
tília (f)	ліпа (ж)	['lipa]
choupo-tremedor (m)	асіна (ж)	[a'sina]
bordo (m)	клён (м)	['klʲon]
espruce-europeu (m)	елка (ж)	['elka]
pinheiro (m)	сасна (ж)	[sas'na]
alerce, lariço (m)	лістоўніца (ж)	[lis'townitsa]
abeto (m)	піхта (ж)	['pihta]
cedro (m)	кедр (м)	['kedr]
choupo, álamo (m)	таполя (ж)	[ta'pɔlʲa]
tramazeira (f)	рабіна (ж)	[ra'bina]
salgueiro (m)	вярба (ж)	[vʲar'ba]
amieiro (m)	вольха (ж)	['vɔlʲha]
faia (f)	бук (м)	['buk]
ulmeiro (m)	вяз (м)	['vʲas]
freixo (m)	ясень (м)	['ʲasenʲ]
castanheiro (m)	каштан (м)	[kaʃ'tan]
magnólia (f)	магнолія (ж)	[maɦ'nɔlʲʲa]
palmeira (f)	пальма (ж)	['palʲma]
cipreste (m)	кіпарыс (м)	[kipa'ris]
mangue (m)	мангравае дрэва (н)	['manɦravae 'drɛva]
embondeiro, baobá (m)	баабаб (м)	[baa'bap]
eucalipto (m)	эўкаліпт (м)	[ɛwka'lipt]
sequoia (f)	секвоя (ж)	[sek'vɔʲa]

187. Arbustos

arbusto (m)	куст (м)	['kust]
arbusto (m), moita (f)	хмызняк (м)	[hmɨz'nʲak]

| videira (f) | вінаград (м) | [vina'ɦrat] |
| vinhedo (m) | вінаграднік (м) | [vina'ɦradnik] |

framboeseira (f)	маліны (ж мн)	[ma'lini]
groselheira-preta (f)	чорная парэчка (ж)	['ʧornaʲa pa'rɛʧka]
groselheira-vermelha (f)	чырвоная парэчка (ж)	[ʧir'vɔnaʲa pa'rɛʧka]
groselheira (f) espinhosa	агрэст (м)	[aɦ'rɛst]

acácia (f)	акацыя (ж)	[a'katsʲʲa]
bérberis (f)	барбарыс (м)	[barba'ris]
jasmim (m)	язмін (м)	[ʲaz'min]

junípero (m)	ядловец (м)	[ʲad'lɔvets]
roseira (f)	ружавы куст (м)	['ruʒavi kust]
roseira (f) brava	шыпшына (ж)	[ʃip'ʃina]

188. Cogumelos

cogumelo (m)	грыб (м)	['ɦrip]
cogumelo (m) comestível	ядомы грыб (м)	[ʲa'dɔmi 'ɦrip]
cogumelo (m) venenoso	атрутны грыб (м)	[a'trutni 'ɦrip]
chapéu (m)	шапачка (ж)	['ʃapaʧka]
pé, caule (m)	ножка (ж)	['nɔʃka]

boleto (m)	баравік (м)	[bara'vik]
boleto (m) alaranjado	падасінавік (м)	[pada'sinavik]
míscaro (m) das bétulas	падбярозавік (м)	[padbʲa'rɔzavik]
cantarela (f)	лісічка (ж)	[li'siʧka]
rússula (f)	сыраежка (ж)	[sira'eʃka]

morchella (f)	смаржок (м)	[smar'ʒɔk]
agário-das-moscas (m)	мухамор (м)	[muha'mɔr]
cicuta (f) verde	паганка (ж)	[pa'ɦanka]

189. Frutos. Bagas

fruta (f)	фрукт, плод (м)	['frukt], [plɔt]
frutas (f pl)	садавіна (ж)	[sada'vina]
maçã (f)	яблык (м)	['ʲablik]
pera (f)	груша (ж)	['ɦruʃa]
ameixa (f)	сліва (ж)	['sliva]

morango (m)	клубніцы (ж мн)	[klub'nitsi]
ginja (f)	вішня (ж)	['viʃnʲa]
cereja (f)	чарэшня (ж)	[ʧa'rɛʃnʲa]
uva (f)	вінаград (м)	[vina'ɦrat]

framboesa (f)	маліны (ж мн)	[ma'lini]
groselha (f) preta	чорныя парэчкі (ж мн)	['ʧornʲʲa pa'rɛʧki]
groselha (f) vermelha	чырвоныя парэчкі (ж мн)	[ʧir'vɔnʲʲa pa'rɛʧki]
groselha (f) espinhosa	агрэст (м)	[aɦ'rɛst]
oxicoco (m)	журавіны (ж мн)	[ʒura'vini]

laranja (f)	апельсін (м)	[apeʎ'sin]
tangerina (f)	мандарын (м)	[manda'rin]
ananás (m)	ананас (м)	[ana'nas]
banana (f)	банан (м)	[ba'nan]
tâmara (f)	фінік (м)	['finik]

limão (m)	лімон (м)	[li'mɔn]
damasco (m)	абрыкос (м)	[abri'kɔs]
pêssego (m)	персік (м)	['persik]
kiwi (m)	ківі (м)	['kivi]
toranja (f)	грэйпфрут (м)	[hrɛjp'frut]

baga (f)	ягада (ж)	[ʲaɦada]
bagas (f pl)	ягады (ж мн)	[ʲaɦadi]
arando (m) vermelho	брусніцы (ж мн)	[brus'nitsi]
morango-silvestre (m)	суніцы (ж мн)	[su'nitsi]
mirtilo (m)	чарніцы (ж мн)	[tʃar'nitsi]

190. Flores. Plantas

flor (f)	кветка (ж)	['kvetka]
ramo (m) de flores	букет (м)	[bu'ket]

rosa (f)	ружа (ж)	['ruʒa]
tulipa (f)	цюльпан (м)	[tsʉʎ'pan]
cravo (m)	гваздзік (м)	[hvazʲ'dzik]
gladíolo (m)	гладыёлус (м)	[hladiʲolus]

centáurea (f)	валошка (ж)	[va'lɔʃka]
campânula (f)	званочак (м)	[zva'nɔtʃak]
dente-de-leão (m)	дзьмухавец (м)	[tsʲmuha'vets]
camomila (f)	рамонак (м)	[ra'mɔnak]

aloé (m)	альяс (м)	[a'lʲas]
cato (m)	кактус (м)	['kaktus]
fícus (m)	фікус (м)	['fikus]

lírio (m)	лілея (ж)	[li'leʲa]
gerânio (m)	герань (ж)	[he'ranʲ]
jacinto (m)	гіяцынт (м)	[hiʲa'tsint]

mimosa (f)	мімоза (ж)	[mi'mɔza]
narciso (m)	нарцыс (м)	[nar'tsis]
capuchinha (f)	настурка (ж)	[na'sturka]

orquídea (f)	архідэя (ж)	[arhi'dɛʲa]
peónia (f)	півоня (ж)	[pi'vɔnʲa]
violeta (f)	фіялка (ж)	[fi'ʲalka]

amor-perfeito (m)	браткі (мн)	['bratki]
não-me-esqueças (m)	незабудка (ж)	[neza'butka]
margarida (f)	маргарытка (ж)	[marɦa'ritka]
papoula (f)	мак (м)	['mak]
cânhamo (m)	каноплі (мн)	[ka'nɔpli]

hortelã (f)	мята (ж)	['mʲata]
lírio-do-vale (m)	ландыш (м)	['landiʃ]
campânula-branca (f)	падснежнік (м)	[pat'sneʒnik]
urtiga (f)	крапіва (ж)	[krapi'va]
azeda (f)	шчаўе (н)	['ʃɕawe]
nenúfar (m)	гарлачык (м)	[ɦar'latʃik]
feto (m), samambaia (f)	папараць (ж)	['paparatsʲ]
líquen (m)	лішайнік (м)	[li'ʃajnik]
estufa (f)	аранжарэя (ж)	[aranʒa'rɛʲa]
relvado (m)	газон (м)	[ɦa'zon]
canteiro (m) de flores	клумба (ж)	['klumba]
planta (f)	расліна (ж)	[ras'lina]
erva (f)	трава (ж)	[tra'va]
folha (f) de erva	травінка (ж)	[tra'vinka]
folha (f)	ліст (м)	['list]
pétala (f)	пялёстак (м)	[pʲa'lʲostak]
talo (m)	сцябло (н)	[stsʲab'lɔ]
tubérculo (m)	клубень (м)	['klubenʲ]
broto, rebento (m)	расток (м)	[ras'tɔk]
espinho (m)	калючка (ж)	[ka'lʉtʃka]
florescer (vi)	цвісці	[tsʲvis'tsi]
murchar (vi)	вянуць	['vʲanutsʲ]
cheiro (m)	пах (м)	['pah]
cortar (flores)	зразаць	[zra'zatsʲ]
colher (uma flor)	сарваць	[sar'vatsʲ]

191. Cereais, grãos

grão (m)	зерне (н)	['zerne]
cereais (plantas)	зерневыя расліны (ж мн)	[zernevʲʲa ra'slinʲ]
espiga (f)	колас (м)	['kɔlas]
trigo (m)	пшаніца (ж)	[pʃa'nitsa]
centeio (m)	жыта (н)	['ʒita]
aveia (f)	авёс (м)	[a'vʲos]
milho-miúdo (m)	проса (н)	['prɔsa]
cevada (f)	ячмень (м)	[ʲatʃ'menʲ]
milho (m)	кукуруза (ж)	[kuku'ruza]
arroz (m)	рыс (м)	['ris]
trigo-sarraceno (m)	грэчка (ж)	['ɦrɛtʃka]
ervilha (f)	гарох (м)	[ɦa'rɔh]
feijão (m)	фасоля (ж)	[fa'sɔlʲa]
soja (f)	соя (ж)	['sɔʲa]
lentilha (f)	сачавіца (ж)	[satʃa'vitsa]
fava (f)	боб (м)	['bɔp]

GEOGRAFIA REGIONAL

Países. Nacionalidades

192. Política. Governo. Parte 1

política (f)	палітыка (ж)	[pa'litika]
político	палітычны	[pali'titʃni]
político (m)	палітык (м)	[pa'litik]

estado (m)	дзяржава (ж)	[dzʲar'ʒava]
cidadão (m)	грамадзянін (м)	[ɦramadzʲa'nin]
cidadania (f)	грамадзянства (н)	[ɦrama'dzʲanstva]

brasão (m) de armas	герб (м) нацыянальны	['ɦerp natsʲa'nalʲni]
hino (m) nacional	дзяржаўны гімн (м)	[dzʲar'ʒawni 'ɦimn]

governo (m)	урад (м)	[u'rat]
Chefe (m) de Estado	кіраўнік (м) краіны	[kiraw'nik kra'ini]
parlamento (m)	парламент (м)	[par'lament]
partido (m)	партыя (ж)	['partʲa]

capitalismo (m)	капіталізм (м)	[kapita'lizm]
capitalista	капіталістычны	[kapitalis'titʃni]

socialismo (m)	сацыялізм (м)	[satsʲa'lizm]
socialista	сацыялістычны	[satsʲalis'titʃni]

comunismo (m)	камунізм (м)	[kamu'nizm]
comunista	камуністычны	[kamunis'titʃni]
comunista (m)	камуніст (м)	[kamu'nist]

democracia (f)	дэмакратыя (ж)	[dɛma'kratʲa]
democrata (m)	дэмакрат (м)	[dɛma'krat]
democrático	дэмакратычны	[dɛmakra'titʃni]
Partido (m) Democrático	дэмакратычная партыя (ж)	[dɛmakra'titʃnaʲa 'partʲa]

liberal (m)	ліберал (м)	[libe'ral]
liberal	ліберальны	[libe'ralʲni]

conservador (m)	кансерватар (м)	[kanser'vatar]
conservador	кансерватыўны	[kanserva'tiwni]

república (f)	рэспубліка (ж)	[rɛs'publika]
republicano (m)	рэспубліканец (м)	[rɛspubli'kanets]
Partido (m) Republicano	рэспубліканская партыя (ж)	[rɛspubli'kanskaʲa 'partʲa]

eleições (f pl)	выбары (мн)	['vibari]
eleger (vt)	выбіраць	[vibi'ratsʲ]

| eleitor (m) | выбаршчык (м) | ['vibarʃɕik] |
| campanha (f) eleitoral | выбарчая кампанія (ж) | ['vibartʃaʲa kam'paniʲa] |

votação (f)	галасаванне (н)	[ɦalasa'vanne]
votar (vi)	галасаваць	[ɦalasa'vatsʲ]
direito (m) de voto	права (н) голасу	['prava 'ɦɔlasu]

candidato (m)	кандыдат (м)	[kandi'dat]
candidatar-se (vi)	балаціравацца	[bala'tsiravatsa]
campanha (f)	кампанія (ж)	[kam'paniʲa]

| da oposição | апазіцыйны | [apazi'tsijnɨ] |
| oposição (f) | апазіцыя (ж) | [apa'zitsiʲa] |

visita (f)	візіт (м)	[vi'zit]
visita (f) oficial	афіцыйны візіт (м)	[afi'tsijni vi'zit]
internacional	міжнародны	[miʒna'rɔdni]

| negociações (f pl) | перамовы (мн) | [pera'mɔvi] |
| negociar (vi) | весці перамовы | ['vesʲtsi pera'mɔvi] |

193. Política. Governo. Parte 2

sociedade (f)	грамадства (н)	[ɦra'matstva]
constituição (f)	канстытуцыя (ж)	[kansti'tutsiʲa]
poder (ir para o ~)	улада (ж)	[u'lada]
corrupção (f)	карупцыя (ж)	[ka'ruptsiʲa]

| lei (f) | закон (м) | [za'kɔn] |
| legal | законны | [za'kɔnni] |

| justiça (f) | справядлівасць (ж) | [spravʲad'livastsʲ] |
| justo | справядлівы | [spravʲad'livi] |

comité (m)	камітэт (м)	[kami'tɛt]
projeto-lei (m)	законапраект (м)	[zakɔnapra'ekt]
orçamento (m)	бюджэт (м)	[bʉ'dʒɛt]
política (f)	палітыка (ж)	[pa'litika]
reforma (f)	рэформа (ж)	[rɛ'fɔrma]
radical	радыкальны	[radi'kalʲnɨ]

força (f)	моц (ж)	['mɔts]
poderoso	магутны	[ma'ɦutni]
partidário (m)	прыхільнік (м)	[pri'hilʲnik]
influência (f)	уплыў (м)	[up'lʲiw]

regime (m)	рэжым (м)	[rɛ'ʒɨm]
conflito (m)	канфлікт (м)	[kan'flikt]
conspiração (f)	змова (ж)	['zmɔva]
provocação (f)	правакацыя (ж)	[prava'katsiʲa]

derrubar (vt)	зрынуць	['zrinutsʲ]
derrube (m), queda (f)	звяржэнне (н)	[zvʲar'ʒɛnne]
revolução (f)	рэвалюцыя (ж)	[rɛva'lʉtsiʲa]

golpe (m) de Estado	пераварот (м)	[perava'rɔt]
golpe (m) militar	ваенны пераварот (м)	[va'ennɨ perava'rɔt]
crise (f)	крызіс (м)	['krizis]
recessão (f) económica	эканамічны спад (м)	[ɛkana'mitʃnɨ 'spat]
manifestante (m)	дэманстрант (м)	[dɛman'strant]
manifestação (f)	дэманстрацыя (ж)	[dɛman'stratsʲʲa]
lei (f) marcial	ваеннае становішча (н)	[va'ennae sta'nɔviʃɕa]
base (f) militar	ваенная база (ж)	[va'ennaʲa 'baza]
estabilidade (f)	стабільнасць (ж)	[sta'bilʲnastsʲ]
estável	стабільны	[sta'bilʲnɨ]
exploração (f)	эксплуатацыя (ж)	[ɛksplua'tatsʲʲa]
explorar (vt)	эксплуатаваць	[ɛkspluata'vatsʲ]
racismo (m)	расізм (м)	[ra'sizm]
racista (m)	расіст (м)	[ra'sist]
fascismo (m)	фашызм (м)	[fa'ʃizm]
fascista (m)	фашыст (м)	[fa'ʃist]

194. Países. Diversos

estrangeiro (m)	замежнік (м)	[za'meʒnik]
estrangeiro	замежны	[za'meʒnɨ]
no estrangeiro	за мяжой	[za mʲa'ʒɔj]
emigrante (m)	эмігрант (м)	[ɛmi'ɦrant]
emigração (f)	эміграцыя (ж)	[ɛmi'ɦratsʲʲa]
emigrar (vi)	эмігрыраваць	[ɛmi'ɦrɨravatsʲ]
Ocidente (m)	Захад	['zahat]
Oriente (m)	Усход	[us'hɔt]
Extremo Oriente (m)	Далёкі Усход	[da'lʲoki w'shɔt]
civilização (f)	цывілізацыя (ж)	[tsɨvili'zatsʲʲa]
humanidade (f)	чалавецтва (н)	[tʃala'vetstva]
mundo (m)	свет (м)	['svet]
paz (f)	мір (м)	['mir]
mundial	сусветны	[sus'vetnɨ]
pátria (f)	радзіма (ж)	[ra'dzima]
povo (m)	народ (м)	[na'rɔt]
população (f)	насельніцтва (н)	[na'selʲnitstva]
gente (f)	людзі (мн)	['lʉdzi]
nação (f)	нацыя (ж)	['natsʲʲa]
geração (f)	пакаленне (н)	[paka'lenne]
território (m)	тэрыторыя (ж)	[tɛrɨ'tɔrʲʲa]
região (f)	рэгіён (м)	[rɛɦi'ʲon]
estado (m)	штат (м)	['ʃtat]
tradição (f)	традыцыя (ж)	[tra'dɨtsʲʲa]
costume (m)	звычай (м)	['zvɨtʃaj]

ecologia (f)	экалогія (ж)	[ɛka'lɔɦiˡa]
índio (m)	індзеец (м)	[in'dzeeʦ]
cigano (m)	цыган (м)	[ʦi'ɦan]
cigana (f)	цыганка (ж)	[ʦi'ɦanka]
cigano	цыганскі	[ʦi'ɦanski]

império (m)	імперыя (ж)	[im'periˡa]
colónia (f)	калонія (ж)	[ka'lɔniˡa]
escravidão (f)	рабства (н)	['rapstva]
invasão (f)	нашэсце (н)	[na'ʃɛsˡʦe]
fome (f)	голад (м)	['ɦɔlat]

195. Grupos religiosos mais importantes. Confissões

| religião (f) | рэлігія (ж) | [rɛ'liɦiˡa] |
| religioso | рэлігійны | [rɛ'liɦijnɨ] |

crença (f)	вера (ж)	['vera]
crer (vt)	верыць	['veritsˡ]
crente (m)	вернік (м)	['vernik]

| ateísmo (m) | атэізм (м) | [atɛ'izm] |
| ateu (m) | атэіст (м) | [atɛ'ist] |

cristianismo (m)	хрысціянства (н)	[hrisˡʦi'ˡanstva]
cristão (m)	хрысціянін (м)	[hrisˡʦi'ˡanin]
cristão	хрысціянскі	[hrisˡʦi'ˡanski]

catolicismo (m)	каталіцызм (м)	[katali'ʦizm]
católico (m)	каталік (м)	[kata'lik]
católico	каталіцкі	[kata'liʦki]

protestantismo (m)	пратэстанцтва (н)	[pratɛs'tantstva]
Igreja (f) Protestante	пратэстанцкая царква (ж)	[pratɛs'tantskaˡa ʦar'kva]
protestante (m)	пратэстант (м)	[pratɛs'tant]

ortodoxia (f)	праваслаўе (н)	[prava'slawe]
Igreja (f) Ortodoxa	праваслаўная царква (ж)	[prava'slawnaˡa ʦark'va]
ortodoxo (m)	праваслаўны	[prava'slawnɨ]

presbiterianismo (m)	прэсвітэрыянства (н)	[prɛsvitɛri'ˡanstva]
Igreja (f) Presbiteriana	прэсвітэрыянская царква (ж)	[prɛsvitɛri'ˡanskaˡa ʦark'va]
presbiteriano (m)	прэсвітэрыянін (м)	[prɛsvitɛri'ˡanin]

| Igreja (f) Luterana | лютэранская царква (ж) | [lʉtɛ'ranskaˡa ʦark'va] |
| luterano (m) | лютэранін (м) | [lʉtɛ'ranin] |

| Igreja (f) Batista | баптызм (м) | [bap'tizm] |
| batista (m) | баптыст (м) | [bap'tist] |

Igreja (f) Anglicana	англіканская царква (ж)	[anɦli'kanskaˡa ʦark'va]
anglicano (m)	англіканец (м)	[anɦli'kaneʦ]
mormonismo (m)	мармонства (н)	[mar'mɔnstva]

mórmon (m)	мармон (м)	[mar'mɔn]
Judaísmo (m)	іудаізм (м)	[iuda'izm]
judeu (m)	іудзей (м)	[iu'dʐej]

| budismo (m) | будызм (м) | [bu'dizm] |
| budista (m) | будыст (м) | [bu'dist] |

| hinduísmo (m) | індуізм (м) | [indu'izm] |
| hindu (m) | індуіст (м) | [indu'ist] |

Islão (m)	іслам (м)	[is'lam]
muçulmano (m)	мусульманін (м)	[musulʲ'manin]
muçulmano	мусульманскі	[musulʲ'manski]

| Xiismo (m) | шыізм (м) | [ʃi'izm] |
| xiita (m) | шыіт (м) | [ʃi'it] |

| sunismo (m) | сунізм (м) | [su'nizm] |
| sunita (m) | суніт (м) | [su'nit] |

196. Religiões. Padres

| padre (m) | святар (м) | [svʲa'tar] |
| Papa (m) | Папа (м) Рымскі | ['papa 'rimski] |

monge (m)	манах (м)	[ma'nah]
freira (f)	манашка (ж)	[ma'naʃka]
pastor (m)	пастар (м)	['pastar]

abade (m)	абат (м)	[a'bat]
vigárlo (m)	вікарый (м)	[vi'karij]
bispo (m)	епіскап (м)	[e'piskap]
cardeal (m)	кардынал (м)	[kardi'nal]

pregador (m)	прапаведнік (м)	[prapa'vednik]
sermão (m)	пропаведзь (ж)	['prɔpavetsʲ]
paroquianos (pl)	прыхаджане (м мн)	[priha'dʐane]

| crente (m) | вернік (м) | ['vernik] |
| ateu (m) | атэіст (м) | [atɛ'ist] |

197. Fé. Cristianismo. Islão

| Adão | Адам | [a'dam] |
| Eva | Ева | ['eva] |

Deus (m)	Бог (м)	['bɔɦ]
Senhor (m)	Госпад (м)	['hɔspat]
Todo Poderoso (m)	Усёмагутны (м)	[usʲoma'ɦutni]

| pecado (m) | грэх (м) | ['ɦrɛh] |
| pecar (vi) | грашыць | [ɦra'ʃitsʲ] |

| pecador (m) | грэшнік (м) | ['ɦrɛʃnik] |
| pecadora (f) | грэшніца (ж) | ['ɦrɛʃnitsa] |

| inferno (m) | пекла (н) | ['pekla] |
| paraíso (m) | рай (м) | ['raj] |

| Jesus | Ісус | [i'sus] |
| Jesus Cristo | Ісус Хрыстос | [i'sus hris'tɔs] |

Espírito (m) Santo	Святы Дух (м)	[svʲa'tʲi 'duh]
Salvador (m)	Збаўца (м)	['zbawtsa]
Virgem Maria (f)	Багародзіца (ж)	[baɦa'rɔdzitsa]

Diabo (m)	Д'ябал (м)	['dʲabal]
diabólico	д'ябальскі	['dʲabalʲski]
Satanás (m)	Сатана (м)	[sata'na]
satânico	сатанінскі	[sata'ninski]

anjo (m)	анёл (м)	[a'nʲol]
anjo (m) da guarda	анёл-ахоўнік (м)	[a'nʲol a'hɔwnik]
angélico	анёльскі	[a'nʲolʲski]

apóstolo (m)	апостал (м)	[a'pɔstal]
arcanjo (m)	архангел (м)	[ar'hanɦel]
anticristo (m)	антыхрыст (м)	[an'tihrist]

Igreja (f)	Царква (ж)	[tsark'va]
Bíblia (f)	Біблія (ж)	['biblʲʲa]
bíblico	біблейскі	[bib'lejski]

Velho Testamento (m)	Стары Запавет (м)	[sta'ri zapa'vet]
Novo Testamento (m)	Новы Запавет (м)	['nɔvɨ zapa'vet]
Evangelho (m)	Евангелле (н)	[e'vanɦelle]
Sagradas Escrituras (f pl)	Святое Пісанне (н)	[svʲa'tɔe pi'sanne]
Céu (m)	Царства (н) Нябеснае	['tsarstva nʲa'besnae]

mandamento (m)	запаведзь (ж)	['zapavetsʲ]
profeta (m)	прарок (м)	[pra'rɔk]
profecia (f)	прароцтва (н)	[pra'rɔtstva]

Alá	Алах (м)	[a'lah]
Maomé	Магамет	[maɦa'met]
Corão, Alcorão (m)	Каран (м)	[ka'ran]

mesquita (f)	мячэць (ж)	[mʲa'tʃɛtsʲ]
mulá (m)	мула (м)	[mu'la]
oração (f)	малітва (ж)	[ma'litva]
rezar, orar (vi)	маліцца	[ma'litsa]

peregrinação (f)	паломніцтва (н)	[pa'lɔmnitstva]
peregrino (m)	паломнік (м)	[pa'lɔmnik]
Meca (f)	Мека	['meka]

igreja (f)	царква (ж)	[tsark'va]
templo (m)	храм (м)	['hram]
catedral (f)	сабор (м)	[sa'bɔr]

gótico	гатычны	[ɦa'tɨtʃnʲi]
sinagoga (f)	сінагога (ж)	[sina'ɦoɦa]
mesquita (f)	мячэць (ж)	[mʲa'tʃɛtsʲi]

capela (f)	капліца (ж)	[kap'litsa]
abadia (f)	абацтва (н)	[a'batstva]
convento (m)	манастыр (м)	[manas'tir]
mosteiro (m)	манастыр (м)	[manas'tir]

sino (m)	звон (м)	['zvɔn]
campanário (m)	званіца (ж)	[zva'nitsa]
repicar (vi)	званіць	[zva'nitsʲi]

cruz (f)	крыж (м)	['krɨʃ]
cúpula (f)	купал (м)	['kupal]
ícone (m)	абраз (м)	[ab'ras]

alma (f)	душа (ж)	[du'ʃa]
destino (m)	лёс (м)	['lʲos]
mal (m)	зло (н)	['zlɔ]
bem (m)	дабро (н)	[da'brɔ]

vampiro (m)	вампір (м)	[vam'pir]
bruxa (f)	ведзьма (ж)	['vedzʲma]
demónio (m)	дэман (м)	['dɛman]
espírito (m)	дух (м)	['duh]

| redenção (f) | адкупленне (н) | [atku'plenne] |
| redimir (vt) | адкупіць | [atku'pitsʲi] |

missa (f)	служба (ж)	['sluʒba]
celebrar a missa	служыць	[slu'ʒɨtsʲi]
confissão (f)	споведзь (ж)	['spovetsʲi]
confessar-se (vr)	спавядацца	[spavʲa'datsa]

santo (m)	святы (м)	[svʲa'ti]
sagrado	свяшчэнны	[svʲa'ʃɕɛnni]
água (f) benta	святая вада (ж)	[svʲa'taʲa va'da]

ritual (m)	рытуал (м)	[ritu'al]
ritual	рытуальны	[ritu'alʲni]
sacrifício (m)	ахвярапрынашэнне (н)	[ahvʲaraprina'ʃɛnne]

superstição (f)	забабоны (мн)	[zaba'bɔni]
supersticioso	забабонны	[zaba'bɔnni]
vida (f) depois da morte	замагільнае жыццё (н)	[zama'ɦilʲnae ʒɨ'tsʲo]
vida (f) eterna	вечнае жыццё (н)	['vetʃnae ʒɨ'tsʲo]

TEMAS DIVERSOS

198. Várias palavras úteis

ajuda (f)	дапамога (ж)	[dapa'mɔɦa]
barreira (f)	перашкода (ж)	[pera'ʃkɔda]
base (f)	база (ж)	['baza]
categoria (f)	катэгорыя (ж)	[katɛ'ɦɔrʲʲa]
causa (f)	прычына (ж)	[pri'ʧina]
coincidência (f)	супадзенне (н)	[supa'dzenne]
coisa (f)	рэч (ж)	['rɛʧ]
começo (m)	пачатак (м)	[pa'ʧatak]
cómodo (ex. poltrona ~a)	зручны	['zruʧnʲi]
comparação (f)	параўнанне (н)	[paraw'nanne]
compensação (f)	кампенсацыя (ж)	[kampen'satsʲʲa]
crescimento (m)	рост (м)	['rɔst]
desenvolvimento (m)	развіццё (н)	[razʲvi'tsʲo]
diferença (f)	адрозненне (н)	[ad'rɔzʲnenne]
efeito (m)	эфект (м)	[ɛ'fekt]
elemento (m)	элемент (м)	[ɛle'ment]
equilíbrio (m)	баланс (м)	[ba'lans]
erro (m)	памылка (ж)	[pa'mɨlka]
esforço (m)	намаганне (н)	[nama'ɦanne]
estilo (m)	стыль (м)	['stilʲ]
exemplo (m)	прыклад (м)	['priklat]
facto (m)	факт (м)	['fakt]
fim (m)	канец (м)	[ka'nets]
forma (f)	форма (ж)	['fɔrma]
frequente	часты	['ʧasti]
fundo (ex. ~ verde)	фон (м)	['fɔn]
género (tipo)	від (м)	['vit]
grau (m)	ступень (ж)	[stu'penʲ]
ideal (m)	ідэал (м)	[idɛ'al]
labirinto (m)	лабірынт (м)	[labi'rint]
modo (m)	спосаб (м)	['spɔsap]
momento (m)	момант (м)	['mɔmant]
objeto (m)	аб'ект (м)	[ab"ekt]
obstáculo (m)	перашкода (ж)	[pera'ʃkɔda]
original (m)	арыгінал (м)	[ariɦi'nal]
padrão	стандартны	[stan'dartnʲi]
padrão (m)	стандарт (м)	[stan'dart]
paragem (pausa)	перапынак (м)	[pera'pinak]
parte (f)	частка (ж)	['ʧastka]

partícula (f)	часцінка (ж)	[tʃas'tsinka]
pausa (f)	паўза (ж)	['pawza]
posição (f)	пазіцыя (ж)	[pa'zitsiʲa]
princípio (m)	прынцып (м)	['printsip]
problema (m)	праблема (ж)	[prab'lema]
processo (m)	працэс (м)	[pra'tsɛs]
progresso (m)	прагрэс (м)	[praɦ'rɛs]
propriedade (f)	уласцівасць (ж)	[ulas'tsivastsʲ]
reação (f)	рэакцыя (ж)	[rɛ'aktsiʲa]
risco (m)	рызыка (ж)	['rizika]
ritmo (m)	тэмп (м)	['tɛmp]
segredo (m)	таямніца (ж)	[taʲam'nitsa]
série (f)	серыя (ж)	['seriʲa]
sistema (m)	сістэма (ж)	[sis'tɛma]
situação (f)	сітуацыя (ж)	[situ'atsiʲa]
solução (f)	рашэнне (н)	[ra'ʃɛnne]
tabela (f)	табліца (ж)	[tab'litsa]
termo (ex. ~ técnico)	тэрмін (м)	['tɛrmin]
tipo (m)	тып (м)	['tip]
urgente	тэрміновы	[tɛrmi'nɔvi]
urgentemente	тэрмінова	[tɛrmi'nɔva]
utilidade (f)	карысць (ж)	[ka'ristsʲ]
variante (f)	варыянт (м)	[vari'ʲant]
variedade (f)	выбар (м)	['vibar]
verdade (f)	ісціна (ж)	['isʲtsina]
vez (f)	чарга (ж)	[tʃar'ɦa]
zona (f)	зона (ж)	['zɔna]

www.ingramcontent.com/pod-product-compliance
Lightning Source LLC
Chambersburg PA
CBHW071342090426
42738CB00012B/2972